同心·筑梦

2020中国石化国际形象建设案例集

吕大鹏 王涛 主编

图书在版编目（CIP）数据

同心·筑梦：2020中国石化国际形象建设案例集 / 吕大鹏，王涛主编．——北京：中国经济出版社，2021.7（2021.9重印）
ISBN 978 – 7 – 5136 – 6525 – 4

Ⅰ．①同… Ⅱ．①吕… ②王… Ⅲ．①石油化工企业 – 企业形象 – 建设 – 案例 – 汇编 – 中国 Ⅳ．①F426.22

中国版本图书馆CIP数据核字（2021）第136449号

选题策划　雷　生　刘金龙　陈利军
责任编辑　康会欣　何　晶　徐　豪　王　翔
责任印制　马小宾
装帧设计　新视觉设计工作室

出版发行　中国经济出版社
印　刷　者　北京建宏印刷有限公司
经　销　者　各地新华书店
开　　　本　710mm×1000mm　1/16
印　　　张　20.25
字　　　数　336千字
版　　　次　2021年7月第1版
印　　　次　2021年9月第2次
定　　　价　98.00元

广告经营许可证　京西工商广字第8179号

中国经济出版社 网址 www.economyph.com 社址 北京市东城区安定门外大街58号 邮编 100011
本版图书如存在印装质量问题，请与本社销售中心联系调换（联系电话：010 – 57512564）

版权所有　盗版必究（举报电话：010 – 57512600）
国家版权局反盗版举报中心（举报电话：12390）　服务热线：010 – 57512564

编委会

主　编　吕大鹏　王　涛

编　委　曾四海　张天雷　陈雅楠
　　　　黄传斌　刘　莉　王子晗

序

志合者，不以山海为远。

当今世界，全球价值链、供应链深入发展，你中有我、我中有你，各国经济融合已是大势所趋。作为能源行业的排头兵，中国石化积极响应"一带一路"倡议，遵循"共商、共建、共享"原则，大力拓展海外业务，在油气勘探开发，石油和炼化工程服务，原油、设备材料及石化产品贸易等领域开展互利合作。在全球60余个国家（地区）设有327个常驻机构，境外资产总额超过6000亿元，境外用工总数5.2万人，已经成为世界第一大炼油公司和第二大化工公司，为改善当地民生、促进当地经济社会发展发挥了重要作用。

立足世界大变局和中国大发展之间的历史性交汇，我们充分意识到中国企业既是文化融合的践行者，也是中国文化的传播者，更是大国形象的塑造者。近年来，中国石化在国际舞台上讲述中国故事、传播中国声音，向世界展示真实、立体、全面的中国，努力从被动转为主动，从"他说"转向"自述"，增强国际话语的主导权主动权，在全球文化软实力较量中站稳脚跟、行稳致远。在国际形象建设的探索与实践中，我们形成了行之有效的经验做法，也取得了一些收获和成绩。

国际形象建设要与国际经营同频共振、同步提升。企业"走出去"，不仅仅是产品、服务"走出去"，品牌、文化同样需要"走出去"，甚至要先"走出去"。品牌、文化先行就会事半功倍，反之则举步维艰、事倍功半。中国企业要在全球市场中获得更大的影响力，既要"做"好又要"说"好，让更多的人认同中国形象、中国品牌，为企业"走出去"赢得好口碑、树立好形象。

国际形象建设要做到精准传播、有的放矢。 不同国家、地区拥有不同的文化背景和审美特点，若想知己知彼提升传播实效，就需要我们充分调研海外核心业务区域的政治生态、人文宗教、媒体和舆论环境，在国际形象建设中做到"一国一策""一区一策"，使中国故事、中国智慧和中国理念在对象国落地生根，在润物无声中传递直抵人心的力量。

国际形象建设要履行好广义的社会责任。 企业在国际化经营中应更为关注广义的社会责任，不仅注重当地的就业扶持、安全环保、慈善公益，更要将企业作为当地社会的有机组成部分，大力开展业务合作，实现优势互补。坚持"鱼渔双授"，通过自身业务协助对方开拓一条可持续发展之路。

国际形象建设更要做好跨文化融合。 "走出去"要坚持"走进去"，打造相互理解、相互尊重、相互融合的人文格局。企业不仅要重视"商脉"，更要重视"文脉"，推进文化融合，真正走进当地百姓心中；"走出去"更要注重"走上去"，以全球视野高水平开展国际形象建设，提升企业的国际凝聚力和向心力。

面对激烈动荡的国际环境，身处挑战和希望并存的时代，中国石化不断夯实国际传播能力，加强国际形象建设，适应新形势、迎接新挑战、抓住新机遇、做出新成绩。2020年，中国石化联合中国外文局中国报道社，首次组织开展"中国石化国际形象建设案例征集"活动。所征集的案例涉及全球20个国家，遍布五大洲。这些与不同民族、不同语言、不同信仰、不同文化的全球伙伴间发生的精彩故事，让我们真正地感受到了中国石化与世界心手相连的情谊。

本书所收录的42个精彩案例，充分展现了中国石化在国际形象建设方面所做的工作，为世界了解中国和中国企业提供了一个绝佳的窗口。

一是以小见大。 国勘加拿大公司主动支持当地动物园的"竹林使者"项目，让世界看到中国企业为保护生物多样性、共建和谐家园付出的不懈努力；位于大漠深处的"丝路书屋"，让中外员工在文化交融中共享书香；口罩在全球之间的流转则是我们与世界同心抗疫，共建人类命运共同体的生动实践。

二是丰富多元。 本书收录的案例涵盖同心抗疫类、国际传播类、社会责任类、跨文化融合类四大方面。在这些故事中，你既能看到文莱大摩拉岛上10名普通石化消防战士的长期坚守；也可身临其境，与石化勘探铁军一起在茫茫沙海中寻找"黑色黄金"；更能感受到在国际智库舞台上，思想与文化跨越国界交汇碰撞的强大力量。

三是情真意切。 书中既有新胜利一号平台经理李恩朋带领92名新冠肺炎核酸检测阳性人员留守海上平台成功抗疫的惊心动魄；也有为了柬埔寨儿童开展生命接力的动人心弦；更有支持当地可持续发展，让歌声与微笑长驻亚马逊雨林的关怀与温暖。

同舟共济扬帆起，乘风破浪万里航。在打造"世界领先洁净能源化工公司"的新征程中，我们将继续履行全球企业公民责任，与合作伙伴、全球员工携手共进，相融相通，树立负责任国际化大公司的良好企业形象，向世界发出有影响力、有感染力的中国声音、中国石化声音！

是为序。

中国石油化工集团有限公司董事、党组副书记

2021年5月

目 录

同心抗疫篇

携手"国际朋友圈"共同"战疫"
第五建设有限公司 ······ 02

汇集"微光" 守护健康防线
南京工程有限公司沙特项目执行中心 ······ 08

众志成城克时艰 打赢抗疫防御战
北美代表处 ······ 14

红衣为甲 海上坚守
胜利石油工程有限公司 ······ 22

与"疫"同行的海湾钻井人
中原石油工程公司 ······ 28

铭记海外"战疫"330天
胜利油田分公司 ······ 36

戈壁滩上的那抹石油红
胜利油田分公司 ······ 42

文莱大摩拉岛上的救援尖兵
中原油田 ······ 47

"战疫"物资保供应 全球抗疫显担当
江汉盐化工湖北有限公司 ······ 54

汇聚点滴温情 为疫情防控保驾护航
中石化保险有限公司 ······ 61

同心抗疫同心筑梦 为美好生活加油
中石化（欧洲）有限公司 ······ 66

在平淡中默默无闻 在逆境中不屈前行
西南石油工程有限公司湖南钻井分公司 ······ 73

人人都是疫情防控的主角
石油工程建设有限公司江苏油建公司 ········· 80

危难真情携手抗疫 坚持发展助力中乌友好
石油工程建设有限公司胜利建工公司 ········· 86

在科威特 做携手抗疫的践行者
第十建设有限公司 ········· 92

在肩负重任中传递"石化温度"
中石化（香港）有限公司 ········· 100

风雨同舟抗疫情 攻坚创效显担当
科威特分公司 ········· 112

国际传播篇

在香港传递中国石化"好声音"
中石化（香港）有限公司 ········· 122

拨"云"见"日"的沙特"云开放日"活动
国际石油工程有限公司 ········· 134

探索智库"出海"之路
经济技术研究院有限公司 ········· 142

携手打造"为美好生活加油"亮丽名片
国际石油勘探开发公司 ········· 148

"一带一路"上的美好约定
石油化工科学研究院 ········· 155

以文化促进融合 与拉美共生共赢
国工厄瓜多尔子公司 ········· 162

以心交心 谱写中哈友谊赞歌
国际石油勘探开发公司 ········· 171

社会责任篇

与时间赛跑 为了高棉的微笑
润滑油有限公司 ········· 178

让"朝阳"照进香港基层社区
香港代表处 ········· 186

在"宗巴音"遇见最好的你
胜利油田东胜（蒙古）公司 ················· 191

多措并举助力石油王国育人才
中原石油工程公司 ························· 199

以创新致匠心 以信誉立海外
中原油田 ································· 210

以责立行 促进中沙民心相通
中东代表处 ······························· 218

让"石化技术、石化标准"走向"新丝路"
重庆川维化工有限公司党群工作部 ··········· 226

"一家人、一条心" 中沙员工齐心干事业
石油工程建设有限公司中原油建公司 ········· 235

搭建中沙员工友谊的桥梁
国际石油工程有限公司沙特分公司 ··········· 240

构筑新机制平台 打造和谐油区
国际石油勘探开发公司 ····················· 248

跨文化融合篇

中泰一家亲 情谊两心知
华东石油工程公司江苏钻井公司 ············· 256

在"一带一路"竖起"中国书架"
石油工程技术研究院 ······················· 264

聚焦文化融合 共建境外员工之家
化工销售香港有限公司 ····················· 270

英雄情结与戈壁企业文化
胜利油田分公司 ··························· 277

十五载突破与蜕变 共携手创新与发展
国际石油工程有限公司 ····················· 286

中沙智库开创性合作结硕果
经济技术研究院有限公司 ··················· 294

让歌声与微笑长驻亚马逊雨林
国际石油勘探开发公司 ····················· 298

用文化融合滋养企业可持续发展之花
国际石油勘探开发公司 ····················· 304

中国石化
SINOPEC

同心抗疫篇

2020中国石化国际形象建设案例集

携手"国际朋友圈"共同"战疫"

中国石化炼化工程集团五建公司深耕海外15年,传承和发扬石油石化优良传统及大庆精神,获得良好的口碑。疫情来袭,五建公司坚决保障中外籍员工生命安全和人员稳定,坚守重点项目工程阵地,彰显了中国石化、中国企业的责任担当,让当地人由衷赞叹:"SINOPEC真了不起!"

中国石化炼化工程集团第五建设有限公司(以下简称"五建公司")有这样一批人,他们舍小家顾大家,常年奋战在海外施工一线,从沙特拉比格千万吨炼油项目和科威特新炼厂(NRP)等17个项目的高标准交付,到2020年沙特在建哈拉德项目和EO/EG项目面对新冠肺炎疫情严峻态势,攻坚克难,稳步推进。15年来,五建人传承和发扬石油石化优良传统及大庆精神,在共建"一带一路"的倡导下,与所在国及总包等合作伙伴互利互惠,合作多赢,在海外赢得了良好的口碑,擦亮了中国石化品牌。

助力科威特建设"方舱"医院

2020年3月初,新冠肺炎疫情已经在中东疯狂蔓延;3月12日,科威特感染人数已达500余人。疫情失控、感染病

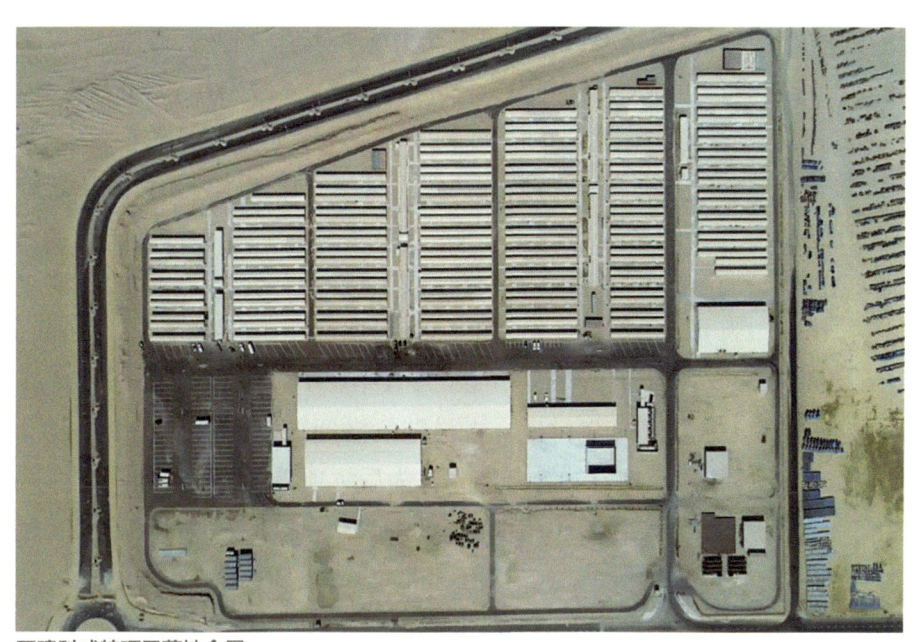

五建科威特项目营地全景

例急剧增加让科威特医疗场所明显不足。危急时刻，科威特政府卫生部想要效仿中国，快速建造方舱医院。

然而，根据科威特人口、环境情况，建设方舱医院得考虑几个关键要素：首先，医院要远离市区，避开人员密集区；其次，医院附近要有成熟配套的生活设施，还要有良好的道路交通情况。科威特北部城区人口密集，南部为炼油厂区，人口稀少且交通便利，是选址建设医院的最佳位置。3月初，科威特政府官员多次到南部炼油厂区勘察。他们欣喜地发现，新炼厂腹地竟然建有一处营地，无论是地理位置、面积还是配套设施，全部符合他们对于建设方舱医院的需求。

3月12日，科威特国家石油公司（KNPC）副总裁 Osamah Ali F Al-Atawneh 先生和五建公司科威特新炼厂（NRP）项目总包 TR 项目负责人 Mehmet Ozerdem 先生电话联系五建公司科威特新炼厂项目施工经理张凯，希望在3月14日对项目营地进行实地考察。得到消息后，张凯立即向五建公司总部领导汇报情况。五建公司党委书记、执行董事衣浩高度重视，要求科威特项目留守员工全力配合当地政府建设方舱医院。

3月14日，科威特政府部门人员、Osamah Ali F Al-Atawneh先生、Mehmet Ozerdem先生在张凯的陪同下，对项目营地进行实地考察。3月15日，经过会议讨论，科威特政府决定选址中石化五建公司科威特新炼厂项目营地建设方舱医院。

五建公司科威特新炼厂项目营地位于科威特南部阿祖尔的沙漠腹中，使用面积为17万平方米，相当于24个足球场大，有员工宿舍1066间，食堂、医务室、卫生间等较为完善。2019年10月22日，其承建的6套装置全部高标准完成交付后，人员陆续撤回国内，只留有少量收尾人员负责现场和营地物资的维修保养，为后续项目做前期准备。

在得知科威特政府将要选址新炼厂项目营地建方舱医院后，五建公司高度重视，表示服从地方政府和业主KNPC的要求，将营地规划图纸第一时间交付给业主KNPC，同时着手新营地租赁和物资整理工作。

3月21日，项目部全体人员在做好自身疫情防控的同时搬离营地，与业主KNPC进行了物资转交手续。为不影响业主KNPC施工，项目

科威特政府决定选址中石化五建公司科威特新炼厂项目营地建设方舱医院

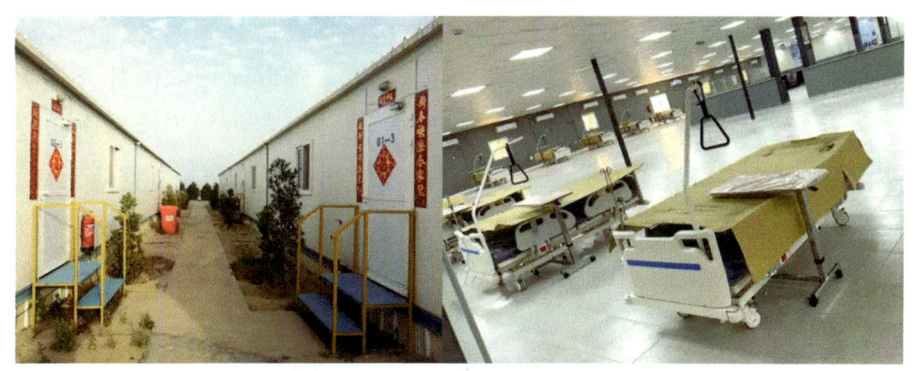

2020年4月20日，科威特国家首个方舱医院建成投用

部在3月30日将营地内所有业主KNPC不适用的物资全部撤出营地，同时配合业主KNPC对营地设施进行维护保养和改造。

4月20日，科威特国家首个方舱医院建成投用，可收治或观察人员1700名，极大地缓解了科威特国内新冠肺炎患者救治和集中隔离的压力，为科威特疫情集中暴发期病患收治作出了突出贡献，赢得了科威特政府和业主的一致好评。

稳军心打响海外抗疫施工"阻击战"

"中国舒克来，疫情来了我的工作还没丢……五建舒克来，斋月期间还让我免费吃住……""舒克来"，在阿拉伯语中表示感谢与感恩。这是沙特EO/EG项目部阿曼籍穆斯林员工巴希尔用很不流利的中文向EO/EG项目部副经理沈振宁表示感谢的一幕。

当时，新冠肺炎疫情已经开始全球大流行，疫情防控不容乐观，欧美股市重挫，石油价格暴跌，全球经济停摆。疫情对中东地区经济影响巨大，许多大型炼油工程因为资金链断裂纷纷停止建设，许多外籍员工被迫失业，流离失所……五建公司在沙特朱拜勒地区有两个项目——哈拉德项目和EO/EG项目，这不仅是五建公司在海外的重点项目，也是中国石化重点工程。"无论如何，我们也要坚守阵地，保证项目运行。"五建公司主管海外业务的副总经理王世红表示。

自新冠肺炎疫情发生以来，五建公司在积极做好国内外项目人员疫情防控和国内项目开工复工的同时，积极主动联系慰问国外合作伙伴。五建公司在中东的沙特地区的两个项目，也积极与当地政府和业主配合，做好项目员工（重点是项目外籍员工）的疫情防控与稳定工作，积极开展了一系列员工关爱行动，保证了疫情特殊时期中国承建项目无疫情发生，保障了中外籍员工生命安全和人员稳定，为所在国疫情防控分忧解压。

2020年4月，五建公司海外项目积极响应中石化集团公司"百日攻坚创效"行动的号召，在严格做好疫情防控的同时想尽办法进行复工。"不能让工程停下来，哪怕一天吊一根管子，我们也要坚持。""感动石化"人物、五建公司海外分公司总经理王志伟说。

就这样，五建公司在艰难中前行。五建公司巴基斯坦员工阿拉姆说："其他公司的同伴被迫回家了，只有我留了下来，我感到很幸运，我相信中国企业能给我们带来安全。"

无论中方员工还是外籍员工，都是我们团队的一员，要做好疫情防控，保证每一位员工的身体健康。这是五建公司对海外项目始终坚守的职责与担当。

沙特哈拉德 EO/EG 项目现场施工照片

五建沙特哈拉德项目现场施工图

中外员工一家亲

"SINOPEC 真了不起,把我们当成兄弟看待。我一定要努力工作,为项目稳步推进贡献力量。"五建沙特 EO/EG 项目部印度籍管工队长阿提夫说。

2020 年 7 月是阿拉伯国家的斋月。按照伊斯兰教规,斋月期间,穆斯林员工从日出到日落期间是不能吃喝的。为确保参建员工身体健康,进一步提升团队凝聚力,五建沙特地区项目部实施了系列"员工关爱"计划,在确保做好项目疫情防控的同时,让穆斯林员工度过一个安全吉祥的斋月。为此,项目部出台了斋月禁令,要求所有非穆斯林员工不得在穆斯林员工面前用餐、喝水、抽烟等,发现违规现象严肃处理,教育引导大家充分尊重当地宗教习俗和斋月文化,营造多国员工和谐共处的良好氛围。同时,五建公司海外项目部在为穆斯林等外籍员工做好日常检测防疫的同时,又拿出专项资金租赁营地,并在隔离期为大家免费提供吃住和生活用品,不仅让广大穆斯林员工安心健康过斋月,还进一步提升了来自印度、孟加拉国等国员工的工作热情。

经过全体中外员工的不懈努力,五建公司沙特哈拉德项目、EO/EG 项目实现了安全平稳运行。两个项目未出现一例新冠肺炎患者,项目施工建设也在有序推进。

2020 年,肆虐全球的新冠肺炎疫情给世界带来深刻影响。表面上看来,疫情把各个国家分隔开来,实际上却让人类命运共同体更加紧密。

作为中国石化下属企业的炼化工程集团,五建公司及其境外项目积极承担社会责任,与所在国"同呼吸、共命运",共同抗击疫情,在实现境外员工"零感染"的同时,也为所在国的疫情防控作出了应有贡献,在海外彰显了中国石化、中国企业的责任担当。

(供稿单位:第五建设有限公司 撰稿:程龙根、何海胜、李进学)

汇集"微光" 守护健康防线

许许多多的平凡人默默做着平凡的事，但这些平凡事汇聚起来就有着不凡的力量。中国石化南京工程有限公司在沙特海外项目中，广大员工用实际行动书写了责任与担当，为项目的平稳运行贡献着自己的力量，赢得了项目所在地政府和客户的认可。

沙特，一颗镶嵌在波斯湾畔的明珠，郁郁葱葱的枣椰林与广袤的沙漠交相辉映，独特的地理条件孕育了伊斯兰文化和丰富的矿藏资源，也孕育了沙特人待人热情真诚、乐于助人的优秀品质。沙特是"一带一路"重要合作伙伴，中国石化南京工程有限公司（以下称"南京工程"）自2005年开始进入沙特石化工程市场以来，始终致力于打造精品工程，并且在项目执行中与当地的沙特人建立了深厚友谊。

近年来，沙特积极推进致力于"提高人民福祉"的2030愿景，南京工程以高效的项目执行能力和严谨精湛的技术助力阿美、SABIC等沙特国有支柱油气企业的工程建设项目，然而，2020年一场席卷全球的新冠肺炎疫情大流行打破了这份宁静。

向合作单位捐赠医用物资

"战疫"·大爱无疆

2020年3月初,沙特关闭航线,每日确诊病例成百增加,最高日确诊达到7718例,口罩、体温计等医疗资源始终处于紧张状态,并受到政府管控,药店的口罩开始论"只"卖,有的药店一只口罩要20里亚尔(约合34元人民币),可谓一罩难求,驱车外出时总是能看到大部分当地居民戴不上口罩。南京工程急当地居民之所急,经多方了解捐助渠道,分别于4月8日、23日向沙特卫生部、朱拜勒市政府、医疗总局共计捐款15.5万里亚尔(约合26万元人民币)、口罩9000个,为朱拜勒市民提供了援助,履行了中国大企业的社会责任。

为防控疫情,沙特籍员工Mohammed选择居家办公。他的邻居Naseef每次看到他时见他都有新口罩戴,就问他是怎么买到的。Mohammed告诉Naseef,口罩是SINOPEC配发的。当南京工程将几盒口罩捐赠给Naseef时,Naseef连说"Thanks, SINOPEC"。Mohammed后来告诉笔者,虽然口罩上没有 SINOPEC 的标识,但 SINOPEC 的无私帮助深深记在了 Naseef 的心中。居家办公的 160 余名沙特籍员工都成了"戴口罩、勤洗手、保持社交距离"等防疫知识的践行者和宣传员,中国石化品牌更加深入沙特民众心中。

2020 年,南京工程在沙特长期保持职工总数在 2000 人以上,其中来自印度、孟加拉国、尼泊尔、巴基斯坦等国的外籍员工超过 1200 人,他们和中籍员工一样远离祖国,企业就是他们坚强的后盾。南京工程在集团公司的大力支持下,以"维护职工生命健康安全"为己任,在沙特朱拜勒工业城里第一个出台防疫工作标准措施、应急预案,在朱拜勒卫生局的检查中得到好评;建立疫情预防机制,建立沙特防疫领导小组、工作小组、各项目工作小组三级组织管理体系,按照施工现场、营地、办公区、职工隶属等明确防疫管理责任,全面实施网格化管理;时时更新《非中国籍员工防疫责任分工表》和《与外部接触人员名单》,组织召开防疫日例会 50 余次,组织开展防疫风险排查 78 项,有针对性地落实了防疫措施;加大宣传力度,提升职工防疫意识,配齐职工"四件套"(防护眼镜、N95 口罩、一次性手套、免洗洗手液)、错开作业面、封闭管理现场,强化施工现场防疫行为监督检查,通过一系列措施让职工安心、放心。

守护 · 后盾坚固

在防疫工作中,职工共同生活的营地扮演着防疫阵地的角色。"执行好营地防疫标准,管理好各个区域的防疫工作,照顾好隔离区职工生活,让职工健康上岗",这就是南京工程沙特营地防疫工作的自我定位。为了防止疫情在营地传播,按照网格化、小区化管理标准,营地由之前的 2 个管理区、4 个工人区,调整为 6 个管理区、8 个工人区,各个区之间使用围栏进行防护,每个区只留一个门,严禁人员到其他区域活动。在区域分割、人员调整过程中,南京工程认真筹划、妥善调整,将营地网格化、小区化工作落实到位。通过各个区域的反复巡查,督促各个区域负责人员认真履职尽责,保证各个小区的卫生、消毒、

营地防疫工作按照网格化、小区化管理标准进行管理

职工行为等符合防疫标准。根据实施方案,分别建立了高、中风险隔离区域,为了实现"让隔离职工吃得好一点、恢复快一点、返岗早一点"的目标,南京工程安排专人与隔离区职工定期沟通,了解职工对饭菜口味、品种等的需求,记录职工代购物品,帮助职工解决各方面需求。

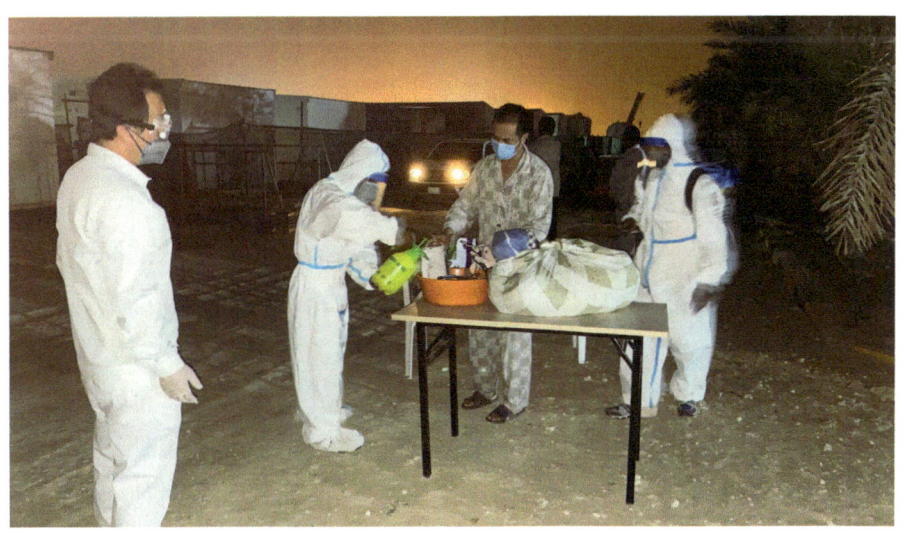

项目部进行消毒杀菌工作

同心·筑梦

每当有职工在符合标准后解除隔离时，都是防疫小组最开心的时刻。

南京工程在沙特各项目聘用了部分清洁员，来自尼泊尔的 Song 就是其中一员。疫情期间，他主动承担起办公室的体温检测、消毒杀菌、人员进出入监督等工作。每天一大早，你都会看到他"全副武装"，一个一个工位地进行体温测量并认真登记，对于出现异常的，严格进行复查和报告。每天晚上，等职工下班后，他独自留在办公室进行消毒。这天，项目部某管理人员去加班时，正好看到他拿着基本上不离手的消毒液在擦拭门把手。Song 笑着说："Knobs are high risky parts that need more frequent disinfection.（门把手是高风险区域，要勤消杀。）"正是以 Song 为代表的疫情防控"守门员"对每个细节的严控，才保证了多国籍职工的生命健康安全。

担当·责任在肩

"我们两人，如果谁被感染了，谁就负责感染区，另一人负责密切接触区。"这是南京工程沙特驻地两位中国籍医生的一次对话，对话体现的是我们的医生对照顾公司职工身心健康的责任和担当，以及打好疫情防控阻击战的使命感和大无畏精神。正是基于他们的辛勤付出和不懈努力，沙特项目部的疫情防控工作取得了显著成效，确保了驻守沙特的公司员工的生命健康安全。两位大夫几乎每天都要工作到深夜，他们每天两次身着防护服进入隔离区域，为隔离职工问诊，对思想有顾虑的职工进行病毒致病性解释和压力排解，对有症状职工进行会诊并一一协商治疗方案。

工作很辛苦，但他们感觉格外充实。每当有疑似症状的职工症状减轻、消失时，都是他们最开心的时刻。沙特的夏季高温酷热，每每查房结束，身着防护服的他们都会全身湿透。他们打趣说，天天免费蒸桑拿浴，脱掉防护服就如进了空调房。中外籍隔离职工都对他们竖起了大拇指，纷纷用各自国家的语言表达感激之情。一位外籍检查员康复并解除隔离后，撰写了千字感谢信，感谢两位大夫对他无微不至的照顾，使得他这么快就康复出院，并赞叹"Chinese doctors are really great.（中国医生真棒）"。

奉献·初心如磐

在沙特疫情流行的特殊时期，东部二部项目一名控制工程师已经超过9个月没回国休假了。每次面对家人的殷切叮嘱，他总是会轻描淡写地回应"没事，公司做的防护很到位"，看似云淡风轻，可是挂掉视频电话后，他更加思念家人，尤其是刚满周岁的儿子。虽然疫情阻断了回国与家人团聚的欢乐，但他并没有选择抱怨，而是积极投身工作中，为项目的平稳运行贡献自己的力量。

疫情刚刚蔓延时，为了减少疫情对项目造成的损失，他仔细研读合同中的不可抗力等相关条款，对于疫情所采取的"宵禁""隔离"等措施对现场施工和项目工期所造成的影响，及时与各部门和项目领导沟通及落实，通过信函告知业主，并发出索赔的信函。为了加快进度款的审批和变更索赔能够及时批复，以确保项目的对外收入和项目的稳定执行，他通过邮件、电话和通信软件等，积极与业主保持密切联系，提前并超额完成了项目收款计划，保障了项目现金流的正常运转。他对项目的成本效益状况进行分析，对于成本控制出现差异的原因，提出有针对性的管控措施和方案，完成了公司下达的项目目标成本控制指标，提高了项目整体的经济效益。在他身上，充分体现了南京工程一名基层优秀职工"不忘使命，勇于担当"的工作作风，用实际行动书写了责任与担当。他坚信，在公司带领下，大家团结一心，这场疫情终会过去，一切都会变得更加美好。他也会一如既往地在抗疫征途中奉献自己的青春和热血。

平凡的力量之所以不平凡，在于默默的奉献和执着的坚守。南京工程每一位职工坚守在防疫战线上，默默地贡献着自己的一份力量，正是这些"微光"的汇集，保证了南京工程沙特职工的生命健康，履行了中国企业的社会责任，提升了中国石化的品牌形象。

（供稿单位：南京工程有限公司沙特项目执行中心
撰稿：杨博、牛炳海、程志莹）

众志成城克时艰
打赢抗疫防御战

在新冠肺炎疫情肆虐、中美关系严峻复杂的局面下,中国石化北美代表处全方位做好本单位防疫抗疫工作,保证了生产、经营、科研等方面工作有序进行。同时,北美代表处注重履行社会责任,积极为当地防疫工作作贡献,增进了与驻地民众及机构的沟通和了解,提升了中国石化的品牌形象美誉度。

2020年是中美关系面临前所未有挑战的一年。美国新冠肺炎疫情蔓延肆虐,中美贸易摩擦复杂多变,北美能源市场跌宕起伏,美国大选一波多折,给北美代表处的日常经营和员工日常生活都带来极大挑战和困难,特别是严重的疫情威胁了北美代表处和驻北美机构人员的健康安全。

在严峻的疫情考验面前,北美代表处协同工作范围内各机构,坚决贯彻集团总部领导的指示精神,积极应对新冠肺炎疫情、公共安全等前所未有的严峻形势,按照代表处班子确定的"安全压倒一切,一切为安全让路"的要求,将疫情防控、公共安全作为重中之重,周密部署、联防联控、抓早抓小、落实落细,为保证生产、经营、科研工作安全有序运行提供了有力支撑。

代表处同志们上下同心，众志成城，坚守岗位，多措并举，抓好"严""稳""真"，有序推进各项工作。"严"字当头抓防控。疫情防控工作做到措施严、落实严、监督严。"稳"字当头抓复产。从企业复工程序到复工后的防疫工作，做到时点稳、措施稳、队伍稳。"真"字当头抓关爱。协调各驻美机构把对员工的关爱互助落到实处，切实做到真困难、真帮助、真有效。建立互帮互助机制，在工作中强信心、稳人心、聚民心。全年保持了人员零感染，抗疫防疫取得阶段性成果，实现了保安全、保健康、保稳定的既定目标。

回顾 2020 年的艰苦抗疫历程，北美代表处科学部署，精准施策，重点做了 5 个方面的抗疫工作，取得了显著的实效。

迅速行动，周密部署

北美代表处认真贯彻国家部委、驻地使领馆、集团公司关于疫情防控的通知精神，突出防控、担当作为，做到了第一时间学习、第一时间传达、第一时间布置、第一时间检查、第一时间报告、第一时间备好防护用品、第一时间发布防控措施。

2020 年 1 月 22 日，代表处收到总部《关于报送新型冠状病毒感染情况的通知》，立即召开紧急会议学习领会、动员部署。随即成立领导小组、工作小组；明确公共关系负责人牵头收集相关新闻、媒体报道，追踪政经大势，了解防疫态势；明确综合行政负责人归口管理疫情防控工作，牵头汇总各机构疫防情况，做好上传下达、下情上报工作；明确当地合规专员跟踪研究疫防政策、法规法令，从法律合规角度及时提醒各机构做好疫情防控工作。此外，还率先提出了"少开会、少外出、少聚集""多邮件办公、多网上办公、多石化通办公""不信谣、不传谣、不造谣"的"三少三多三不"工作要求。

5 月 11 日，北美代表处新班子自组织宣布当日即提出，要把疫情防控、公共安全作为北美代表处当前工作的重中之重，坚决遵循"确保安全平稳、强化底线思维"的原则，集中精力抓紧抓好疫情防控，抗疫防疫集结号吹响。

5月13日，来自集团总部的温暖漂洋过海，北美代表处收到张玉卓董事长、马永生总经理联名发出的《致中国石化境外机构员工的慰问信》后，迅速转发各机构，将集团公司领导的关心和慰问第一时间传递到基层，及时发出"关心员工诉求，真困难真帮助"的倡议，组织开展了"各级领导按分管包干、派出员工之间一对一结对子、当地员工Supervisor关怀提醒、四个一送温暖"爱心互助活动。特别是联化美洲发挥内派员工和部门经理在团队中的作用，利用日常聊天、周例会等适当方式，加强与员工之间的沟通交流和谈心谈话，掌握员工思想动态，做好纾解引导，介绍防疫成功经验和科学防疫措施，落实当地EAP服务，稳定队伍情绪，增强战胜困难信心。

2020年7月21日，美方单方面挑起事端，突然要求中方关闭驻休斯敦总领馆，北美代表处协同各机构认真落实总部领导"静观其变，沉着应对，积极稳妥"的指示精神，第一时间启动应急预案，第一时间发布依法合规提醒，第一时间研究部署应对措施，第一时间成立前线紧急协调组，第一时间建立法律应急响应平台，第一时间组织开展安全保密大排查，第一时间发出应答政府调查法律提醒函，上下联动、内外联动、一体化联动，同舟共济、齐抓共管、互帮互助，平稳度过了安全风险窗口期。

在美国大西洋飓风到来之际，北美代表处未雨绸缪，提前为员工配备了飓风工具包，提前组织了飓风防控安全培训，提前向驻休机构发出了预警提醒。2020年7月末以来，Hanna、Laura、Beta、Delta等飓风相继袭击了得州及周边地区，尤其是Laura给休斯敦带来了重创，淹没了大量街道、房屋、汽车，但我们所有驻休机构做到了员工安全、家属安全、资产安全。

2020年10月25日，收到赵东同志在境外疫情防控指导组第15次例会上的讲话、国际合作部《关于全力做好境外第二波疫情防控工作的通知》和《关于美国总统大选期间的安全提醒》后，北美代表处即于29日组织召开北美地区机构疫情防控暨公共安全前线工作视频协调会，传达讲话精神、通知要求，组织工作交流和巡检，安排部署了下一步疫情防控、公共安全工作重点。

防控问法，合规护航

为确保疫情防控既符合国家部委、驻地使领馆、集团公司指示精神，又尊重驻在国法律法规、宗教信仰、文化习俗，北美代表处一方面特别指定当地合规专员认真研究驻在国的法律法规和政策规定，及时发布依法合规提醒；另一方面明确规定北美代表处出台的所有疫情防控和公共安全制度必须事先经过当地合规专员的审核把关。

2020年2月7日，疫情防控阻击战打响之初，北美代表处即向各机构发出《疫情防控中当地雇主应当注意的五个问题》提醒函，提示各机构必须谨慎了解员工有关传染病的情况、必须妥善处理员工在疫情期间提出的旅行申请、必须严格遵照驻在国《家庭和医疗休假法》（FMLA）。

8月12日，在中国驻休斯敦总领馆关闭不久后，北美代表处即向各机构发出《美国联邦政府调查应答指南》提醒函，对应答方法步骤、应答注意事项、如何用好法律应急响应平台等关键事项做了清晰提示。截至10月底，共发出有针对性的法律合规风险提醒函12件，在疫情发展的不同阶段、公共安全的特殊时期发挥了有力的保驾护航作用。

抓早抓小，落细落实

从国家部委到驻地使领馆，从集团公司疫情防控领导小组到境外疫情防控指导组，从总部综合管理部到国际合作部，在疫情防控的不同阶段都出台了一系列的制度要求，北美代表处结合当地法律法规和各机构工作实际将上级精神具体化、本地化，制订了《防控新型冠状病毒疫情公共卫生事件应急预案》，绘制了应急预案流程图。

在本地化创新制度的同时，北美代表处突出"早、小、细、实"抓防控。在疫情发展初期，北美代表处果断决定从3月16日开始启动居家办公模式，比当地政府发布居家令提前9天，体现了一个"早"字；在当地人认为戴口罩还非常怪异的时候，即组织国事美国公司为相关机构

集中购买了 21800 只口罩，并统筹协调配送、发放等各环节的细碎事务，体现了一个"小"字；在防控物资上明确应采必采、应储必储、采必采好、储必储足、质量第一、性价比最优，体现了一个"细"字；在防控措施上提出了"当好三个角色、实施七个第一，进门三部曲、出门三不碰、异常三做到，三少三多三不、四必备四常态、五必须五应该"，体现了一个"实"字。

疫情防控的"早、小、细、实"在驻区企业中也被应用在各项生产与后勤保障工作中，其中国勘加拿大公司具体规定现场生产操作的防护要求，包括佩戴合适的 PPE、定期消毒、保持社交距离、每日报告疫情情况等，不断优化现场值守、巡逻、远程监控与一线支持安排；减少高风险作业及与承包商直接接触；开展远程视频安全检查，了解一线安全管理和疫情防控情况。2020 年 6 月 10 日，公司安委会组织远程在线 HSE 检查，12 月 10 日开始尝试头盔式视频远程检查；控制单次现场出差人数，提高工作效率；8 月 19 日公司领导率队前往南部 Warburg 油区，亲自送去疫情防控物资。提前编制圣诞、元旦假期的油田、卡市值班表，做好节假日生产运行及应急处理工作。国工墨西哥子公司在后勤保障中下足功夫，加强对冷冻食品采购、加工和食用等环节的管理，坚决杜绝病毒通过冷链传播，将疫情防控工作在各项工作中落细落实。

联防联控，共克时艰

自疫情发生以来，北美代表处组织各机构充分发挥一体化优势，同舟共济、联防联控。对于日常防控工作，做到了政策、信息实时共享，指导、协调即时开展，督促、巡检随时进行。对于重点、难点、应急问题，组织集中攻关。

疫情初期口罩难求，北美代表处随即组织了解各机构防疫物资需求，集中采购防疫物资。国事美国公司立即响应，在国内疫情最为严重的阶段，公司在美洲地区积极寻源，累计从美国、巴西、厄瓜多尔等国家采购口罩 340 万余只、测温仪 8763 台，解了相关企业的燃眉之急；

休斯敦总领馆关闭后，即组织相关机构成立 5 人应急小组，研究对策、协调工作、应急决策，联化美洲发挥了重要作用，为"双稳"奠定了坚实基础；安保救援、疫情救治问题突出，即协同各机构，与国际合作部外部公共安全专家合作，探索形成了"安保紧急救援和疫情紧急救治"共享服务机制，休斯敦研发中心率先与当地专业安保服务公司 Savage Global Strategies (SGS) 签署了合作协议，制定应急安保预案，对所有居住地实地开展安全风险评估，形成了专业应急预案，并设立应急通信渠道、疏散撤离方案和临时撤离点，同时在面临当地执法调查、限制自由及紧急事故中提供服务，与当地执法力量沟通协调，打通了救援救治"最后一公里"；休斯敦办公大楼出现 5 次新冠病毒感染报告，即协同驻休机构按照应急处置 7 条措施同时启动应急预案，严格隔离、严格消杀、严格排查、严格检测，没有出现聚集性感染。

各尽其责，防控有力

北美代表处认真贯彻总部境外疫情防控指导意见，积极落实"指导、协调、督促"的功能定位，严格执行境外疫情防控指导组明确的"可以越级过问，不可以越级指挥"的工作纪律，努力当好总部疫情防控的通讯员，前线疫情防控的协调员，总体疫情防控的参谋员。其间，共上报工作周报、动态报告 29 期，专项报告 18 篇，

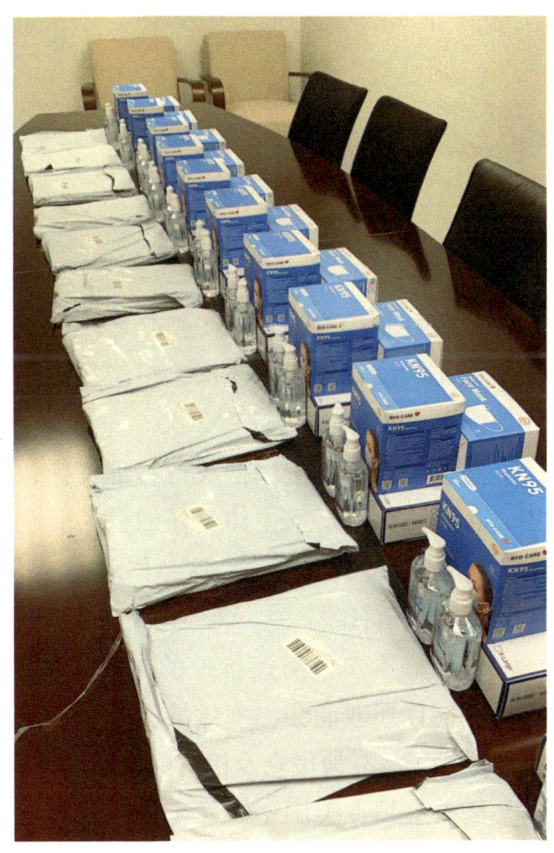

北美代表处分发抗疫物资

北美代表处工作人员送中国留学生回祖国

国际业务简报14份，即时信息170多条；发出指导通知、合规提醒37次，集中收集防疫物资需求1次，组织集中采购防疫物资1次，跟踪协调相关问题13项，集中巡检3次。

目前，派出单位严格履行管理责任、北美代表处积极发挥督导作用、各机构认真落实主体责任的公共安全工作机制运转顺畅，组织体系、制度体系、运行体系、应急体系、监督体系比较健全，生产、经营、科研运转安全有序。

在做好本单位防疫抗疫的同时，北美代表处注重履行社会责任。多次会同休斯敦商会向大休斯敦地区多家医疗机构和社区捐献防疫物资，增进了与驻地民众及机构的沟通和了解，提高了中国石化的形象。

随着疫情在美国不断蔓延，中国驻休斯敦总领馆高度关心海外留学人员，在国航休斯敦办事处的通力协作下于5月31日开通面向美南地区留学生临时航班包机回国。作为4个月以来休斯敦回国的首个航班，该机受到了各界人士的高度重视。在得知这一消息后，北美代表处和总商会休斯敦会立即安排工作人员精心准备了300份防疫物资用来防控疫情，全力保障留学生旅途健康安全。

5月31日清晨，中石化驻美机构的几位同志早早来到机场大厅，为233名留学生及时送上印有"CGCC–HOUSTON, We Are All in This Together"字样的防疫物资，并祝福所有旅客一路顺利，顺利回到祖国怀抱。驻休斯敦总领事蔡伟表示："我们衷心感谢中国总商会休斯敦分会对此大力支持，在这样特殊的时期为留学生们保驾护航，意义不凡。"许多留学生纷纷上前合影，表示感谢。

回首北美代表处的2020年，它是不平凡的一年，是战斗的一年，是披荆斩棘共克时艰的一年。未来一段时期，在美中资机构可能还要经历疫情和经贸摩擦影响的多重阵痛。"逆水行舟用力撑，不惧风雨且徐行"。北美代表处将在集团党组的坚强领导下，不畏眼前的浮云和阴霾，看清大势，坚定信心，砥砺前行，续写抗疫防疫的勇者篇章。

（供稿单位：北美代表处　撰稿：吴高峰、李政群）

红衣为甲 海上坚守

2020年6月，在尼日利亚几内亚湾海域施工的胜利石油工程有限公司新胜利一号平台党支部书记、经理李恩朋3次请战，留守平台，带领93名核酸检测阳性人员积极抗疫，用43天解除一级响应，70天实现复工复产，实现了"双战双胜"，被国务院国资委授予"中央企业抗击新冠肺炎疫情先进个人"荣誉称号。一抹夺目的红色，好莱坞大片式的剧情，鲜活、生动，富有感染力。每一个普通人，都可能在一个特定时期成为英雄。

43天，核酸检测阴性的他，带领93名阳性人员留守平台成功抗疫。

70天，他带领员工克服重重困难，实现平台复工。

危难面前，是远离还是坚守？

中国石化胜利石油工程有限公司海洋钻井公司新胜利一号平台党支部书记、经理李恩朋三次请战："平台就是我的阵地，我留下！"

三次请战

赤道附近的西非几内亚湾距离海岸线较远的这片壳牌公司承包的海域，就是李恩朋工作的新胜利一号钻井平台，也是"一带一路"建设的新锚点。作为中国石化首次进入尼日利亚海洋钻井市场的队伍，3年，1000多个日日夜夜，李恩朋带领的团队即将见证第一期合同完美收官。

胜利石油工程有限公司新胜利一号平台党支部书记、经理李恩朋

但是,一场席卷全球的新冠肺炎疫情,让远离祖国的海洋平台之舟突然陷入"漩涡"之中。

6月1日晚7点,在位于尼日利亚几内亚湾的新胜利一号平台,员工倒休回到项目基地哈克特,测量体温时两人出现异常,其中,一人抗体检测呈阳性。病毒来了!

疫情就是命令。Ⅰ级响应迅速启动!一场疫情防控阻击战在西非海域打响!

一开始,恐慌、焦虑的情绪弥漫在整个平台。远离祖国、远离陆地、居住密集、共用卫生间、中央空调……处处危险,步步惊心!停工撤离的声音此起彼伏。

上平台前,人员全部安排了两周的隔离,怎么还会出现感染?更严峻的是,井上正在钻进,高压油气层已经打开,根本没法停工。说不害怕,那是假话。想想家中父母、妻子和孩子……李恩朋一夜未眠,但脑子里一个念头越来越清晰:"不能慌,更不能乱。这里远离祖国,我就是主心骨,一定得顶住!"

胜利石油工程有限公司海洋钻井公司新胜利一号平台

凌晨 5 点，看着朝阳从海平面上升起，他向海洋钻井公司党委、尼日利亚项目部请战："平台就是我的阵地，无论怎样，我都要留到最后！"

更可怕的消息还是来了。壳牌公司对平台及守护船 147 人进行核酸检测，结果 80% 呈阳性！撤离的呼声更高了。当地政府要求：核酸检测阴性人员下平台，阳性人员留在平台隔离、治疗。

危急时刻，大家都看向他。李恩朋明白，疫情可怕，失去信心更可怕。他再次向公司党委请战，告诉员工："大家放心，我会留下！"

6 月 10 日，李恩朋的检测报告出来了：阴性！按要求，他可以撤离。合上报告，整理好口罩和护目镜，打开邮箱，李恩朋向公司党委第三次请战："这里有国家几亿元的资产、有我的员工，我是党员、是党支部书记，我得留下来！"

全面实施隔离后，房间不够。"把我的房间腾出来，我打地铺就行。"党员们也站了出来，滕召军搬到了洗衣间，蔡成斌住进了小库房。就这样的条件，在等待检测结果的忐忑中，大家仍然坚持生产。队长张营带着班组，冒着海上的风雨整整干了一夜，硬是下完了 150 根套管；固井工李民连续作战 15 个小时，完成固井作业，达到甲方要求，平台全力转入抗疫。

43天解除疫情响应

一波刚平,一波又起。

留在平台的94人中,除了李恩朋,其余都是阳性!其中,87名为当地员工。焦虑、恐慌,甚至绝望,有些人还持续低烧、咳嗽,紧张的空气,随时都有可能"炸裂"。加上一条条不实的信息,更点燃了当地员工的不满——

"是你们将病毒带到了平台!"

"平台停工了,我们要失去饭碗了!"

……

失去理性的当地员工对平台实施断电,将灭火器堆在飞机坪,阻止直升机降落。

胜利石油工程有限公司海洋钻井公司新胜利一号平台承钻的EA-57井开钻

面对愤怒的当地员工，李恩朋走上前，主动同他们对话。

"大家4月份倒的班，现在都两个月了，你们想想，病毒怎么可能是他们带来的？"

"大家不用担心饭碗问题，我们肯定会复工的。"

"咱们是共同合作的好兄弟，有事儿我们一起扛。"

……

在他苦口婆心的劝说下，聚集在飞机坪的当地员工终于散了。

但是，问题并未解决，他就挨个房间挨个人谈。尤其是工会成员查尔斯，谈了足足两个小时，嗓子都哑了，也不敢打开口罩喝口水，直到当晚8点多，当地员工终于让步，供电恢复了，灭火器撤走了，危机顺利化解。

刚刚安抚完当地员工，中方员工家属的电话又打到平台："老曹还好吧？这几天怎么没信儿了，让他给孩子爷爷回个电话吧。"最让他揪心的，还是平台的弟兄：有的不敢在餐厅吃饭，有的在空调出风口戴满了口罩，还有的把自己关起来一坐就是一天……就连平时爱说爱笑的小张，也偷偷跑到资料室里抹眼泪。李恩朋看在眼里，疼在心头。

就在最无助的时刻，是强大的祖国，是各级党组织，给了他们面对困难的信心和勇气。在海洋钻井、胜利工程、石化油服、集团公司的关怀下，医疗物资从尼日利亚、迪拜运送过来；协和医院、胜利中心医院远程问诊；"心福咨询""海洋，他的家"连通互动……点滴的关爱汇聚成和煦阳光，逐渐驱散了大家心头的阴霾。

这时，登上新胜利一号平台，你会看到，大家开始积极行动，对平台各个角落定时消毒；你会看到，大家轮班身穿防护服为患者测体温、送药送饭；你会看到，所有垃圾及时封存处理，不留一丝安全隐患。

7月13日，93名阳性人员全部转阴，I级响应解除。43天，李恩朋带领干部员工打了一场惊心动魄的阻击战，取得了"战疫"胜利！

70天实现复工复产

疫情防控形势逐步稳定后，早日复工成为当务之急。此时，中方

李恩朋坚守平台施工

员工因疫情不能正常倒休,平台缺员成了常态,怎么办?

"办法总比困难多,党员干部顶起来!"李恩朋的话掷地有声。跨界顶岗、平台短休、轮番顶班,解决了岗位缺员。连续奋战了89天的操船师杨杰和泥浆师曹志华,短暂休整一周,就再次请求上平台;电气师兼起了报务员,水手长干起了固井工,工长顶替了泥浆师……保障平台高效运营,连续生产800天安全无事故。

8月9日,当轰鸣的钻机打破数日的沉寂,新胜利一号钻井平台正式复工!他们终于走出阴霾,迎来了胜利曙光。在壳牌尼日利亚所有项目中,他们坚守平台、率先复工,感动了壳牌区域负责人史蒂夫·摩迪,他同意将新井组3口井也交给新胜利一号平台施工,平台因此顺利拿下了一年的续签合同。

43天解除Ⅰ级响应,70天实现复工复产,这"双战双胜"的背后,是各级组织的关怀,是石油精神、石化传统的传承,更是伟大抗疫精神的弘扬。"身在海外、身处抗疫第一线、身穿'中国石化红',我感到无比骄傲!"李恩朋感言。

(供稿单位:胜利石油工程有限公司 撰稿:张玉、王为)

与"疫"同行的海湾钻井人

新冠肺炎疫情全球大流行，全球产业链、供应链面临巨大冲击。稳定市场、稳定业务，是疫情防控常态化之后的艰巨任务。中国石化中原石油工程公司科威特钻修井队伍SP-294队，争当"防疫保产"先锋，各项工作如火如荼开展，守土有责、守土尽责，为公司海外市场稳定和开拓作出了积极贡献。

科威特是位于西亚地区阿拉伯半岛东北部、波斯湾西北部的石油大国。虽然国土面积仅有1.78万平方公里，在世界排名第154位，但是其探明的石油和天然气储量竟分别位居第7位和第18位，成为许多国际钻井承包商争相追逐的竞技场。中国石化中原石油工程公司在科威特拥有20支钻修井队伍，SP-294队便是其中的佼佼者。

该队于2014年11月开始履行甲方第一轮钻修井合同，施工至2017年6月合同到期。合同结束时，正值全球石油市场"极寒期"。面对甲方投资锐减，一时间，这部钻机的命运变得难以捉摸，新合同能否续签？甲方是否愿意继续投资？是走是留？诸多亟待解决的问题摆在了大家面前。"我们愿意考虑与中国石化SP-294队续签新合同。"经过一年的持续攻关和艰苦等待，科威特石油公司发来了续签合同的意向函。SP-294队周期为"5+1"年的新合同于2018年6月顺利签订,甲方给的动迁期为一年！2019年4月23日16：00，随着甲方验收组一声令下，SP-294队新合同第一口井BH-142井提前两个月开钻了！

海湾钻井人迎来疫情新考验

2020年，新冠肺炎疫情全球范围内暴发，科威特防疫形势不容乐观，新冠肺炎百万人口确诊率排名位居全球前列。科威特主要的防疫压力来自第三国，科威特的基础劳动服务绝大部分由印度、巴基斯坦、菲律宾以及尼泊尔等国家和地区的人员提供，科威特国际机场每天都有大量的第三国居民出入。由于科威特本地社区无法实现有效封闭，所以有限的检测和医疗资源捉襟见肘，疫情防控压力始终未能得到有效

SP-294队队员2019年合影

缓解。为了控制疫情蔓延，科威特政府一度采取了暂停所有商业航班、实施宵禁等措施。但是，迫于经济复苏压力和复工复产要求，后期又陆续开放了部分商业航班，取消了宵禁。肆虐的疫情给井队生产带来的严峻挑战，不仅仅限于人员超期工作、物资供应紧张以及病毒感染风险等，海湾钻井人很快迎来了新的考验。

为了将病毒感染风险降到最小，SP-294队井场和主营地均实施封闭化管理，设立门禁，未经允许不得进入。但因生产材料、生活物资以及第三方作业等客观因素，杜绝不了与外来人员接触。为保障现场人员健康安全，SP-294队在门禁处安排白班和夜班值班人员，实现24小时有人值守。对井场进出人员实施实名登记、近期行程调查及体温检测等，未经检测或无关人员一律不许进入井场。作为井队的随队医生，王建超主动担负起疫情防护监督员和指导员的责任。他一方面积极学习新冠肺炎疫情防护知识，另一方面利用井队交接班时间向大家讲解如何科学有效地进行个人防护，指导员工如何正确佩戴防护用品以及个人消毒注意事项等。

疫情初期，部分员工对于防疫工作既不理解也不太支持，认为井队施工地处野外，与城市等繁华地带距离较远，没有感染风险，不需要"谈虎色变"。尤其是外籍雇员，他们认为新冠肺炎就是一个大号感冒，完全没必要过度防护。王建超看在眼里、急在心里，为了让大家配合防疫，在讲解防护措施的时候，他结合与井队施工环境相似的感染事件实例，让大家认识到新冠病毒的"狡猾"。在他一遍遍不厌其烦地督促下，施工现场的每一个人终于树立起了正确的防疫观念，开始主动配合疫情防护。除督促大家做好疫情防护外，王建超每日还要核查防疫物资储备，确保一次性口罩、N95口罩、防护服及消毒液等数量充足。他还建立了应急物资台账，并与井队安全官一起编制了疫情感染现场应急处置方案，提出了许多合理化建议。

目前，科威特新冠肺炎疫情形势依然不容乐观，但SP-294队防疫保产工作却从容不迫。人员在井场工作期间始终做到口罩佩戴到位，社交距离保持2米以上，特殊工况需要配合第三方人员作业时，尽可

SP-294队随队医生王建超对将进入井场人员测量体温

能减少接触频次和时间，作业结束后立即洗手、消毒等。司钻房和办公室作为封闭区域一律不允许外来人员随意进入，相关工作交流和文件取送均在室外进行。井场餐厅只允许本队人员分时使用，每次同时就餐人数不超过3人；主营地餐厅只允许厨师和帮厨人员进入，员工一律将餐盒带回各自宿舍。在各项措施的有力保障下，虽然科威特境内不断有人员感染，其他承包商井队防疫战线也不断失守，SP-294队至今仍未发生一起确诊或疑似感染事件，被评选为中原石油工程公司疫情防控先进集体。

困难面前他们选择担当

2020年4月至9月期间，科威特迎来炎炎夏季，创下55℃全球历史最高温度。SP-294队全体队员在面临高温考验的同时，新冠病毒对他们的威胁也丝毫未减。即使在这样的不利因素下，这支铁军依然保持高昂的战斗力，表现出了超强的铁军意志。

高温压不住热情，疫情压不垮担当。当井场第一缕阳光洒下，SP-294队带班队长宋栋林已经洗漱完毕，穿上整齐的工装，按照岗位巡回检查路线查看现场设备、生产及人员状况，他已经连续重复这样的动作超过365天。答应80岁老母亲回去给她过寿辰的承诺、陪妻子去海南旅游的计划都已然无法兑现。"老宋,今年12月份的最后一批倒班计划我给你排上吧,工作这么长时间了,该回家休息休息,陪陪家人了。"平台经理王起发曾劝他。"王经理,我还能熬得住,还是让小田和小芦他们先回去吧,我到班组去替岗。您也不用劝我了,现在倒班这么难组织,让他们两个还没结婚的先回去把终身大事解决一下,不能留下遗憾!"宋栋林乐呵呵地说道。王起发见拗不过他,只得轻叹一声:"你留的遗憾怎么补?!"看着眼前这个年近50岁的汉子,腰杆挺直,精气神不比30岁的小伙子差,王起发却知道他的背上、腿上不知已贴了多少膏药,但却从不见他叫一声苦、喊一声累。宋栋林多次被推选为公司"先进生产工作者""模范党员",这样的称号他当之无愧。在疫情的"逼迫"下,有"SP-294队铁人"之称的宋栋林打破了自己海外连续工作时间最长纪录。

不止宋栋林,在2020年10月之前,商业航班没有恢复,现场人员的工作天数均达到8个月以上,但不曾有一人打退堂鼓。至今,由于种种原因,仍然有营房经理贾俊涛、井架工李辉和场地工长李坤与宋栋林一样坚守在工作岗位上。他们把对祖国和家人的思念化作前行的力量,用实际行动鼓舞和温暖着身边的同事。

SP-294队带班队长宋栋林工作照

时间有长度,同样也有温度。2020年4月初,白班带班队长李俊岩突然迎来一个艰难的抉择:母亲突然病危,进入重症监护室,此时家中只有身怀六甲的妻子和上小学的女儿。去还是留,李俊岩如坐针毡,寝食难安。当队上把这一情况反馈回国内后,公司工会第一时间组织人员开展帮扶。"无论如何都要将职工家属照料好,安排专人组成帮扶小组解决职工困难!"科威特项目在家人员主动成立帮扶小组,负责协助李俊岩的妻子照顾老人孩子。境外项目考虑到他的特殊情况,也紧张筹备着他的回国计划,但是寥寥无几的回国航班机票很难预订,最快也需要半个月以后。一周后,李俊岩的母亲终于转危为安,回国机票也终于预订成功。"老公,咱妈终于脱离危险了,应该很快就可以出院了!你们项目部领导和同事们可帮了大忙,家里情况都稳定了,我听说你们回国机票不好订。如果实在走不开,你就先以工作为重。"妻子了解到丈夫的处境后,给他吃下了一颗定心丸。"好的,老婆,谢谢,你和咱妈还有孩子都要珍重!"李俊岩悬着的心总算是放下了。他情绪稳定下来,再三斟酌后向项目经理杨雄主动请缨:"如果此时我回去了,会造成缺岗,还会影响到其他人的想法,而且我妈病情已经大为好转,我还是留下来继续工作吧。"这一留就又过了3个月。直到7月,李俊岩才回到家人身边。

2020年7月,在国资委与中国石化全力协调下,由中国直飞科威特的首趟包机终于获批,海外将士分批倒班的计划得以执行。面对境外严峻的疫情形势,大家是否愿意到境外工作?中原石油工程公司组织召开海外倒班人员动员会,组织各个单位开展动员。"我是党员,我先上!"SP-294队平台经理王起发率先表态。"我也报名!"身为退伍军人的带班队长崔立伟也毫不退缩。不一会儿,有限的倒班名额便被"抢订"完毕。王起发的母亲听说儿子要出国工作,十分不解和担忧:"儿啊,你是不是傻啊,现在国外风险那么高,咱先在国内上班不行吗?""妈,您放心,公司已经为我们制定了完善的防护措施和应急预案,感染风险很低。我的同事们已经工作时间太长了,他们要是您的儿子,您不也希望他们早点回家嘛!"王起发宽慰母亲道。第一批包机人员从动员到成行仅用时两天半，70多名勇士踏上了奔赴科威特的航班。9月，商业航班暂时恢复，由第三国中转入科威特的方案迅速实施，倒班进入高峰期，至11月19日，随着朱岩等5人乘坐的回国航班顺利起航，SP-294队基本完成人员轮换。无论是包机还是后来的商业航班，未发生一例人员在途感染事件，出国人员均顺利到岗，没有因人员倒班耽误一刻生产；回国人员均顺利返家，实现了"人员出入境零感染"目标。

业绩是最好的回报

"百日攻坚创效"行动全面铺开以来，SP-294队上下干劲十足，硬是要打赢"防疫情、保生产"攻坚战。2020年4月，烈日酷暑下，他们在RA-0834和RA-350连续两口井的搬迁过程中以67小时和53小时一举刷新本队搬迁纪录；9月，再次以47小时的速度打破井间搬迁最快纪录；日费率持续保持100%，他们用实际行动践行攻坚创效，同期顺利实现新合同安全生产一周年，至今已连续安全生产620余天。在安全高效生产的同时，SP-294队平台经理王起发最关注的是队伍稳定。因疫情影响，现场人员长期无法正常倒休，艰苦的自然环境条件和家人的长期分离，使得人员思想难免有所波动。作为老党员的王起发利用生产间隙，主动找班组人员谈心谈话，通过有效的沟通给员工加油鼓劲。与此同时，他总是以身作则，带头冲锋，泥浆泵抢修、凌晨固井……最忙碌的地方永远都有他的身影。在他这位老大哥的带动下，SP-294队队员工个个你追我赶，争当"防疫保产"先锋，各项工作开展得如火如荼。

2020年，SP-294队累计开钻8口、交井8口，实现进尺2.16万米，超额完成年度产值利润指标。在甲方对承包商的KPI考核中，SP-294队各项生产指标均名列科威特石油公司承包商前列。

由于施工业绩优异，科威特石油公司对SP-294队更是青睐有加。11月，甲方监督通知SP-294队平台经理王起发，该队即将施工的BH-160井施工方案将有很大改变。原来，为了探索不同类型井原油采收率的区别，甲方决定在Bahra区块部署一口多分支水平井。这是中原石油

SP-294 队 BH-160 井搬迁

工程公司在科威特首次承接多分支水平井施工任务，也是甲方首次在该区块下达该类型钻井施工任务，标志着科威特钻井市场战略调整悄然来临。甲方将该区块第一口多分支水平井施工任务交给中原石油工程公司SP-294队，充分表明了甲方对中国石化钻井承包商的信任和信心。

对于奋战在异国他乡的钻井人来说，2020年是一个充满未知和变数的年份，在这极不平凡的一年，他们共克时艰，有的像宋栋林一样顽强不屈地坚守在岗位上，有的像王起发一样踏上逆行征程。他们患难与共、守望相助，就像习近平总书记说的那样："平凡铸就伟大，英雄来自人民。每个人都了不起……艰难方显勇毅，磨砺始得玉成。"

包括SP-294队在内，中原铁军将士传承石油精神、弘扬石化传统，发挥"特别能战斗、特别能担当、特别能超越"的铁军精神，披荆斩棘、砥砺前行，用无私奉献和无畏担当着力打造公司海外"半壁江山"，在"十三五"收官之年交上了一份满分答卷，并为"十四五"开局打下了良好基础。

（供稿单位：中原石油工程公司　撰稿：林利飞、王启发、杨越超）

铭记海外"战疫"330天

在与疫情的战斗中，有许多不畏风险的英雄，而这些英雄中的大多数人，也是平凡人。中国石化胜利油田分公司科威特项目部经理王嵩，放弃休息、舍弃亲情、忍受悲痛，在"大家与小家"的支持和温暖中，挑起了肩上责任的重担，他带领的项目部书写了一个个普通海外石油人的不平凡故事。

2020年6月29日晚9时许，忙碌了一天的中国石化胜利油田分公司科威特项目部经理王嵩通过微信视频与家人成功连线。和以往与父母妻儿言笑晏晏的情景不同，王嵩表情凝重，眼圈发红。他刚刚得知，年过九旬的姥姥溘然离开了人世。

母亲告诉王嵩，姥姥住院期间，最放不下的就是"在外国打油"的王嵩。姥姥跟随姥爷在偏远的西北戈壁滩上打了一辈子油，觉得已经是够远了。而作为"油三代"的王嵩，竟然跑到外国沙漠里打油。尤其是刚到科威特不久，就有疫情袭来。姥姥临走前一直不放心王嵩，念叨王嵩。听到这里，王嵩一时泪目难以自持，他关掉微信视频，走出房门，朝着祖国的方向，深深拜了三拜。心里默念：姥姥，您走好。疫情当前，不能回国送您了。我在科威特挺好的，您老人家不要牵挂……

项目部在搬家前进行安全动员

身兼数职,组织构建抵御病毒的防线

王嵩在 2019 年年底就到达科威特工作,刚到不久,疫情在全球蔓延。面对疫情防控升级管理,他与项目部其他中方员工一人多岗,身兼数职,白天战疫情、控风险、保生产,夜间整理相关资料、梳理施工进度、协调相关服务,对疫情防控信息进行汇总报送……桩桩件件,势在必行,刻不容缓。不容他请假,不容他归国,甚至——不容他悲伤。

第二天一大早,王嵩用冷水舒缓了一下有些红肿的双眼,戴好口罩,5 点 30 分提前一个小时来到办公室。今天要执行从 MN-0278 井到 MN-0050 井的搬迁任务。由于搬迁施工第三方人员众多,且此次搬家要穿越高压线和公路,王嵩和搬家公司负责人开始仔细商讨防疫和安全方面各类注意事项:"第三方人员是疫情防控的难点与薄弱点,要确保所有人员正确佩戴口罩、手套和护目镜,保持安全社交距离……"在搬迁安全会上,王嵩还对上级和甲方抗疫相关指示精神进行了强调:"要按照科学防疫理念,积极发挥主观能动性,'从严从细从实'抓好各项防疫和安全措施的落实,坚决做到疫情防控和生产经营两不误!"声音铿锵有力、落地有声。谁也没看出,这个大家眼中的钢铁汉子,内心正忍受着失去亲人的痛苦和煎熬。

进入井场前要进行体温测量

疫情发生以来，作为科威特项目部经理的王嵩除了每天要完成井队的日常工作外，还担负着在科人员的疫情防控和联络任务。需要定期对在科职工的身体和精神状态、队上各类防疫物资的配备和防疫措施进行详细了解。每周末将所有信息汇总后第一时间汇报给上级领导。一句"放心吧，我们一切都好！"背后凝结的是从上到下的关注和努力。全体在科人员坚决贯彻执行项目部制定的疫情防控措施，每天要为全体人员检测3次体温，为确保不漏一人，王嵩经常需要跑遍整个施工现场或宿舍为同事测量体温；要求并监督保洁人员开展消毒消杀工作，确保办公区、生活区实现全覆盖，不留死角。

把企业的关心关爱送达每一名员工

一道道抵御病毒的防线已经全面设置，但王嵩却没有放松一丝警惕。他发现，疫情当下，如何守住员工的心理防线才是真正的挑战与难题。自2020年3月份科威特发现首例新冠肺炎确诊病例，疫情在这个总人口仅有400万的国家疯狂蔓延着。3月22日，面对不断加重的疫情形势，科威特政府宣布开始举国宵禁。所有商业航班暂停，公共场所关闭，禁止民众聚集……"封城"状态下，科威特项目的干部员工心理上多少出现变化。疫情蔓延、超期工作、亲人难团聚、高温酷暑等诸多不利因素考验着科威特项目部的每一名职工。

2020年3月26日，在中国石化境外机构防疫工作视频会上，中国石化党组书记、董事长张玉卓指出："海外疫情防控，要充分发挥党组织作用，把企业的关心关爱送达每一名员工；要切实加强员工思想工作和心理疏导，增强信心、携手战胜疫情。"意识到心理疏导的重要性，王嵩积极宣贯上级决策部署和科学防控知识，及时通报官方消息和权威媒体信息，引导中外员工正确认识和应对疫情；组织大家积极参加心理辅导课程，向大家提出充分休息、合理膳食、适当锻炼、与亲友远程沟通、同事之间相互打气的倡议；面对个别员工的担忧，他第一时间给予安抚，引导职工进行心理疏导，稳定员工情绪。2020年7月的一天，王嵩发现同井队的副司钻小石工作中总是走神，便提醒他工作时不要开小差，一旦出现安全事故，后果将不堪设想，但他的善意提醒并没有引起小石的警觉，反而有了抵触情绪。休息时间，王嵩找到小石谈心，才得知小石的母亲患病需要手术。航班不知何时恢复，母亲身边又急需人照顾，身为家中独子的小石一时没有了主意。疫情当前，挂念母亲的他夜不能寐，愁眉不展。了解到实际情况后王嵩第一时间对他开展了心理疏导并将困难反映给了上级相关部门，中心工会得知小石的情况后，在小石母亲住院期间，特意安排了专业的护工来照顾，并在手术当天给小石放了假，以便于他可以随时联系到家人，了解母亲手术的情况，让他以这样一种特殊的方式陪护在母亲"身边"。这一连串的举措稳定了小石的情绪，工作中他又恢复了活力。

同心·筑梦

科威特项目部大多数人都是第一次到异国他乡工作，轮到倒班了，疫情却阻隔了归国之路。面对海外疫情呈现加速蔓延的趋势，项目部一方面通过"一对一"海外员工家属志愿帮扶机制和走访慰问等确保员工"大后方"的稳定，一方面关注在科职工的身心健康，帮助他们舒缓压力，做自己的压力与情绪管理师。每次开会时王嵩经常会拿出中国石化领导致中国石化境外机构员工的慰问信，念给大家："大家无

项目部引导中外员工正确认识和应对疫情

论身在哪个国家,任何时候遇到任何困难,公司都会给予你们最有力的支持和最温暖的关怀,公司始终是你们最坚强的后盾!"然后把当前的疫情发展形势以及公司的相关政策讲给大家听。这一番话似一颗颗定心丸让大家伙稳定了情绪,舒展了眉头。大家纷纷表示:"王经理你说得对,咱眼前有组织,身后有公司,背后有祖国。项目部就是家,困难时期咱们必须和它共进退。"

科威特项目部全体干部员工正是以这样一种"舍小家,顾大家"的精神,听指挥、顾大局,在异国他乡,众志成城防疫情,坚守岗位保生产。在最需要他们的地方守护着海外石油事业,书写着一名名普通的海外石油人抗疫促生产的故事。在国家、集团公司、油田和中心的组织协调下,科威特项目部取得了疫情防控"零感染、零疫情"的阶段性胜利!

2020年11月底,在科连续工作330天后,王嵩通过轮换回到了国内休假。回首330天海外"战疫"的困难时光,有面对疫情时的煎熬,有身心疲惫时的挣扎,以及对国内亲人的无限思念。抗疫是一种磨难,也是一种验证。大家咬紧牙关选择坚守,在"大家与小家"的支持和温暖中,思想实现了升华,个人能力得到了突破,也更多地感受到来自四面八方的聚焦和关爱,感受到了祖国强大的统筹和调度能力。2020年这个庚子年,注定是一个被项目部每个成员铭记的年份。2021年,抗疫的硝烟仍未完全消散,科威特项目部将带着"战疫"故事再出发,去赢取最后的胜利!

(供稿单位:胜利油田分公司 撰稿:王嵩)

同心·筑梦

戈壁滩上的那抹石油红

疫情防控,每个人都是主角。中国石化胜利油田东胜蒙古项目的张虎贲,因为疫情,已经在国外项目上坚守了一年多时间,无论是抗疫还是生产,都全方位考验着他的危机处理能力、资源调度能力、工作协调能力。正是这样的坚韧不拔,才保证了原油生产的安全。戈壁滩上的那抹石油红,闪耀夺目。

2020年12月6日,蒙古国宣布关闭口岸至2021年6月31日。自2020年2月蒙古国宣布关闭海关,至今已经过去将近一年。这意味着,中国石化胜利油田东胜蒙古项目的所有职工都已经在国外坚守一年以上,东胜蒙古公司基地经理张虎贲就是其中一员。

引领示范,生产冲锋在一线

"原来是安排了一半中方员工回去过春节,过完春节就回来,可是突如其来的疫情打乱了我们的倒休计划。"张虎贲说,因为中方在岗人数只有平时的一半,中方员工就一人分担两人的工作,他也带头参与到油井巡查、管输加温的基础工作中,保证每一口油水井正常运行。

"正常计划过了正月十五,天气渐渐暖和,钻井压裂等工作就能干了。但现在

解剖作业原因

连管输流程

施工队伍进不来，就干不了。"没有办法产生增量，那就得做好存量。张虎贲带领技术人员加强油水井动态分析，调整注采参数，做好冬季加温，定期洗井、清防蜡、加药，减少躺井率。他还组织2名中国员工、3名蒙古国员工成立了作业突击小班，正处冬季的蒙古国室外温度近 –30℃，上午要花两个多小时加热设备才能正常运转，员工们就抢中午黄金时间加紧施工，抢得了一口检泵酸洗井增油5吨的好成绩，保证了原油生产水平不下滑。

硬核防控，抗击疫情挑重担

东胜蒙古项目所处的宗巴音镇医疗条件非常有限，为最大限度保证员工的生命健康安全，张虎贲坚持做到生产、防疫两手抓。疫情发生之初，他就协调当地医院从蒙古国首都乌兰巴托购买了一批口罩，为每位在岗员工配发防疫用品；上下班测量体温并做好记录，安排专人对生产、生活区域定时消杀，食堂实行分桌就餐；要求中国员工工余时间不得随意外出，蒙古国员工一旦有离开本市的情况，返回后需隔离14天再上岗。

最惊险的时刻是在2020年3月10日，蒙古国宣布第一例确诊案例，案例发生地离公司驻地只有40公里，并且有当地居民在那里上班。张虎贲迅速做出应急处置，134名当地员工放假居家防护7天，每天2

次报体温；留守34名中方员工在做好个人防护的前提下尽最大努力保障生产、倒油正常运行。集油站白天只有1个员工，一干就是14个小时，采油队4个人下了夜班上白班，每天要巡100多口井，倒油班4个司机1天要拉30多车油，食堂师傅1人做34人的一日三餐。7天里，张虎贲白天去拉油现场，晚上带队加强管输加温，每天只睡几个小时。在他的带领下，东胜蒙古公司安全平稳地度过了最紧张、最困难的7天，并且做到了生产正常运行，未造成灌满停井或躺井。

主动作为，不畏艰难勇向前

2020年2月，蒙古国宣布进入国家紧急状态，所有海关关闭，原计划2月下旬两列、3月上旬两列拉回我国国内的原油也被迫停止。张虎贲积极与东戈壁省政府、技术监督局、海关、铁路等部门协调，按照技术监督局等部门的要求对列车进行消毒，做好各项防疫措施，最终在3月15日成功销油，并且在所有蒙方员工居家隔离的情况下圆满完成销油任务，未造成灌满停井，未影响正常生产。

项目值守员工在-30℃的户外吃便餐

为宗巴音困难户捐赠生活物资　　宗巴音镇长给东胜公司感谢信

因蒙古国蔬菜、水果短缺，东胜蒙古公司的食材都是从我国进口的。海关闭关以后，蔬菜以及水果的供应中断，张虎贲积极协调当地供应商加大蒙古采购力度，购买了土豆、白菜、胡萝卜等蔬菜，并且每个月从500公里以外的首都乌兰巴托给员工们购买水果，保障了员工生活物资供应。

联合抗疫，"一带一路"手相牵

中国疫情初期，张虎贲号召在岗中、蒙员工为武汉捐款。蒙古国员工凑起来的钱虽然不多，但是张虎贲感受到了蒙古国员工给中国的力量，更为东胜蒙古公司能够真正走到了当地牧民的心中感到高兴。

2020年11月21日蒙古国本土病例发生后，蒙古国国家防控压力上升，东胜蒙古公司两次共为东戈壁省援助2300万图格里克（约合5万元人民币）救助资金，并且为政府值班点援助板房、羊肉等生活用品，为技术监督局、警察局、镇政府援助了口罩。东戈壁省政府特地为东胜蒙古项目颁发了抗击疫情突出贡献单位荣誉证书。为表扬东胜蒙古项目在疫情期间全体职工坚守岗位、勇于担当的精神，中国驻蒙古国大使馆特地向中石化党组发去了表扬信。

关爱员工，中蒙一家心相连

中方员工都有一年时间没回家了，个别已经超过一年半，回去的

日期一推再推，再加上有些员工的家乡有人确诊，担心家人安危，更加思念家人。张虎贲特地从当地超市购买了鱼罐头、酸奶，千方百计搞好员工生活，还为每一名在岗员工采购了本地特产——羊绒马甲，让他们感受到家的温暖。

张虎贲经常会在微信群里鼓励大家，可能是员工解决了一口生产井的难题，抑或员工圆满地完成了一天的任务，他知道越是困难越要团结一致，越要给大家战胜疫情的信心。有一位员工父亲生病住院了，做手术急需用钱，但是境外汇美元手续复杂，张虎贲二话没说让妻子给员工转了1万元，帮他渡过了难关。

疫情就是一场大考，不管是危机处理能力、资源调度能力，还是舆论引导能力、工作协调能力，说到底考验的就是应急能力。疫情要防控，生产要保障，越是困难越要勇往直前，越是困难越要敢于担当。"保证油井能够正常生产，能把每一滴原油顺利运回祖国，为国家能源建设作贡献，同时石油也是口罩的原材料，这也是我们为祖国抗击疫情作出的一点贡献吧。"张虎贲说，"身在国外，我们更心系祖国和亲人。希望疫情能够尽快结束，人们的工作生活能早一点恢复正常。"

（供稿单位：胜利油田分公司　撰稿：林文杰）

文莱大摩拉岛上的救援尖兵

夜空深邃，星河浩瀚，文莱湾波平如镜，大摩拉岛静默无言。

听着海水拍击岛礁发出的澎湃声响，王振辉的内心格外安宁。他登录网络课堂，摊开一年前带上岛的《注册消防工程师》教材，一行行、一段段勾画起来。

再过不到4个小时，天就要亮了。沉睡的岛，将被北纬5度的热情阳光照得透亮。

文莱，镶嵌于"一带一路"沿线的富庶明珠，正朝着"2035宏愿"阔步前行。近年来，浙江恒逸集团有限公司投资超100亿美元，在文莱斯里巴加湾市大摩拉岛建设该国迄今为止最大的实业投资项目——浙江恒逸（文莱）PMB石油化工项目，在该国远景构想中贡献中国力量。2019年6月，中原油田应急救援中心集结精干力量首赴海外，为该项目提供消防应急管理服务。

> 2019年6月，中原油田应急救援中心集结精干力量首赴海外，为浙江恒逸（文莱）PMB石油化工项目提供消防应急管理服务。新冠肺炎疫情来袭，消防战士坚守一线，确保疫情的有效防控。他们以严明的纪律、过硬的素质、良好的形象，出色地履行了国有企业的政治责任和社会担当。

2019年9月7日,中国在文莱最大投资项目向全面投入商业运营迈出坚实一步——恒逸石化大摩拉岛综合炼化项目运营方宣布,项目常减压装置已正式生产出合格产品

2020年伊始,已在岛上连续值守半年的消防战士护佑该项目一期工程安全平稳投产,新冠肺炎疫情却在此时袭来。

航路中断、休假停止,大摩拉岛真的成了一座孤岛。

10名消防将士留了下来,日日从朝阳初升忙到黑夜将阑。

清晨7点:测温卡口戒备森严

每天清晨,当十几辆大客车从岛外鱼贯而来,全副武装的中原油田应急救援中心文莱项目部的队员们已在测温卡口等候多时。

从高空俯瞰,大摩拉岛小如弹丸,全长5915米的跨海大桥细若游丝,是小岛和外界唯一的通道。每天清晨,1500多名恒逸员工和文莱籍雇员就从这里登岛,开始一天的工作。

疫情发生后,这条通道也成了病毒"登岛"的唯一通途。队员们每天两班的值守，是抵挡病毒的最后一道防线。

上岛人员中，恒逸员工居多，队员们就把他们按所乘车次排成几列纵队，一一检查出入证、测量体温；文莱籍雇员的防范意识较差，他们就把"Please put on your mask!"挂在嘴边，一遍遍重复。

每个人都把自己装在由防护服和护目镜"浇铸"而成的"铠甲"里，无数遍重复着查证、测温的动作，像一台台分拣机、过滤器，高速运转、绝无差错。

5月15日，为加强管控，文莱当地的保安队在现有卡口的基础上增设一道关卡。为感谢文莱项目部的大力配合，晚班结束时，保安队的队员主动要求和消防战士们合影留念。

5个人并肩站好，冲着镜头不约而同地摆出跨立姿势，如坚不可摧的人体长城。延续了一整个白天的燥热消散了，一瞬间晚霞升空，满目粲然。

恒逸石化文莱大摩拉岛综合炼化项目生产现场

近午 11 点：投产监护挥汗如雨

大摩拉岛四面环海，旺盛的洋流运动让小岛潮湿不堪，威胁着石油化工生产的安稳运行。

因此，在每套炼化装置试运行投产的过程中，中原油田应急救援中心文莱项目部都要全程监护。2019 年 11 月，拥有 800 万吨原油加工能力的恒逸（文莱）PMB 石油化工项目一期工程在该项目部的守护下顺利投产。

然而，投产并不意味着商业运行。在真正为文莱产业升级注入动力之前，恒逸集团还要疏通西部罐区槽车装运站 6 台装车撬试车投产这一最后"堵点"。

4 月 11 日，文莱项目部战斗员王振辉结束了又一次卡口执勤，换上比医用防护服厚好几倍的战斗装，和战训主管闫晓光一道赶往槽车装运站。今天，2 号装车撬要进行试运。装车场地上，两辆油罐车各就各位，"新鲜出炉"的各类化工产品即将百川汇海般流入这个小小撬体，燃爆风险极高。

"1 号、4 号消防车分别停在 2 号装车撬南北两侧，车头都向东，一旦着火，1 号车出一支泡沫枪对着火点进行冷却，4 号车出一支干粉枪对着火点进行灭火！"闫晓光火速作出战斗部署，"千军万马"尽在掌控之中。

"2 号车、3 号车、救护车停在 12 号路入口处，指挥车停在综合办公楼南侧，随时待命！"王振辉接着补充。

与此同时，两人还仔细查验装车操作员是否接好了静电接地线，所有入场人员是否正确穿戴劳保、是否做到了"人证相符"。

"饥肠辘辘"的油罐车一点点"吃饱喝足"，平稳驶出了装运站。闫晓光和王振辉终于得空来到一旁的砾石空地上，喝口水、歇口气。

战斗装终于敞开，消防靴终于"松绑"，海风一下子灌满心胸，天高地阔，呼吸顺畅。

这里，是北纬 5 度线横穿而过的大摩拉岛，离赤道仅有 500 多公里；这里，两名被汗水浸透的消防战士短暂地休息了一下，周身翻涌不息的热浪，于他们而言已是无比奢侈的快意和"凉爽"。

5月18日上午9点，槽车装运站的6台装车橇全部试车完毕，标志着恒逸（文莱）PMB石油化工项目正式向文莱国内市场供应汽油、柴油、航空煤油等燃料油品，正式承担起文莱油品国家战略储备和国内市场保供的重任。

在首辆油罐车入站剪彩的仪式上，文莱政府能源部、发展部、财政部的8位高官专程上岛，火红的绸带喜气盈盈，往日从未缺席的消防战士，却不见了踪影。

下午3点：战备训练切磋琢磨

"Ready？ Go！"

5月22日午后，随着战斗员张强一声令下，文莱籍消防员Alize干脆利落地连好分水器，拎起两盘65毫米内扣式水带向前飞跑，水带铺得没有一处打卷、脱口。

"11秒！"在Alize冲出终点线的同时，张强按下了秒表。

消防应急演练

对于消防技战术水平普遍偏低的文莱籍消防员来说，这已经是十分亮眼的一人两盘水带连接训练成绩。

在整个消防站，Alize 属于体格较胖的一拨。最初，他的水带铺得歪歪扭扭，接口处松松垮垮，完成整个流程需要 38 秒，是不折不扣的技能提升"困难户"。

在千钧一发的火场，消防水带是灭火救援的"生命线"，任何一个细节都出不得问题。"38 秒"，张强反复咀嚼这个数字，忧心不已。

起跑前，要把水枪提前别在腰间；铺设水带时，要避开尖锐物体和各种油类……张强开始频频给 Alize "开小灶"。通过对每个动作细节的仔细观察，张强发现，Alize 虽然胖，但四肢力量充足。

四肢健硕，甩水带时就能甩得更远更直，整套动作就一定完成得更好更快！

发现了"困难户"身上的闪光点，张强兴奋不已，赶忙以此为切入口对他进行加训。渐渐地，一向懒散的 Alize 也开始琢磨起连接水带时手腕的最合适用力角度，像一名对自己严苛要求的真正的战士。

三人行，必有我师。文莱籍消防员的消防技战术水平虽然不高，但在抢险救援方面胜于中国籍消防员。文莱项目部的队员们动起了"心思"。

"我来当翻译！"英文水平最高的田鹏自告奋勇。在他的"牵线搭桥"下，文莱籍消防员无私传授了抢险救援车上装操作、深井救援作业等技能。

黄昏 6 点："网红"蛋糕满载中文情谊

"Zhang, these cakes are for you..."

疫情之下，为减少人员流动，恒逸集团规定，文莱籍员工执行 14 天轮岗制。6 月 5 日，结束休假的 Alize 特意给张强带来了母亲做的蛋糕。

那是一种文莱当地的特色美食。每逢回国休假前夕，大家总爱一烤盘一烤盘地"抢购"，万里迢迢背回国。

张强赶忙掏出现金。Alize 坚决不收，放下蛋糕就跑。

这是和我们同处一个大洲的文莱兄弟，一衣带水，世代友好，血脉相连。

一如疫情防控期间，中国籍消防员无法下岛，每逢换班，文莱兄弟们总会从岛外带来一些紧缺日用品，解燃眉之急。

一如1月24日夜，除夕，文莱兄弟们自发为中国籍消防员举办了一场春节晚会。主菜是麻辣香锅；"美酒"是家酿奶茶；娱乐项目是"你比划，我来猜"，谜面全是水带、干粉灭火器之类的消防器材。

一如文莱兄弟们不爱说话，却总在最被需要的时候，把力所能及的东西悉数捧出。

深夜11点：秉烛夜读，静待白昼

6月7日，文莱新冠肺炎疫情现有确诊病例降至1例。

当夕阳西沉，大摩拉岛上的"钢铁森林"被刹那点亮，比往日更为辉煌。

离家时带来的毛尖快喝完了，王振辉捏出最后几片叶子，给妻子发去了语音聊天请求。

她说，女儿和父母都好，不用挂念；王振辉回道，咱爸心脏有支架，却总是闲不住，一定提醒他悠着点。

聊天结束后，他接着学习《注册消防工程师》教材。最近几天，他摸索出了记忆小妙招：把知识点分门别类填入自制表格里，条分缕析，一目了然。

不知不觉，时间来到了深夜11点，消防站里只剩下王振辉一个人。白天一身汗、夜晚一盏灯，不知何时，他已爱上这样丰盈充实的异国岁月。

"国有险难，用我必捷"，这是文莱项目部队员们的铮铮誓言。哪里有施工，哪里就有他们守望的背影；哪里有危难，哪里就有他们无畏的身影，他们以严明的纪律、过硬的素质、良好的形象，出色履行了国有企业的政治责任和社会担当，树起了"中原气服"的旗帜，叫响了"中国石化"的品牌。

（供稿单位：中原油田　撰稿：张迎亚、黄开升、刘贤彬）

"战疫"物资保供应
全球抗疫显担当

2020年,随着全球新冠肺炎疫情升级,国内外对消毒剂的需求格外迫切,江汉盐化工按照中国石化的统一部署,本着"国内外需要什么,我们就支持什么"的原则,主动扛起央企责任,全力保障"战疫"物资漂粉精消毒剂产品的供应。为了生产抗疫紧缺的消毒剂,公司临时改变排产计划,10套漂粉精装置全部满负荷运行。同时,公司加强质量管控和工艺参数控制,确保产品有效氯含量符合国际标准。为顺利将产品运出去,公司专门成立包装发运突击队,合理安排物流渠道。2020年,公司共向全球五大洲40余个国家供应漂粉精消毒剂58000吨,有力支援了全球抗疫。

中国石化江汉盐化工湖北有限公司(以下简称"江汉盐化工")是江汉油田开发利用地下盐卤资源而兴建的综合性化工企业,所生产的钠法漂粉精产品有效氯65%至70%,为高效水处理剂、杀菌消毒剂,主要用于生活饮用水、游泳池水、硬质物体表面、织物和其他多孔物体表面以及瓜果蔬菜的消毒。产品获得美国EPA环保认证和欧洲BPR认证,生产能力达5.4万吨/年,产品远销欧美、澳大利亚及俄罗斯等80多个国家和地区,产销量位居亚洲第一、世界第二。

2020年,随着全球新冠肺炎疫情升级,国内外对消毒剂的需求格外迫切,江汉盐化工按照中国石化的统一部署,本着"国内外需要什

江汉盐化工全力保障"战疫"物资漂粉精消毒剂产品的供应

么,我们就支持什么"的原则,主动扛起央企责任,全力保障"战疫"物资漂粉精消毒剂产品的供应。

千里驰援 全程守护

  9年多旷日持久的连绵战火,让叙利亚满目疮痍,古迹摧毁殆尽,百姓流离失所……为了保障战争地区百姓的饮用水安全,国际红十字会每年都会通过当地的贸易商采购漂粉精产品用于消毒。江汉盐化工凭借优良的产品质量、强大的规模效应和保供能力,且采用国际认可、安全规范的产品物流方式,备受国际红十字会的认可,曾经二度合作。2020年,更是一次性将1500吨"特殊订单"交由江汉盐化工组织生产。

  漂粉精产品市场竞争激烈,利润空间本身有限。而国际红十字会日常活动资金主要来自各类捐赠,给出的订单价与市场价差距较大。加之漂粉精产品具有特殊性,必须严格按危化品进行依法合规安全运输,这无形之中也增加了产品成本。江汉盐化工一边采取现行价格倒推,

一边向运输方中国远洋海运集装箱运输有限公司申请优惠运价,再反复与国际红十字会协商,最终达成双方满意的价格。

为让战区百姓喝上干净的饮用水,该公司一方面加急生产、积极备货,严格质量管控,确保产品有效氯含量符合国际标准;一方面和红十字会及运输方抓紧协商运输方案,确保消毒剂产品能尽快送达国外疫区。在运输渠道上,因叙利亚属于战乱地区,船公司无法直接运抵,江汉盐化工优选出口至中东地区的 6 条航线和挂港,供红十字会选择,确定最终路线。

疫情无情人有情。江汉盐化工出口主要是从武汉口岸出运,受疫情影响,武汉口岸 3 月中旬恢复出口作业后,武汉中远海运原有的集装箱配额早被预订一空。江汉盐化工在加急订舱时得知武汉中远已经没有舱位,便立即和中远集团总部负责人沟通协调。总部负责人得知红十字会方面紧急需要该批货物发运用于叙利亚抗疫消毒,立即进行了优先调剂,确保这批产品所需舱位。 2020 年 3 月 30 日,承载着美好祝福的 1500 吨漂粉精产品踏上了爱的旅程。这批产品被第一时间发往黎巴嫩,再由红十字会紧急转运至叙利亚,用于当地饮用水和环境消毒。

勠力同心 全力保供

进入 4 月初,国内疫情开始好转,国外疫情却在全球多点暴发,消毒剂一度成为全球紧缺抗疫物资。关键时刻,中国开始为世界抗疫贡献中国经验、中国力量。

"抗疫需要消毒剂,我们就全力以赴稳产保供。防疫上产的气不能懈、劲不能松!"公司在做好自身疫情防控的基础上,临时改变排产计划,所有漂粉精装置全部满负荷运行,全力保供。

10 套装置,3000 多台套设备,单流程,一个环节出现问题,就会造成整个生产线瘫痪。

按照防控要求,在岗人工只能安排三分之一。安全管理要强化,生产运维要保障,产量质量要提升,如何用最少的人抗疫保产,这是对盐化人的极限大考。

干部 24 小时值班带班,全体员工严阵以待,7 个党员责任区、3 支保供突击队、3 个志愿服务队、3 个攻关小组始终坚守在第一线,一齐吹响保供上产"集结号"。

主任涂飞长期吃住在厂,电话经常接听不到,走路都是小跑,第一时间协调解决生产问题。"90 后"副主任毛生阳,因春节带班生产,年前就把妻子和孩子送回天门老家。他说:"我没有后顾之忧,我先上!"党支部书记郭胜华强忍脚底骨刺疼痛,每天 5 个时间段带车跟车,往返 10 套装置、24 个班组,测体温、做消杀,步行超过 3 万步,全力呵护员工生命健康。

人手不够,一人当成几人用。工人先锋号班长叶劲涛班上 2 人因楼栋封闭无法到岗,班上 5 人只剩 3 人,他既当中控又当巡检,还负责调整工艺数据,检修设备故障,每天像陀螺一样忙个不停。

技师李跃旗加班加点搞技改,他把消石灰下料管由圆形改成方形,拓宽下灰通道,降低了灰浆罐管线故障率。他和攻关小组提出 9 条合理化建议,完成 4 个技术攻关课题,解决 6 个生产技术难题、4 个质量安全问题,大大提高了装置运行效率。

盐化工总厂漂粉精厂工人在巡检

同心·筑梦

他们说，自己虽然辛苦，但与疫情夺去的生命相比，再累也值！生命高于一切，这是盐化人朴素的价值观，也是中国石化产品蕴含的正能量。

公司牢固树立品质至上、追求卓越的理念，严格遵守国家法规标准，做好原材料入库、生产过程及产品检验全程管控，为国际社会提供质量过硬产品。2020年12月，公司ISO9001质量管理体系、环境管理体系、职业健康安全管理体系通过了方圆标志认证中心认证审核。

2020年，江汉盐化工累计生产漂粉精产品64123吨，同比增加3555吨。漂粉精产品一级品率始终保持100%、优级品率达90%以上，产品质量获得国内外客户的高度认可和信赖。

守望相助　全心服务

产品生产出来了，可道路交通管制，产品运不出去，怎么办？"战疫"火急，容不得半点耽搁。销售人员奔波各地，想方设法疏通产品出口运输渠道。

疫情期间，各地执行道路交通严格管制，传统运输方式受限，尤其是湖北牌照的货车前往其他省份变得更加困难，如何将产品送达港口成了迫切需要解决的难题。为尽快疏通运输渠道，销售人员一边通过电话、电子邮件与客户沟通，一边和上海、深圳、岳阳、武汉等地运输公司联系，及时了解各地物流车辆管控政策变化，根据各地解禁时间，合理安排物流渠道。他们仔细研究、认真遵照湖北省交通运输厅转发的《交通运输部关于切实保障疫情防控应急物资运输车辆顺畅通行的紧急通知》有关精神，协同客户帮助办理相关手续，先后给物流公司、货运车辆开具《疫情防控应急物资及人员运输车辆通行证》，确保货运车辆上下高速和通过各检查站时符合要求，保证漂粉精产品顺利运达目的地。

国际远洋运输对产品标签、外包装、海运报关、船期有严格要求，任何细枝末节不到位都会使货物发运受阻。受交通管制，为江汉盐化工提供标签的厂家员工无法复工到岗，江汉盐化工立即协调，安排车辆将该厂员工逐一从家中接送到生产车间，再将生产出的标签拉回；有家国外客户指定要2kg、4kg包装桶型，包装桶厂家由于缺少原料无法生产，江汉盐化工主动将自身库存原料送达生产厂家，保证了客户需求。疫情期间，仙桃海关停止办公，公司报检员反复沟通，仙桃海关特事特办，义务加班，而办理报关手续，只能在高速路口与海关交接资料，等海关办理完再送来检验证书，每周两次办证，每次都要一天的等待时间，报检员早出晚归，确保产品顺利报关出运。此外，他们实时查询起运港和目的港船期，跟船运公司及货代核实每一条航线和船舶，确认产品指标、包装、贸易条款、运输等细节问题，保证产品运输安全顺畅。

疫情来临，江汉盐化工一手抓防疫，一手抓生产，开足马力确保供货不间断，两次刷新漂粉精单日发货纪录。3月12日，582吨；4月1日，750吨。2020年，累计向全球五大洲40余个国家发运漂粉精消毒剂58000吨，同比增长10%。快速上扬的曲线背后，是盐化人对命运与共的深刻理解，是中国石化对全球抗疫的勇毅担当。

3月25日，面向海外发布的新闻稿 *SINOPEC Joins Global Fight*

发货现场

Against COVID-19, Shipping Over 10,000 Tonnes of Disinfectant（《中国石化参与全球抗"疫"行动，向海外运送超过一万吨消毒剂》），共有来自美国、英国、法国、德国、葡萄牙、西班牙、澳大利亚、加拿大、印度、马来西亚、泰国、韩国等国家和地区超过629家海外媒体转载，包括美联社（美国最大的通讯社）、Yahoo Finance（美国权威财经网站）、CHASE（美国重要的资讯网站）、Market Watch（美国道琼斯传媒旗下提供财经资讯、实时评论的领先网络媒体）、Seeking Alpha（专业财经资讯网站）、Morningstar（美国重要财经资讯、基金及股票分析和评级网站）、AAP（澳大利亚国家通讯社）、Naver（韩国最大的门户网站）、Business Today（印度发行量最大的商业杂志）等，阅读量超过1.7亿人次。

（供稿单位：江汉盐化工湖北有限公司　撰稿：黄红霞）

汇聚点滴温情
为疫情防控保驾护航

2020年年初,突如其来的新冠肺炎疫情肆虐,迅速蔓延至世界各地,严重威胁公众的健康和生命安全,没有硝烟的疫情防控阻击战全面爆发。

在香港的中石化保险有限公司,有一个仅由两人组成的小团队,他们化身为疫情防控专员,充分利用保险专业优势,用热情、用努力、用真心实意为集团员工想办法、谋福利。

认真细致的防控专员

由于疫情暴发十分突然,2020年春节假期时小团队便已着手开始疫情防控工作,一方面及时普及疫情防控知识,另一方面第一时间与客户联系,实施了客户沟通跟踪记实工作,逐个调研客户需求,收集整理防疫措施建议并及时传递至客户单位。

在香港的中石化保险有限公司,有一个仅由两人组成的小团队,他们化身为认真细致的防疫专员,同时也是锐意进取的"实干家",利用保险专业优势,用热情、努力、真心实意为集团员工想办法、谋福利。虽然没有太多惊天壮举,但平凡之中见真情。一个电话,一次问候,一份保单,一个方案,一件件小事为客户送去点点温情,虽然不知道究竟能帮多大的忙,但他们自始至终亮明态度、靠前服务,主动承担社会责任,以实际行动为做好疫情防控保驾护航。

2020年1月25日,香港特区政府正式宣布新冠肺炎疫情为"紧急事件"。1月29日,香港特区政府宣布全港学校停课,并实施公共医疗控制措施,以防止新型冠状病毒传播。疫情如同潮水一波波袭港,全港公立医院人手紧缺,私立医院和诊所大部分不接治返港未满14天及发烧病患,出现了部分病患就诊困难的情况。

小团队深知疫情防控分秒必争,为应对中石化在港企业员工,特别是内地来港员工就医困难,为更好地发挥保险的风险增值服务功能,立刻积极协调合作伙伴资源,在符合特区政府规定并进行风险控制的前提下,与太平保险香港公司及其合作医疗资源联合医务共同打造在线问诊服务。为在港员工安排医疗服务商,提供足不出户普通门诊寻医、付费、非处方药拿药一条龙服务,免除新冠肺炎疫情期间去医院、诊所排队就诊的交叉感染顾虑。

这项疫情时期贴心的服务,受到了其他驻港单位的好评。但小团队深知,比起那些一线的医护人员,他们所做的都是很小的事情。

香港的中石化保险有限公司

锐意进取的"实干家"

为做好疫情防控期间的客户服务工作，意外健康部及时关注疫情发展，密切跟进商业保险市场产品动态，分析疫情下现外派人员意外及雇主责任保险保障与服务充足度。

考虑到众多境外员工健康安全面临威胁，小团队立刻研究应对方案，联合前端中银保险有限公司，同时咨询外部专家，三方商讨沟通保险救助方案。针对外派人员意外及雇主责任保险，扩展了包含新冠病毒导致的传染病医疗费用，保障限额为每人每次事故80万元人民币，保费水平远低于市场同类产品。

在2020年6月14日，尼日利亚项目部打来咨询电话，反馈项目部内有员工有疑似新冠肺炎症状正在当地治疗，还未知是否确诊。得知这一情况后，小团队立刻与项目部取得联系并告知理赔报案流程，项目部于7月3日报案。根据报案情况，确诊时间应该是发生在保单生效之前。在向项目部了解到尼日利亚当地政府对新冠肺炎治疗的相关政策以后，向国际合作部进行了汇报。根据国际合作部的意见，考虑到该员工为外派人员意外及雇主责任保险在保人员，同时属于外派

期间感染新冠肺炎从而产生救治诊疗费用,为体现人文关怀并保障集团外派人员的利益,体现自保公司客服第一的经营原则,建议特别批准按照实际发生费用赔付相关医疗费用,并与客户积极联系,收集案件详细资料。

"您放心,我们帮您想办法"

"您放心,我们帮您想办法",是这个团队最常说的一句话。他们是这样说的,也是这样做的。这仅仅是自保公司小团队助力疫情防控工作的一个缩影。为更好地了解疫情防控情况和海外员工的需求,经向资本和金融事业部以及国际合作部汇报,除提供保险方案外,考虑到海外员工仍面临交通不便、医疗资源短缺、心理压力增大等问题,为解决境外员工就医后顾之忧,拓展就医渠道,疏导心理压力,自保公司在国合部的领导和支持下组织、协调资源,为海外员工提供"极速问诊"视频医生服务,包括 7×24 小时快速响应的全科医生即时视频咨询服务,避免轻症医院就医,简化程序,节省时间。

据反馈,一名外派到伊朗工作的员工李先生,在 2020 年 11 月初的某日早晨,出现头疼头晕、伴有流鼻涕的症状后,立即拿出备用的体温计测量体温,当看到自己体温度数偏高后,情绪紧张,怀疑自己得了新冠肺炎。他拿出手机连线了视频医生问诊,医生线上详细了解员工的病情及最近生活习惯及所接触人员的状况等,最终诊断为流行感冒。全科医生细心地帮助分析病情以安抚其情绪,并及时用药指导。经过 3 次视频连线复诊及心理疏导,李先生的流行感冒也在一星期后痊愈。没有惊天动地的壮举,没有轰轰烈烈的贡献,他们在平凡的岗位上履行职责,不负重托,与海外员工一同坚守。

年中,在国内疫情逐渐得到控制后,新冠肺炎疫情在海外各国仍然此起彼伏,各国采取了不同的措施对出入境进行管控。有公司在员工出境前收到泰国大使馆通知,要求提供符合入境要求的保险材料。该公司立刻与自保公司联络,自保公司为合理保障员工权益,免费拓展了外派泰国员工医疗险限额,及时满足外派员工入境要求,使员工

顺利入境完成工作，并对客户做好关爱提醒，让客户深深感受到，无论疫情如何肆虐，自保公司始终通过各种方式坚守在客户身边。

过去的2020年，是不平凡的一年，一场疫情让人们更加重视生命的价值。自保公司意外健康险部克服人手少、工作量大的困难，扎扎实实做好基础工作，被客户评为最"暖心"攻坚团队。踏浪前行，勇立潮头，不畏困难勇挑大梁，点滴奉献书写平凡岗位上的青春之歌。

一年来，一个电话，一次问候，这些小事都在为客户送去点点温情。虽然不知道究竟能帮多大的忙，但小团队自始至终亮明态度、靠前服务，主动承担社会责任，以实际行动为做好疫情防控保驾护航。

全球抗疫已有一年多，国内仍时有散发病例，境外输入压力不断加大。疫魔虽肆虐，风雨亦同舟。自保公司这个小团队仍然会积极行动，主动作为，用实际行动践行金融央企的责任和担当，全心全力为防疫抗疫作贡献，疫境共行，共度时艰。

（供稿单位：中石化保险有限公司　撰稿：杨琬玥）

同心抗疫同心筑梦
为美好生活加油

中国石化（欧洲）有限公司不仅为中国石化境内外生产建设项目资源保障提供贸易支撑，成为连接中国和欧洲地区贸易的桥梁；而且在新冠肺炎疫情暴发后，这座桥梁也成为紧紧连接中国和欧洲各国携手抗疫的"生命通道"和"命运纽带"，在"同心'战疫'"过程中发挥了积极作用。互动，传播抗疫真情故事；同心，共筑人类共有家园。

中石化（欧洲）有限公司（以下简称"欧洲公司"）前身为中石化西欧代表处，1986年在德国法兰克福设立，1989年正式成立公司，是当地历史较久的中资企业。经过30多年辛勤耕耘，业务遍及欧洲、南非，以及全球其他主要工业经济体，与百余家供应商、客户、行业机构建立了密切合作，为中国石化境内外生产建设项目资源保障提供贸易支撑，积极参与"金砖国家"合作，响应"一带一路"倡议，成为连接中国和欧洲地区贸易的桥梁。这座桥梁在新冠肺炎疫情暴发后，也成为紧紧连接中国和欧洲各国携手抗疫的"生命通道"和"命运纽带"，在"同心'战疫'"过程中发挥了积极作用。

德国医疗产品供应商 FarStar Medical 公司为欧洲公司提供口罩

FarStar Medical 公司：把口罩留给 SINOPEC

2020 年 1 月，新冠肺炎疫情暴发，牵动着海内外每一颗中国心。作为中国石化在欧洲地区的"桥头堡"，欧洲公司当仁不让扛起救援祖国同胞的责任。领导班子紧急部署，全体员工快速行动，坚决响应集团公司号令，按照上级单位物资装备部（国际事业公司）[以下简称"物装（国事）"] 的统筹安排，成立紧急寻源小组，全线发动欧洲公司 30 多年经营的合作网络，24 小时全员无休，寻找各类防疫物资。

由于德国人口密度小，市场资源有限，随着需求激增，很多贸易商坐地涨价，大量投机商携带现金四处扫货，已是"一罩难求"，也有无良奸商以次充好甚至商业诈骗。为把合格的防疫物资运回祖国，寻源小组一次又一次前往现场确认货源，但是能落实的货源远未达到预期。欧洲公司根据多年经验，向行业内合规企业定向发送寻源邮件。很快，德国医疗产品供应商 FarStar Medical 公司总经理 Breymann 先生来信，表示可以提供 21.4 万只口罩。这无异于雪中送炭，大家激动不已！Breymann 先生说，他经常去中国出差，他的父亲也曾在广州生活多年，父子俩对中国有着深厚的感情，他们希望能尽所能帮助中国人渡过难关。他们知道 SINOPEC 是一家大企业，一定可以将这些宝贵的物资送到需要的人手中。Breymann 先生积极协调，从原本为其他客户安排的货源中，调出 21.4 万只以超优惠的价格提供给欧洲公司，工厂工人无偿加班调整包装，以满足航空公司的运输要求。大年初六，一架从法兰克福起飞，载着105.2万件欧标防护口罩的飞机，穿越层层寒流，降落上海机场，这是欧洲公司将士们费尽周折，为祖国同胞找来的第一批防疫物资。两天后，Breymann先生又提供了20万只口罩，他在电话中深

欧洲公司员工把筹集到的口罩打包装箱

情地说："因为你们是SINOPEC，是值得信赖的合作伙伴，更是为社会作出积极贡献的中国企业。在你们身上，我看到了拼搏与友爱的精神。中国有能力，我们有信心。我们愿尽所能帮助武汉，帮助中国渡过难关。"

在领导班子带领下，欧洲公司全体员工连续奋战，寻源百余家防疫物资供应商，凭借30多年来根植欧洲的渠道和信誉，快速整合资源，从谈判到锁货、取货、付款、订舱、提货、发运、追踪，为祖国分批发回医用口罩281.6万只、医用头套28.2万只、体温计2499支，缓解了抗疫一线员工和祖国同胞防疫物资紧缺状况。"岁寒知松柏，患难见真情"，欧洲公司与合作伙伴，在同心抗疫中加深了理解和信任。

Sandler公司：把熔喷布留给SINOPEC

为缓解国内防疫物资紧缺的局面，中国石化响应国家号召，决定跨界转产生产口罩，挖潜力增产能，物装（国事）紧急动员，发动全球运营网络，全面开展口罩生产线和核心原材料熔喷布寻源采购。欧洲公司成立了熔喷布采购突击队，收集口罩生产信息，争分夺秒研究熔喷布的用途、指标、标准等专业知识，把中文资料翻译成德文、英文，借助各种渠道，抓住一切机会寻源

欧洲公司成立熔喷布采购突击队
抓住一切机会寻源熔喷布

熔喷布。

Sandler 公司是德国巴伐利亚州一家经营医疗卫生物资原料的知名企业，是德国熔喷布主要供货商之一。在欧洲公司市场部经理祝立近一天的诚恳沟通后，面对现场多家客户竞买的情况，他们决定把 1.86 吨熔喷布现货留给 SINOPEC。销售总监 Müller 先生真切地说："SINOPEC 的诚意与敬业精神让我非常感动，相信我们之间的合作会非常愉快。"几天之后，这 1.86 吨熔喷布就送到了上海机场。疫情期间，欧洲公司总计采购了 71 吨熔喷布，并陆续运回祖国，最终做成了 7000 万只口罩，守护着祖国同胞的生命安全。

巴伐利亚州：SINOPEC 从中国送来了口罩

2020 年 3 月，德国疫情暴发，巴伐利亚州宣布因新冠肺炎疫情进入紧急状态。防疫物资全面告急，各大超市、药房口罩售罄，医护人员的防疫需求也无法满足。困难时刻，Sandler 公司想到了 SINOPEC，董事长 Sandler 先生第一时间把情况告诉了祝立，并随后联系了巴伐利亚副州长 Aiwanger 先生。此时，中国全境疫情防控已趋于稳定。中国石化跨界转产，组建口罩生产线，增产熔喷布，贯通了口罩产业链，口罩日产量达到"双百万"，防疫物资已得到有效保障。欧洲公司立即与德国巴伐利亚州卫生部联系，在了解具体情况后，当天向上级单位物装（国事）报告。经报中国石化党组同意，物装（国事）立即安排欧洲公司会同易派客公司，统筹境内外防疫物资保障，支援巴伐利亚州。

由于欧洲对口罩等医疗物资有特殊认证标准，巴伐利亚州卫生部又提出医用外科口罩的定制要求，欧洲公司业务团队加紧沟通，快速确定了产品方案。易派客公司连夜调运熔喷布，协调国内厂家，调整工艺，加快生产，同步完善物流方案，连夜制作出口单据，申报清关，空运发往法兰克福。从对接需求到确定方案、组织生产，打通物流通道，组织发运，仅用了一周时间。

3 月 20 日中午，由 SINOPEC 组织生产的 10 万只高质量医用口罩运抵法兰克福机场，欧洲公司员工冒着疫情，早早在机场守候，30 分

来自中国的口罩运抵巴伐利亚州

钟完成清关收货,5小时内将印着"MADE IN CHINA"的欧标口罩送达慕尼黑。Aiwanger 先生带领4名警察前往仓库,他十分激动,称赞道:"这是不可思议的中国速度,这是 SINOPEC 的强大力量!"

　　流程打通后,欧洲公司会同国内兄弟单位,陆续将总计70万只医用口罩交付巴伐利亚州卫生部,缓解了口罩紧张的局面。3月30日,SINOPEC 北京总部收到 Aiwanger 先生发来的一封感谢信,信中写道:"巴伐利亚州与中国已有30多年的友好交往历史,双方的合作与交流日益密切,能在这危难时刻得到中国的帮助,我感到非常高兴和感动,深刻感受到了患难见真情!"

　　山川异域,风月同天。2020年,中国石化累计向30个国家41家境外机构安排国际发运70多批次防疫物资,出口口罩146万片,测温仪、医疗器械和其他穿戴类物资7万多件,助力全球抗疫。

Talent 公司:SINOPEC 送来了"新年礼物"

　　欧洲公司经营的化工产品,很多与民生息息相关,石蜡被广泛用于家庭和公共场所,漂粉精被用于水处理消毒,橡胶被用于儿童纸尿裤。随着海外疫情加重,欧洲国家工业生产受到限制,甚至趋于停滞,很多生活必需物资无法得到保障。受疫情影响,国际物流也严重受阻,海运成本暴涨，舱位紧张，集装箱奇缺。此刻的欧洲公司，凭借中国石化强大的贸易平台和资源优势，成为连接中国和欧洲贸易通道的坚强力量，想尽办法保障客户需求。2020年，欧洲公司总计采购了1万多吨化工产品，穿越疫情封锁，从中国漂洋过海到达欧洲，做成一件件商品，进入千家万户。

Talent公司是欧洲公司在波兰的一家石蜡客户，由于欧洲当地供应不足，他们焦急地盼望欧洲公司能提供稳定的货源。为保障供应，欧洲公司业务团队抓紧从国内落实货源，每天和物流公司沟通，争取舱位。在收到最后一批石蜡后，Talent公司采购经理Bozena Kusyk打来电话兴奋地说："感谢你们，现在我们又能在温暖的烛光簇拥下迎接新年了！"

新年临近了，身处疫情肆虐的欧洲，远离祖国，将士们归心似箭，盼望着疫情早日结束，回国与家人团聚。物装（国事）领导通过视频给予慰问，从国内寄来应急药品，千叮万嘱：做好居家隔离，做好物资储备，注意安全防护。

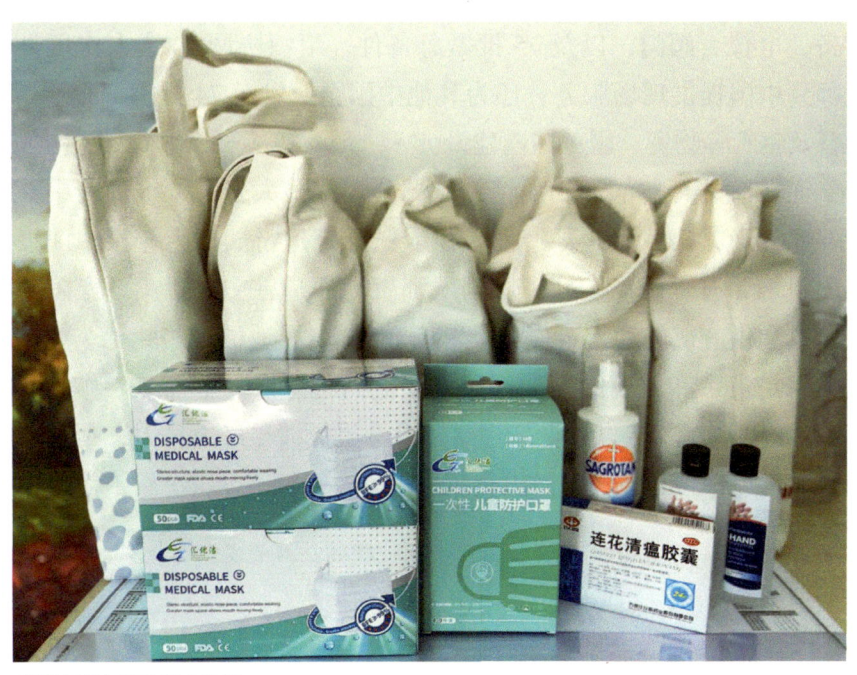

从国内寄来的防疫大礼包

SINOPEC：欢迎欧洲的"使者"

6月的欧洲，疫情如火。此时的中国湛江，正骄阳似火，作为中国石化最大的炼化一体化项目——中科项目所在地，到处是热火朝天的场面。可是项目建设单位却心急如火，一家瑞士制造厂生产的关键设备需要现场培训，由于欧洲疫情严重，厂家工程师5次预订的航班都被临时取消，两个多月无法成行。

欧洲公司广泛发动合作网络，得知德国商会计划7月初包机前往中国，马上与国内联系，通过中国石化总部与德国商会协商，费尽周折为工程师豪沙争取到一张首班机票。7月9日，瑞士工程师豪沙从苏黎世转道法兰克福，搭乘包机抵达青岛，隔离14天后前往湛江，与SINOPEC的朋友们会合。现场服务结束后，豪沙又登上飞往上海的航班，次日转机法兰克福回到苏黎世，往返历时24天，辗转两万公里。同豪沙一样，一批又一批国外工程师穿越疫情封锁，从欧洲来到中国，怀着同一个愿望：为SINOPEC加油！为中国加油！疫情期间，欧洲公司为集团公司生产建设项目发运了196批次进口设备，总计1851台/套设备、电仪、阀门，以及35批紧急备件，组织协调10余人次国外工程师到中国提供现场服务。还为其他中国企业发运74批次、32台/套设备及钢管等物资，服务国内建设。

面对海外日益汹涌的疫情，欧洲公司尽最大努力，维护着中欧贸易互联互通，保障着全球产业链供应链稳定运行。作为一家中国央企派出机构，有责任维护好中国与欧洲贸易通道、文化桥梁，保障全球产业链和供应链的稳定；作为一家有着28名属地员工的驻德企业，有义务保护员工和家属的安全健康，让他们获得最大幸福感；作为一家在当地经营30多年的企业，欧洲公司希望能够尽最大努力，帮助朋友们共渡难关，为当地经济做出贡献。

（供稿单位：中石化（欧洲）有限公司　撰稿：刘荣发、蒋晓莉、朱苏明）

在平淡中默默无闻
在逆境中不屈前行

2020中国石化国际形象建设案例集

同心抗疫篇

SP-271队是中国石化旗下一支普普通通的钻井队，隶属于西南石油工程有限公司湖南钻井分公司科威特项目。2020年注定是要载入史册的一年，年初全球新冠肺炎疫情的暴发，一下子改变了所有海外石化人的工作、生活节奏。SP-271队的员工们载着"抗疫"与"生产"两面大旗的马车就这样负重前行了。

中国石化西南石油工程有限公司湖南钻井分公司科威特项目SP-271队，作为一支基层工作队伍，在异国他乡一手抓"抗疫"，一手抓"生产"，牢牢把守好最后安全关口，广结五湖四海的朋友，为中国石化国际品牌传播贡献自己平凡而又伟大的力量。

被隔离起来的队长

2020年1月中旬，家住武汉的张俊休假期满，如期返回工作岗位。作为SP-271队的井队长，他与往常一样开始了新一轮的工作模式。1月下旬，根据疫情防控要求，张俊在队上被隔离起来，每天只能在自己房间里待着。一队之长，肩负井队全面工作的重任，经验丰富的张俊，面对如此突如其来的境况，定下心来，沉着

73

应对，使用网络通信工具、对讲机等一切通信方式向队伍各处传达一项项指令。

海外项目中，与甲方监督的沟通尤为重要，针对队长需要隔离的问题，甲方监督 Ken 是难以接受的，他甚至不能想象一个"大感冒"为什么会与"隔离"联系起来，而且被隔离的人员竟然身处如此重要的岗位。张俊通过向上与向下两条路将其说服：一是向项目部现场驻井总监汇报，通过项目部层面与甲方进行沟通，说明隔离政策的必要性，强调中国人、中国石化应对这场疫情的决心；二是派安全官现场与监督进行沟通，针对病毒的实际危害进行说明，晓之以理，动之以情，并承诺各项工作不会因此耽误。最终甲方监督 Ken 同意了此项举措，为 SP-271 队在此后的疫情防控工作中开了一个好头。

一面是隔离，一面是需要全面应对这场突如其来的疫情。防疫物资的准备、人员的防疫意识教育、各项防控手段的落实、应急物资的储备，加上安全生产的各项工作，张俊有条不紊地向"房间"外发送着一条条指令。

项目领导到基层传达疫情防控要求

口罩背后的情谊

在市场上口罩还未开始涨价,甚至国内的口罩还未出现疯抢的阶段,SP-271队的库房中已经囤积了一定数量的N95口罩及医用口罩。

那是在张俊还没有被隔离起来的时候。一开始,科威特市场上一盒50个的N95口罩为7第纳尔(约合148元人民币),但很快涨价到8第纳尔,这一价格变化一下刺激到了井队安全官胡东的神经。口罩属于医用物资,同样属于安全物资的领域范畴,如果照此下去,将会大面积出现口罩荒,井队生产中存在粉尘风险的环节将就此停滞。他迅速向材料员报10盒N95口罩的加急计划。紧接着,N95口罩涨价至10第纳尔、15第纳尔……而后,市场上的N95已一罩难求。国内已开始了全面的封村、封城、封省行动,中国石化海外项目人员倒班全面停滞,防疫工作全面开始。此时,SP-271队的N95口罩储备已经足以应对这场如闪电般袭来的新冠肺炎疫情了。

由于甲方对疫情初期的反应并没有如中国石化这样迅速,导致企业无法及时购置到口罩,甚至许多甲方员工个人及家庭中也无口罩可用。一天,甲方巡井监督MOHAN找到井队员工胡东,向其求助是否能赠送他几个口罩,因为他和他的朋友们都难以在市场上买到。胡东从储备的口罩中拿出20个,以SP-271队的名义赠送给了他和他的朋友们。小小的口罩,背后是中国石化珍贵的情谊。

"发热"风波

科威特国家石油公司有一个独立的安全巡查部门,简称D&T组。他们不受任何生产部门管辖,直接对高层负责。该部门的人员分散于各个井队之中,进行日常的监管及各类事故的处理。

SP-271队的营房中就住着这么一位甲方油气井开发作业组员工——Shakil,他平时会巡查于科威特布尔干油区的各个井队及营区。对SP-271队来说,Shakil会督促着队伍以更高的标准要求自身,同时也能在日常工作生活中给出更好的建议,是SP-271队的好朋友。然而疫情的到来,游走于各处的Shakil则成为一个较高的风险点。

体温检测

  每天，营区的管家赵兵都会充当安保人员，把守着营区的大门，测量各个进出营房人员的体温。一日，当 Shakil 工作归来之时，赵兵发现其体温高达 37.5℃，Shakil 解释是因为牙龈发炎引发的发烧，随后拒绝再次测量体温，并未作出再多解释。由于 Shakil 未提供任何凭证，且出于对其疫情风险考虑，赵兵将此事汇报至井队。因其并未配合管家的情况调查，井队将此事迅速上报至项目部及甲方监督处。

  随后，在中石化国际石油工程有限公司科威特分公司领导的要求和沟通协调下，Shakil 做了一次核酸检测确认为阴性，并前往医院开具了一封关于牙龈发炎引发发热的医学证明。事后，队长张俊代表 SP-271 队探望了 Shakil 并对此事发生的误解表示抱歉，Shakil 也歉意地说井队严格执行防疫措施是为了大家的安全，他表示理解。

虽然存在着来自各方面的压力与困难，但是在疫情防控的大是大非问题上，SP-271队有信心与决心牢牢把守好最后的安全关口，因为是中国石化给予了我们坚定的支持。

一起"坚守"

整个疫情期间，SP-271队在项目经理卜伟梁的号召及带领下，创作及发表了大量的宣传作品。无论是文学创作、摄影作品，还是宣传小视频，都搞得风风火火。

随手拍的各种片段，剪辑成一部《坚守》，发表于中石化石油工程有限公司的微信公众号上，这对SP-271队这个平凡而普通的钻井队来说，是一件大事，一下子就点燃了井队员工士气。从此，工作、疫情防控与宣传似乎就牢不可分了。大家争先恐后，你追我赶，不断以更高的标准要求自己，不断以更坚定的信念加入这场安全生产与抗疫浪潮中来。每一次作品的发表，似乎都那么地鼓舞士气及人心，不但增强了整个SP-271队的凝聚力及抗疫的决心，同时也鼓舞着兄弟队伍的

搬迁现场

同心·筑梦

坚守信念。

为了缓解员工长达半年无法休假的疲惫，SP-271 队组织并开展了井队第一届文体活动。在 SP-271 队的带动下，兄弟井队都纷纷开展形式多样的文体活动。卜伟梁为井队兄弟购买奖品，送到 SP-271 队及兄弟队伍手中，赛后，各个井队涌现出大批宣传作品，它们在向所有人展示石化人的顽强与不屈。

时至 2020 年 7 月，在大多数人长达半年以上未休假的情况下，在科威特地表温度高达 70℃的恶劣环境下，在甲方监督、第三方人员不停念叨着无法休假并表现出强烈的消极工作态度时，SP-271 队以 49.5 小时的历史成绩刷新了湖南钻井分公司保持了 3 年的常规钻机搬迁纪录，并于一个月后，再将该纪录提升至 47.5 小时。时任甲方监督印度人保罗除了对中国人的韧性感到极大震惊外，也备受鼓舞，更加坚定了他与中石化员工并肩同行战胜这场疫情的决心！

五湖四海的朋友

SP-271 队的日常工作中，接触到来自五湖四海的人。一个钻井作业周期中，除了甲方与乙方钻井队外，还有许许多多的作业环节需要接触各国第三方和服务商，有中国人、科威特人、印度人、埃及人、巴基斯坦人、加拿大人、苏丹人……他们有不同的文化习俗，信仰着不同的宗教，对新冠肺炎疫情的态度也截然不同。

美国著名牧师罗曼·文森特·皮尔曾说过，态度决定高度，细节决定成败。态度在疫情防控中显得尤为重要，它能够将积极应对的态度传播到每一个接触到的人那里，而后再传播到他们的家人、朋友那里。

与其说 SP-271 队的某个人有感染力，不如说这支队伍存在着强烈的感染力。张俊连续 10 多个月不遗余力地强调着疫情防控的重要性，无论大会小会还是日常的巡检工作中，都将疫情防控的思想灌输一番；休假在家的王斌队长，则每天乐此不疲地跟休假在国内的同事联络，唠叨着同样的疫情防控话题；队医印度人 AJO 和 Basil，每天把守着井场的大门，一面落实着来往人员的体温测量及检查口罩佩戴情况，一面坚定不移地宣传着社交距离、洗手等防控注意事项；"90后"材料员李中雄，则每天两次按时准点地到餐厅、办公室进行消毒；安全官胡东，一有空闲就会写写疫情防控方面的宣传文稿或者制作一些鼓励大家齐心战胜疫情的小视频……

就这样，SP-271队在将自己的"态度"提升到一定高度后，又以自己的行动，用"细节"感染到身边的每一个人，他们又将这种态度传递给自己的朋友及家人那里。病毒并非不可战胜，时至今日，SP-271队和他们的家人及朋友健康地工作和生活，从疫情暴发到现在，在科工作和回国员工无一人感染，生产安全和疫情防控工作井然有序，面对境外变异新冠病毒和第二波疫情的防控工作，SP-271队全体员工做好了充分的准备，迎接更大的挑战，坚决打赢疫情防控这场硬战。

SP-271队只是中国石化一支普普通通的钻井队，与大多数的石化基层队伍一样，没有什么轰轰烈烈的光荣事迹。然而正是这样许许多多的平凡而不屈的基层单位的普通人，甘于在平淡中默默无闻，勇于在困境中肩负重担，敢于在逆境中不屈前行，为将中石化打造成世界领先洁净能源化工公司贡献自己平凡而又伟大的力量。

（供稿单位：西南石油工程有限公司湖南钻井分公司　撰稿：胡东、龚雯）

同心·筑梦

人人都是疫情防控的主角

中国石化石油工程建设有限公司江苏油建公司执行沙特阿美 MIP17 包项目和沙特 SWCC 输水关闭项目的 260 多名中外员工，面对突如其来的新冠肺炎疫情，团结协作、同舟共济，确保了疫情风险可控和项目运行平稳，创造了"百日攻坚创效"佳绩，传播了中国石化美誉。

沙特阿拉伯的沙漠安详而又宁静，黄沙漫漫，阳光炙热，太阳似乎能把空气点燃。中国石化石油工程建设有限公司江苏油建公司执行沙特阿美 MIP17 包项目和沙特 SWCC 输水关闭项目的 260 多名中外员工因为突如其来的新冠肺炎疫情，打乱了工作节奏。中国员工与外籍员工，不单是会写汉字、能说英语和阿语的好朋友与同事，他们共同生产，也共同防疫，自觉隔离自己、防护自己，实施好项目的每一项防疫措施，确保疫情风险可控和项目运行平稳。在这里，每一个人都是主角，每一个人都是"一人一策"抗击新冠肺炎疫情的受益者。

"带疫解封"，想说爱你是件不容易的事

2020 年下半年，沙特的疫情更加肆虐，一度达到每天感染超过 5000 例，而

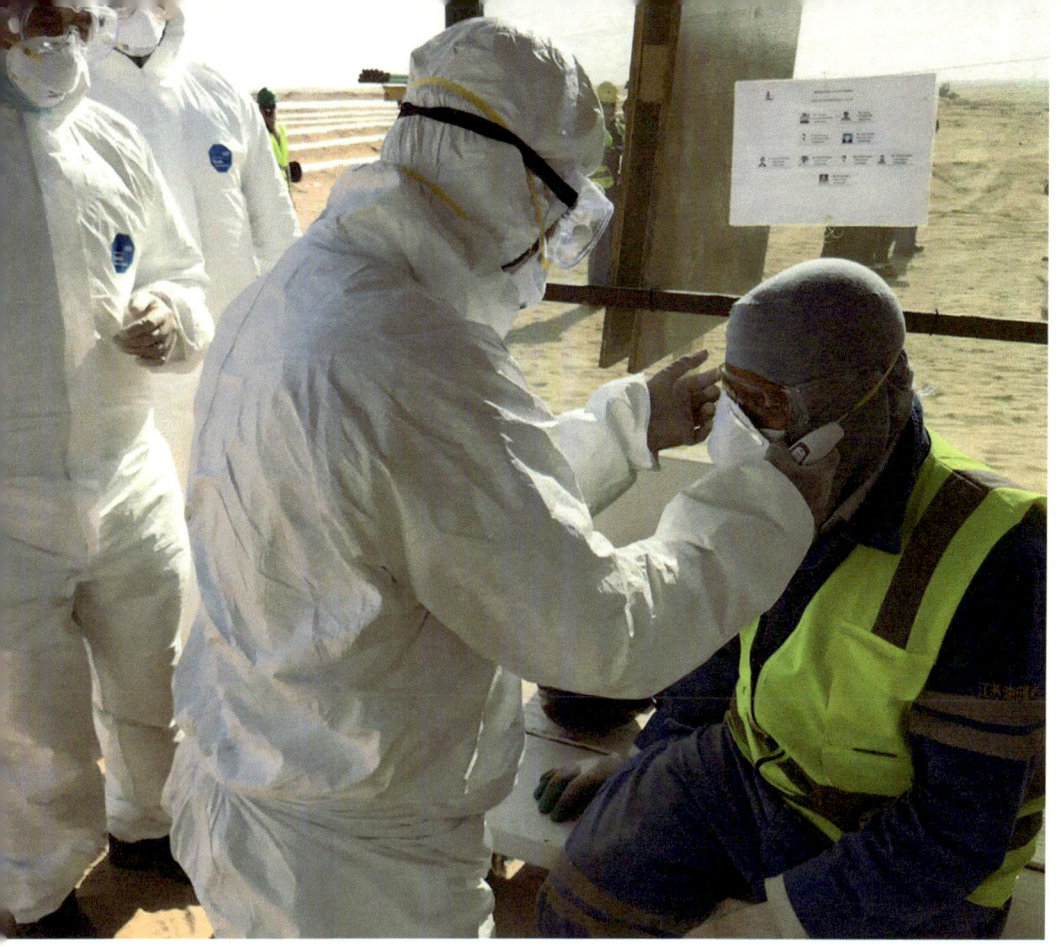

施工现场检查外籍雇员安全防护

此时正值项目快速推进实现节点目标的关键时刻。项目驻地外籍员工多、中介人员来源复杂，区域周边疫情的情况非常恶劣，项目部科学制定"带疫解封"防控措施。项目部根据各个区域周边疫情实际情况，对新冠肺炎疫情分级防控实施细则、应急预案、专项预案、人员外出方案进行多次升级，并进行全员交底和演练。坚持"一地一策、一人一策"原则，编制新冠肺炎疫情隐患排查表，风险分析到每一个人，防控措施到每一个人。

项目部充分运用"远程指挥"组织模式，强化安排部署，加强现场防控。项目管理部实施ID卡管控制度，所有作业人员必须办理ID卡；注意控制管理人员和工人的作息时间，减少加班，提高免疫力；不同施工区域的作业人员严禁串岗、聚集闲谈，做到不接触、不交叉；对临时作业区域，设置警戒线维护并设专人看守，区域内作业人员无特殊情况不得离开；对运送物资人员（司机）进行体温检测，无特殊情况禁止下车；统一指引第三方服务人员（抽污、垃圾清运）到驻地内在指定区域进行作业，作业完毕由中方对作业区域进行消毒处理。在 Safaniya 营地，为了减少人员居住密度过大，项目部决定租住新的民房。项目部行管人员日夜连续蹲守在中介家门口 5 天，当中介知道是为了保证 120 名外籍员工生命安全而为他们专门租房子时，非常震撼和感动，把房子租给了项目部。项目部在成本压力巨大的情况下，花费几十万资金解决人员密度高的问题，大大缓解了疫情压力。Padam Limbu 是 SWCC 项目从尼泊尔直招员工，他入职已经 6 年，从 SWCC 项目转到 MIP 17 包项目。2020 年 8 月份的一天，他开始发烧。不能界定到底是什么情况，按照应急演练的标准程序，他被连夜送到最近的 40 多公里外的 Nariyah 医院。虽然 Nariyah 医院不是项目部定点的医保医院，但为了就近就医，为外籍员工的生命健康考虑，所有医疗费用均由项目部出钱。Padam Limbu 非常感激，觉得中国人的项目是真心为每一名员工考虑和负责的。

中东区域项目部中方员工疫情防控知识学习

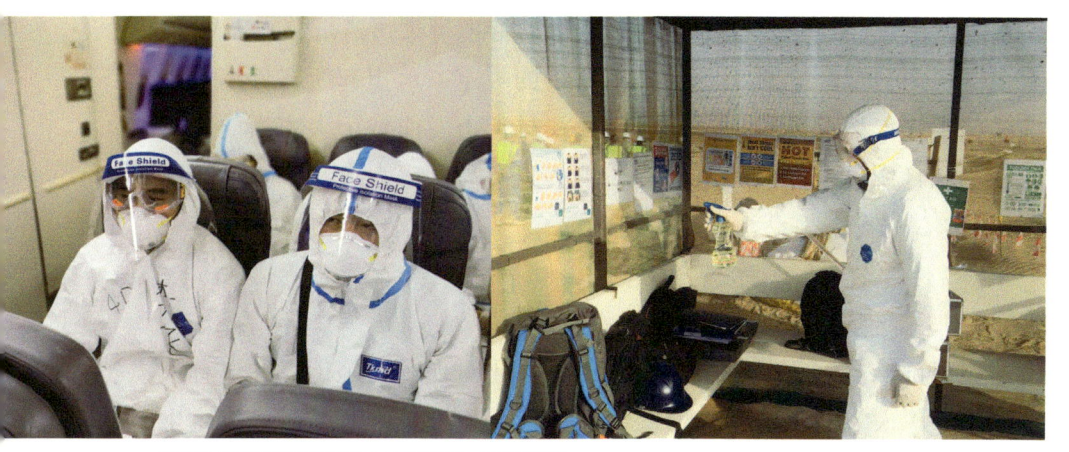

2020年春节过后前往中东项目的"逆行者"

"两手抓、两不误",中外员工合力抗疫一家亲。江苏油建公司中东区域项目部严格落实常态化管理,积极做好疫情源头管控,坚持一手抓疫情防控确保项目人员安全,一手抓施工生产推进项目现场进度,确保复工复产和疫情防控两不误。项目部按照"分级、分层、分区、分岗、分时"原则,对中方人员与外籍人员、管理人员与作业人员实行相对隔离,交错上岗,减少交叉。这样就从源头上克制了作业人员多、日常接触多、流动性大、外来人员较多、人员集中居住等防疫风险。

为营造良好抗疫氛围,保障长期坚守岗位人员生活和身心健康,项目部在断航期间关爱中方和外籍员工,有针对性地开展巡诊和心理咨询,做好员工心理疏导,开展非聚集性的文体活动,做到在疫情面前保持队伍的稳定。项目部在各个营地指定工程师和机组长,收集外籍员工思想变化和情绪波动情况,通过这些方式来稳定大家的情绪,缓和大家的焦虑。巴基斯坦司机Riyazi,疫情期间所有人员需要去医院做核酸检测基本上都是由他驱车送往,他身穿隔离服,还要负责去检查人员的安全和看护,去当地医院的次数达到20次却毫无怨言。现场菲律宾护士Candelario Sumatra Mesagrande在帮助每天进行体温检测的同时给所有人进行体检,积极参加疫情防控演练,监护出行人员疫情防护情况，圆满完成工作任务。巴基斯坦籍营地管理员 Ayasin Md Abdul 全力支持项目部严禁员工私自外出购物的规定，承担起所有外籍员工代购的重任，他总是不厌其烦地每天在员工出发前登记大家需要购买的食物和日用品，然后独自做好防护去超市采购，大大减少了外籍员工的危险，被称为"萨法尼亚好代购"。

"百日攻坚创效"，中外员工共创佳绩

项目部结合阿美的现场工作要求，强化对现场各施工点的过程安全监管，深入施工现场查找隐患，开展了"我为安全做诊断""安全生产月""安全生产万里行""疫情防控工作常态化""交通火灾自查自改"等活动，实现安全生产60万人工时，车辆安全行驶70万公里，安全吊装8000余次，确保了项目部在低成本运行及边施工边防疫期间的安全平稳运行。项目部外籍安全员 Muhammad Irfan Suleman 每天清晨都是抢先一步进入施工现场，安排好人员测温，摸查人员行动轨迹，施工中叮嘱员工保持距离，不要聚集。晚上，趁着大家都在宿舍的时间，

项目组紧抓施工生产，确保复工复产和疫情防控两不误

分别到不同的宿舍巡视，讲解最新的防疫要求，宣传防疫知识，并积极动员大家共同参与到疫情防控中来，实现全员防疫。外籍机组长和管理人员都不约而同地加入防疫的队伍中，他们纷纷变身为移动的"测温仪"、行走的"消毒侠"、健康的"守护神"，确保项目新冠肺炎疫情"零输入、零感染"。曾经被项目部评为"每周一星"的直招雇员尼泊尔籍厨师长 Som Bahadur Sen 每天凌晨 3 点多就开始了一天的繁忙工作，他经过 7 年来的技能培训可以制作色香味俱佳的各式中国面点、炒菜，成为餐饮方面的"中国通"，他制作的菜品受到中外员工的喜爱。在疫情期间，有公司出高薪聘请他，被他当场拒绝，他指着衬衣上的 logo 说："是中石化招聘和教会了我如何工作，我要留在这里继续为他们服务。"

260 多名中外员工人人都是"百日攻坚创效"的主角，疫情期间 MIP17 项目部成功完成 210 余名参建员工从 SWCC 项目向 MIP17 包项目的扩展集结，累计行程 25 万公里，倒运各类物资 120 车次，逐步在库巴（后因疫情及成本控制原因撤离裁减）、萨法尼亚、朱拜尔建立起生产生活营地，初步实现项目市场滚动开发目标。在管理过程中积极发挥外籍骨干的作用，通过外籍管理骨干的积极参与，不断研究计算现场的劳动生产率，提高量化的要求，降低疫情影响，降低人工成本。SWCC 项目采取了积极措施，和各服务商进行沟通，紧扣合同条款及履约瑕疵，要求对方提供折扣才进行支付，以节省项目成本。通过努力沟通，57 家人力中介、设备中介、供应商、分包商同意给予折扣，共计节省约 1290.7 万美元。中方和外方一道抗疫情、战风沙、斗酷暑，通过整合现有资源、优化施工方案、严格落实防疫措施，唱响项目安全高效运行的"主旋律"。

（供稿单位：石油工程建设有限公司江苏油建公司　撰稿：许宝华、陈华、刘良千）

危难真情携手抗疫
坚持发展助力中乌友好

中国石化胜利建工乌干达项目扎根非洲，积极预防和应对新冠肺炎疫情，一手抓疫情防控，一手抓生产运行，稳妥推进项目运行，扶持当地经济民生，擦亮了中国石化胜利品牌，吹响了"铁军精神"的号角。项目组中外员工团结一心，在携手"战疫"中谱写了中乌友谊新篇章。

由中国石化胜利建工乌干达项目承建的基恩乔乔道路升级改造项目，标段道路全长100.4公里，贯穿整个乌干达西部地区3个重镇要塞，工程竣工后将极大地拉动乌干达西部经济发展。

2020年3月，新冠肺炎疫情开始在非洲大陆蔓延。非洲各国开始关闭航空，限制运输，夜晚宵禁，学校停课……截至8月上旬，非洲确诊病例已超百万，拐点和峰值尚未到来，疫情形势严峻。扎根乌干达近10年的胜利建工，一支内派28人的施工管理技术团队，在各种不利因素的干扰下，积极配合当地政府，联合业主和监理方，勇于担当作为，一手抓疫情防控，一手抓生产运行，稳妥推进项目运行，扶持当地经济民生，吹响了中国石化胜利品牌与铁军精神的号角。

乌干达项目部建立联防联控机制，稳妥推进工程项目运行

建立和落实联防联控机制

"乌干达的各个建筑施工企业都应该向胜利公司看齐。"疫情发展初期，项目部就及时向业主乌干达公路局发函，提出建立联防联控机制，并就如何共同做好防疫工作通过网上 Zoom 会议进行沟通。业主代表 Alex 在会上表态说："胜利公司在管理思路上总是先人一步，不等不靠，主动去做，这一点值得我们推广学习。"

疫情初期的恐慌是毋庸置疑的，防疫物资进入抢购状态，往往瞬间断货。乌干达的医疗口罩一天一个价格，不断翻番，且很难买到，口罩供应出现了严重问题。储备防疫物资是首要任务，项目部有针对性地展开遍地撒网式采购模式，寻找各种渠道搞采购。项目部驻地护士福瑞达通过自己的人脉关系，找到了一万只口罩的货源，这对项目部来说是件喜事，最终以较低的价格拿下这批口罩。项目部 HSSE 监督刘大志深受感动，他对福瑞达说："感谢！感谢！这真是一件惊喜的大事！这批口罩对胜利公司来说非常重要，用中国话来说是雪中送炭、雨中送伞，非常及时，这下大家都放心了，都有口罩用了。"

为了全面持续做好防疫工作，项目部出台各项严格的防疫措施，发放口罩，设置门禁，提供消毒用品，大面积宣传防疫常识，坚持开好班前安全喊话，落实疫情防控措施，注重每一个防控措施的细节落实。项目的后勤生活物资实行供货统一配送，送货到门经过检测后，对方人员不得下车，由安保人员对车辆进行消毒，然后交由随车人员负责卸货至指定地点，中方后勤人员佩戴口罩和一次性手套，全程不与送货人员接触。指定卸货地点，必须遮风挡雨、阴凉通风，后勤物资必须放置 24 小时后才可以转运库房。

同时，调整雇员办公方式，压缩现场工作面，控制当地用工总量，每天摸排现场人员数量、健康状况、人员流动等信息，并根据疫情发展及时更新措施。项目部驻地保安丹尼尔感触颇深，他对胜利公司重视疫情防控的做法由衷佩服，把好人员进出也是他的职责所在，测体温、

消毒、检查口罩等工作已是规定动作，无菌无毒意识已经深深刻在这个非洲人的大脑里。他时常对外来人员说："胜利公司是关心员工健康的优秀公司，他们教会我们很多先进的医学知识，他们把中国防控疫情的优秀经验用到项目上，让我们公司在疫情防

项目部每天摸排现场人员数量、健康状况、人员流动等信息

控措施上远远领先其他公司。在这样的公司工作,我们感到很踏实。"

疫情不分国界,友谊无处不在。项目部班子认识到,只有不断提升当地人的防疫意识,保护好当地人的健康,才能更好地保护整个团队不被感染。项目部高级雇员和医疗护士,联络当地广播电台,为当地村民直播防疫卫生常识,在村镇张贴防疫宣传海报,深入社区对村民进行防疫宣传。当地村民撒米尔是村里年长的老人,在村里说话是有权威的,他对项目部护士福瑞达说:"我活了这么久,还没碰到过传染性这么强的病毒,一开始我还觉得就是重感冒,现在看来问题有些严重了。我会跟村民们好好解释清楚,商量下防范的好办法。乌干达的医疗水平不能和中国比,我们要防止传染,只有不被传染,才能活得长久。"

落实防疫要求,践行企业责任

"政府的防疫要求,就是我们的工作标准。"3月初乌总统在电视讲话中,对工厂、建筑企业等复工复产提出了严苛的防疫要求。项目部

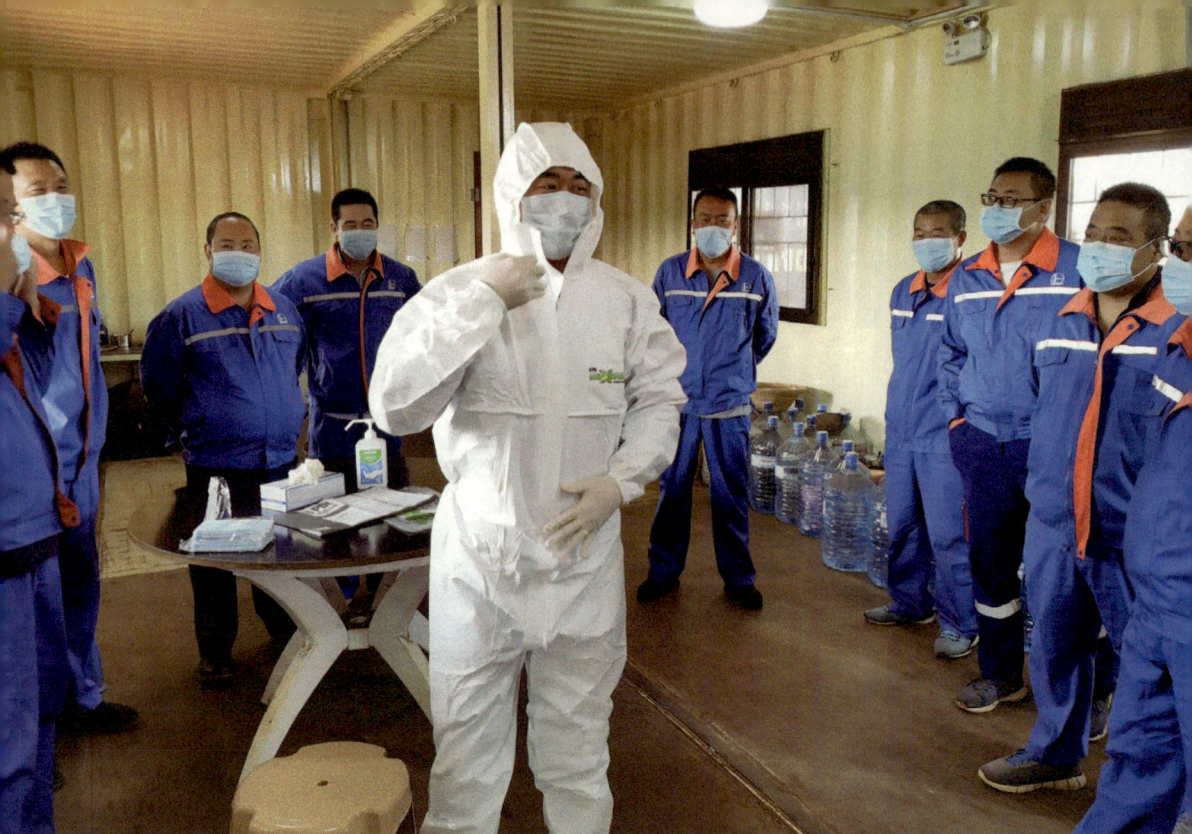

　　根据疫情防控命令，想方设法，调整思路，联系当地一所中学，为当地员工租用7个大教室当作临时宿舍，提供免费晚餐，早晚大巴车接送当地员工上下班，既满足了政府封闭管理的防疫要求，又降低了与当地人接触的感染风险。

　　由于乌干达大部分确诊病例来自边境口岸和首都坎帕拉，项目部要求从边境和疫区来的供货商必须提供核酸检测证明，并严格落实供货车辆进场消毒措施，确保疫情防控工作万无一失。项目当地雇员威尔森负责车辆消毒工作，他对这项工作非常认真负责。威尔森常对入场的司机说："胜利公司严格执行消毒措施，是为项目员工负责，也是为乌干达人民负责。只有控制好病毒消杀，才能阻止传染的可能性，大家也要多多理解。"

　　在政府允许当地企业带疫复工政策出台后，项目部与监理方、当地医疗合作医院以及镇政府进行多次工作和信息沟通，及时调整疫情防控应急预案，不断出台新的管控措施，并加强现场的防疫工作巡检。针对个别员工戴口罩不规范的问题，项目安全团队做好示范工作，警示全体员工，在细节问题上丝毫不松懈。截至目前，项目236名员工全部处于受控状态，无一人感染。

在接到项目部为Kagadi镇政府捐助的500万先令（约合9000元人民币）和15000个口罩之后，DHO（地区健康官员）Jonathan赞叹地说道："是中国石化的责任担当让我们心里有底，团结在一起才能战胜疫情。"

在过去连续几年的施工过程中，项目部先后为当地教会和学校无偿捐助过水泥、瓦楞铁、木方、办公文具等物资，为村镇免费清理沼泽地淤泥，义务整修当地道路，帮助解决了当地村民出行难、孩子上学难的问题，多个善举体现出了一家中资企业应有的社会责任担当，在当地树立起了中国石化品牌形象。Jonathan说："我们这个地区有好几家外资企业在搞工程，唯独中国石化与众不同，他们懂得奉献社会，付出得多，做得最好。面对疫情，最让我们放心的就是中国石化。"

疫情造成中方人员超期在岗不能按时倒班休假，为避免大家的心理焦虑，项目部党支部聚焦大家关注的话题，做好一人一事思想工作，稳住人心，把队伍稳在当地。项目部为全体人员调剂好后勤生活，坚持例行健康检查，购置体育健身器材，安装卫星电视，不断充实与丰富海外生活。

项目部党支部还通过内部微信和QQ交流平台，宣传公司正能量新闻，鼓励大家多学习，考取建造师等各类证件，转移想家的注意力，让全体人员的思想集中到扎根海外一线，坚守岗位阵地，热爱本职工作。

当前，中乌关系在"一带一路"倡议的引领下，已进入全面深入快速发展的新阶段，两国在基础设施领域的互利合作也日益紧密。中资公司在建筑施工领域优质高效的特点，越来越被乌干达政府所看好。中国石化胜利建工凭借优质的在建工程和社会履责的工作亮点，得到乌干达政府的认可，在乌干达施工行业中崭露头角并占有一席之地。在这次抗击疫情的生产一线，他们一直在做，一直在努力，走在抗击疫情的最前沿，引领着中资企业的文化新风尚，谱写中乌友谊的新篇章。

（供稿单位：石油工程建设有限公司胜利建工公司　撰稿：刘大志、邱怀超）

同心·筑梦

在科威特 做携手抗疫的践行者

中国石化第十建设有限公司（以下简称"十建公司"）驻科威特项目部在科威特面临疫情严重、人员复杂、文化多元等方面的疫情防控难题，十建公司从细处着手，多措并举，充分发挥项目部大家庭的作用，凝聚起中外员工的力量，构筑起疫情防控的安全网。同时，十建公司对科威特政府各项政策全力支持和配合，获得"心连心"兄弟情谊的"认证"。

科威特，是一个位于波斯湾西北角、国土面积仅 1.78 万平方公里的中东国家，有 470 余万人口。从 2020 年 2 月 24 日科威特报告首例新冠肺炎确诊病例以来，截至 2021 年 3 月 22 日，累计确诊超过 22 万例，将这个数量置于全国人口中，相当于平均 100 人中就有 5 人确诊。

在这样严峻的疫情形势之下，中国石化第十建设有限公司驻科威特项目部（以下简称"十建公司驻科项目部"）的全体职工，始终保持着积极的姿态，如火如荼地稳步推进着现场的各项工作，并在做好自身工作的同时，一如既往地支持与配合着科威特政府当地的抗击疫情工作。

攻坚同行，"战疫"同心，中外籍员工携手抗疫

从科威特首例确诊病例出现以来，科

科威特全时宵禁前各大商场人员排队抢购生活用品

威特的疫情防控工作注定压力巨大。

　　科威特是一个外国劳务人口占国家总人口数超过50%的中东伊斯兰国家，不同国籍的人们工作生活在一起，文化差异巨大，信仰也各异。由于人口构成复杂，而且科威特国家没有小区概念，都是业主私产，居住人员信息庞杂混乱，政府难以摸清具体住宅中住户的情况。即使要摸查也没有足够有力的基层管理组织，有时只能单靠严厉的惩罚来威慑人们不要违反政府防疫规定。至于居家隔离的监控，也只能依靠App抽查和人们的自律。

　　社区传播很快就已成为科威特疫情加剧的主要原因，而像当地这样的社区管理现状，实难应对疫情的蔓延，强大的社区基础管理组织和有效的居住信息系统是不可能一朝一夕建立起来的，科威特防疫形势异常不乐观。

　　十建公司驻科项目的防疫工作，自然难上加难。

　　由于种种原因，项目部的外籍员工数量一度多达2000多名，而中籍人员的数量为469人。观念不同，价值观不同，怎么让全体员工的身心健康都得到全面保障，成为摆在项目部全体员工，尤其是项目部领导班子面前的一个现实和棘手的问题。

"请大家每天做好个人的常规性防护，不要焦虑，项目部充分准备了各项防疫措施来保障大家的健康安全。疫情对我们来说是一场考验，我们要有足够的信心战胜它！你们既是家里的希望，也是公司的未来，如果有任何需求，请随时跟我说。在这里，我们是一家人，有困难我们一同解决。"

这是在科威特疫情暴发时，项目部党支部书记，同时兼着项目部行政协调员、疫情防控应急处置小组组长多重身份的方遵，在项目部员工防疫交流座谈会上讲的话。

为了快速有效地落实各项防疫措施，方遵带领项目部管理团队及时成立了项目部疫情防控应急处置小组，从防疫措施制定、资源配置、防疫意识的转变等各方面做足、做细工作。

"组长，我们的连花清瘟胶囊在科威特机场被海关扣下了，怎么办？"项目部外事员急匆匆地向方遵汇报情况。

疫情发生后，科威特宵禁，药店关门，全员隔离……联系不上药品，方遵的心态接近"崩溃"状态。辗转反侧、夜不能寐，方遵想尽了办法，积极联系多方渠道，终于从国内采购到了 200 盒连花清瘟胶囊。可是，好不容易联系到的防疫药品，却被科威特海关"拦截"了。

方遵冷静思考，带着防疫领导小组办公室主任、外事员一起，先到快递公司了解情况，再到海关进行沟通，从海关出来，又去了海关指定的医院、卫生部等部门进行交涉，来回往返了无数趟，最后费了九牛二虎之力终于把 200 盒连花清瘟胶囊拿到手。

"快，把药发了，让大家放心，其他物资我们再想办法！"看着这 200 盒弥足珍贵的药，方遵顾不上折腾了无数趟的劳累，高兴得像个孩子。

药品虽然到手了，但如何设法给项目部员工做一次全面的核酸检测，又成为方遵和项目部面临的另一个难题。

科威特疫情蔓延以来，由于受当地医疗条件和政策限制，当地对无症状和轻症患者始终不给做核酸检测。方遵心系项目员工的健康，心想着无论如何都得给大家做个核酸检测,员工安心,家属、公司也放心。他知道这项工作很困难,但是再难,为了员工兄弟们,必须迅速行动。

于是,他风驰电掣般带着防疫领导小组成员,联合中资企业协会及兄弟单位共同寻找检测资源。2020年7月22日,在驻科大使馆的帮助下,项目部在公立医院争取到了10个核酸检测名额。7月28日,科威特卫生部批复的德国实验室人员到达十建科威特两个项目部营地进行了核酸检测,到8月1日,在中资企业协会、炼化工程集团在科机构等多方共同协助下,按照应检尽检的原则,所有在科项目中外籍员工均进行了核酸检测。

检测同时,方遵还安排食堂增加鱼汤、鸡汤、牛肉等高蛋白质食物及富含维生素的水果,增强员工的抵抗力。

项目部员工全面核酸检测

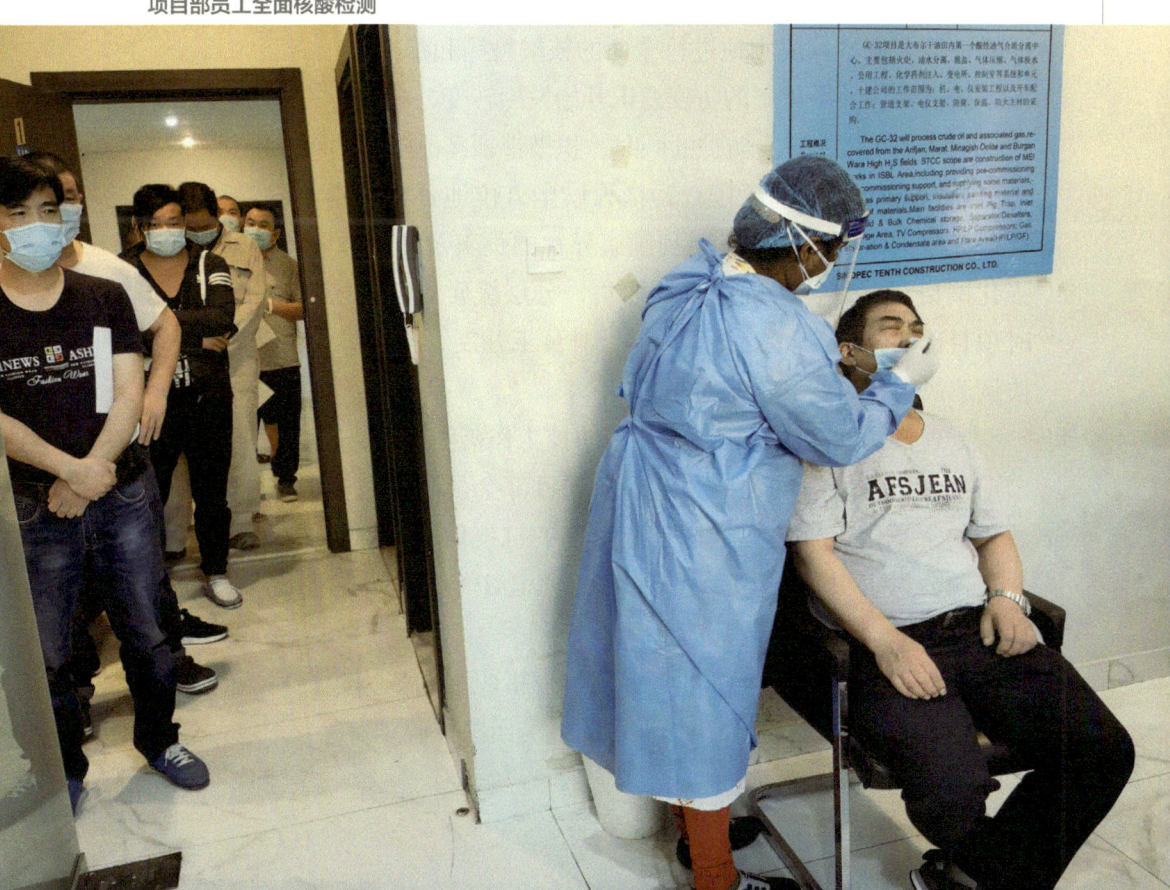

"通过这次检测，咱们对新冠肺炎防治也有了新的认识。我们有信心，不恐惧！"为了缓解员工的心理压力，方遵与他们分享防疫知识和趣味段子，帮助员工树立起战胜疫情的信心。

"你们都好好的，我就放心了！"方遵时常在心里默念着。

"我相信，未来还会有许多的困难，但经过这次的磨砺，我们已变得更加坚强，我们将无所畏惧，奋力前行。"方遵说。

2020年11月2日，在中国石化集团公司召开的中国石化抗击新冠肺炎疫情表彰大会上，方遵获得了抗击新冠肺炎疫情先进个人的荣誉称号。

像方遵这样的抗疫践行者，项目上比比皆是。大家虽然职务不同，分工不同，但同样作为项目部大家庭的一分子，他们坚守在各自的岗位上，发着自身的微光，引领和激励身边的中外籍同事共同抗疫。

对于项目部的防疫保障措施，项目部的外籍员工更是看在眼里，感动在心里。他们明白，即便在自己的母国，有时也未必能像项目部一样，给大家不计成本地进行全面的核酸检测和帮助。

慢慢地，外籍员工的防疫意识开始发生转变，由起初的被动不理解，到现在能主动做好自身防护的同时，积极带领其他同事共同抗疫。

持续开展全员健康排查，全天候全方位地日常消毒，改善员工饮食，建立员工健康卡，对感到健康异常的员工及时采取隔离观察措施，强化网格化管理，明确网格员职责，分层级常态化落实防疫措施，同时项目部成立多个员工关爱小组，对员工开展心理疏导，为员工答疑，协调解决员工需要和诉求……

十建公司驻科项目部已将疫情防控工作落实到了极致。

从疫情暴发时的无助，到现在项目部全员防疫意识的深入和措施管理的常态化，2400多名中外籍员工的抗疫信心建立起来了，中国石化集团公司组织的远程问诊服务和远程EAP援助咨询，更为境外项目职工答疑解惑，消除了紧张。

此外，为缓解在科"超期服役"中籍职工的压力，在科威特航班通航的第一时间，十建公司积极协调人员回国休假。

同时,更有若干名"逆行勇士"肩负着公司"走出去"的发展战略重任,从回国休假人员手中接过海外项目施工建设的接力棒,共同推动着"一带一路"建设发展,维护着中国石化的品牌形象。

而方遵也在和员工们一同抗疫的路上,继续传递着他"家人"般的呵护。

应急保供,全力支援,海外项目显石化担当

2020年12月12日,项目部收到了来自科威特劳工部的一封特殊感谢信。来信中感谢中国石化第十建设有限公司长期以来对科威特政府各项政策的支持和配合,并称这是"心连心"的兄弟情谊。

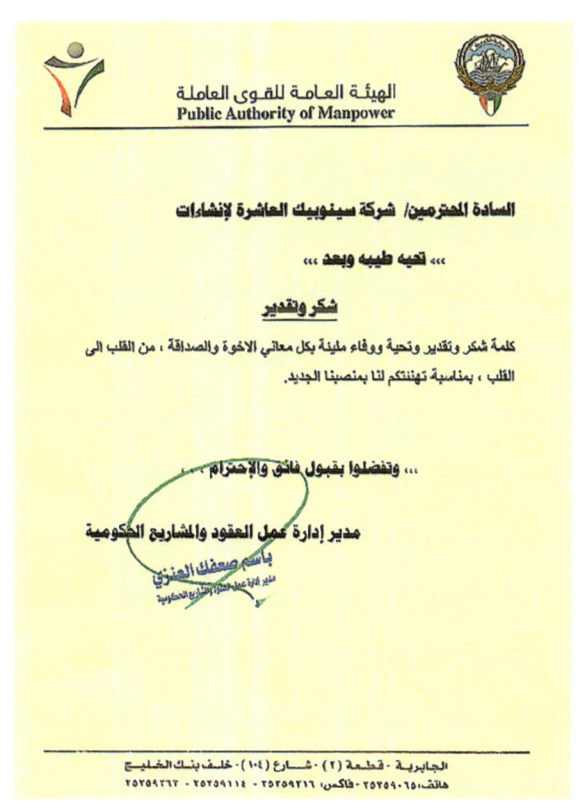

科威特劳工部致十建公司的感谢信

自科威特疫情发生以来，项目部一手抓疫情防控，一手抓施工生产，全力支持和配合科威特政府抗击疫情。

2020年4月8日，在科威特政府宣布实施全面宵禁时间再次延长的第二天，十建公司收到了科威特政府征用科威特北部原油处理项目营地的指令。

对于指令，十建公司高度重视，第一时间火速调遣人力、物力，将北部原油处理项目营地滞留的项目部人员、营地设施、设备等有条不紊地往办公区转移，并对该营地进行了全面的水电改造，生活设施重新布置和修复，确保了以最短的时间，向科威特政府移交原油处理项目营地作为科政府疫情集中隔离点。

隔离营地的全面布置和投用，极大地缓解了科威特当地政府的疫情防控压力，解决了数千人的隔离问题，当地媒体也做了大量的报道和宣传。

在全力配合科威特政府做好疫情防控工作的同时，十建公司驻科项目部还积极配合科威特内政部对尼泊尔、印度等外籍人员的撤离工作。

为了确保外籍人员撤离工作顺利开展，项目部通过积极梳理外籍撤离人员返程资料信息，和外籍人员进行全面仔细沟通和防疫帮扶，并与印度、尼泊尔大使馆就撤离相关事宜进行反复磋商对接，最终，为外籍人员预约了航班、协助预订了机票，有计划地安排了外籍人员撤离。

虽然，在今后很长一段时间内，防疫工作的任务和压力会依旧任重而道远，但是十建公司驻科项目部对科威特政府抗击疫情工作的配合与支持会依然如故，也会做得更多。正如科威特劳工部在感谢信里说的，对由衷至深的兄弟情谊和深厚诚挚的友谊表达真诚的感谢，十建公司也将继续在海外项目上展现中国石化的责任与担当。

（供稿单位：第十建设有限公司　撰稿：韦庆龙）

为配合科威特政府抗疫成立隔离营地

同心·筑梦

在肩负重任中传递"石化温度"

面对复杂的外部环境和来势汹汹的新冠肺炎疫情,中石化(香港)有限公司为了"零感染",严格要求、严格管理、严格防控,彰显央企责任和担当;同时,通过对员工无微不至的关怀,积极履行社会责任,凝聚人心、汇聚力量,保障各项工作顺利运行。

栉风沐雨,中石化(香港)有限公司(以下简称"香港公司")已扎根香港30余年,在"根植香港、服务香港"的同时,稳步推进国际化布局,业务辐射至全球多个国家。

近年来,香港公司齐心协力迎难而上,突破了一个个困境。2020年年初,又一只"黑天鹅"以更加狂烈的姿态肆意袭来,香港公司不改一贯"英雄本色",在逆境中彰显石化担当,在肩负重任中传递着石化温度。

与时间赛跑,展现石化"加速度"

2020年1月23日,春节将至,香港公司员工正沉浸在即将到来的节日气氛中。这时,武汉封城的消息从各方媒体传来,香港公司班子立即召开紧急会议,研讨、部署疫情防控工作。

"武汉封城了!看来这次病毒来势不

小,我们千万不能忽视,黄伟杰、黄志明,你们赶紧多采购点防疫物资,有事及时向我汇报。"青衣油库总监冯润接到公司命令后,连忙安排着。

当时,疫情暂未蔓延到香港,许多市民还尚未有危机感,但短时间内的口罩脱销、供应链断裂,让黄伟杰感到事态的严峻性。

"这可都快过节了,上哪儿去找啊。公司员工1000多人,即使只保证一周的供应量,也得采购7000个才行。"青衣油库安全环保部黄志明心里焦急盘算着。二话不说,黄志明赶紧飞奔到单位,开始了长达6小时的紧急寻找。通过电话、电邮询问了各家与公司有来往的合作方,最终在当日下午找到一家有现货的供应商,但因为疫情导致物流运输紧缺,无法提供即日配送服务。

"这可怎么办?明天就是除夕了,隔日派送肯定来不及。"找到口罩的兴奋劲还没过去,一股焦虑涌上黄志明心头。

"不用担心,我们自己去取吧,我来开车!"坐在一旁的黄伟杰拿

公司为船员派发口罩

起放在桌上的车钥匙,快步跑下楼去发动车辆。

短短两小时,黄伟杰与同事们一起,在卖家仓库取到口罩后,将 6000 个 N95 口罩送到公司湾仔办公楼和青衣油库、油站员工、船员们手中。

第二天就是除夕团圆之夜,不少员工需要搭乘飞机等交通工具回家,及时送达的口罩为员工的回家之路保驾护航,让员工健康安心地与家人团聚。

数日内,疫情继续以人们始料未及的速度发酵着。1 月 26 日,香港出现了第一名新冠肺炎确诊案例,根据香港政府节假日及相关政策安排,各行各业需继续保持正常生活秩序。为了保证油库运转不停工、油站服务不打烊,香港公司面临着疫情蔓延和生产保供的双重压力。

"明天就是初五,公司就需要开工了,不能让员工冒着被感染的风险上班。"任务又一次落到冯润肩上,他赶紧给时任油库综合部主任王欣打了个电话,让他寻找并购买酒精等消毒液。

初四一大早,王欣便奔赴香港各区的万宁、莎莎、屈臣氏等店铺寻找瓶装酒精,一连奔走了 2 个多小时,可瓶装酒精均已卖光。

"瓶子没了,咱们能否自行组装呢?"油库的同事们想着各种可实现的办法。

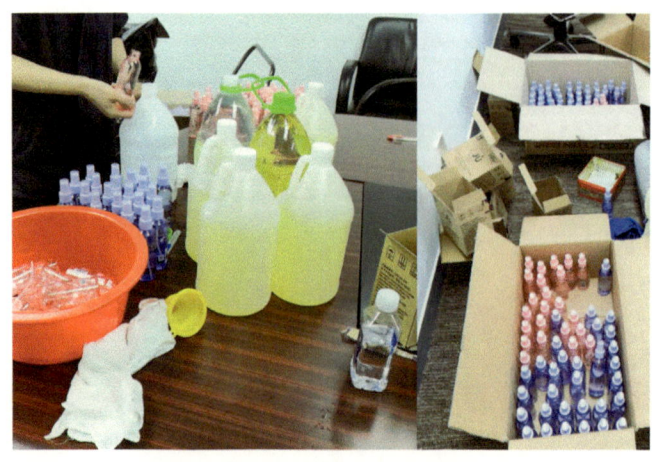

王欣等员工正积极为公司准备灌装酒精

香港公司为加油站员工派发口罩等防疫物资

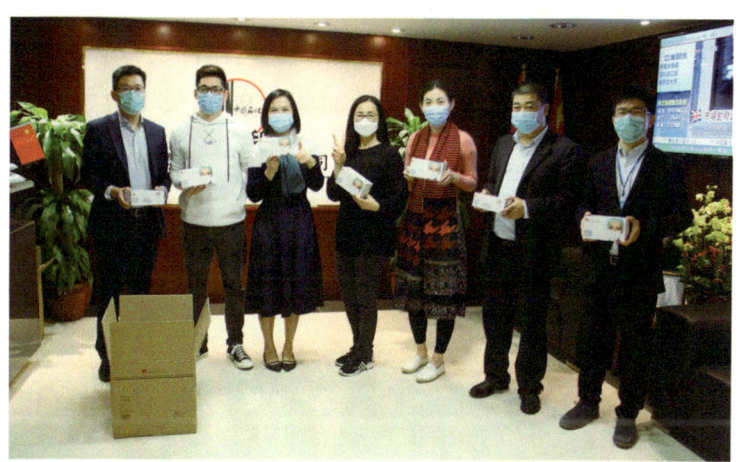
香港公司为员工及员工家属派发口罩

　　于是，王欣与同事易慧又重新开始搜罗可灌装的空瓶子，从十元店到无印良品，最终凑到了400瓶清洁剂，作为装酒精用的容器。

　　回到公司已是下午，王欣、易慧又马不停蹄地拿出公司前期为疫情防控筹备的桶装酒精，开始了4个小时不停歇的消毒酒精装瓶工作，最终赶在初五公司正式上班前，将人均分配好的300支消毒酒精送到了湾仔和油库办公员工的手中。

　　初五公司开工后，为持续加强防疫工作，黄伟杰再次寻觅，通过泰国、欧洲和日本等地的7家口罩代理商及生产厂商，前前后后分7

次赴空运货柜场或仓库为公司采购提取了大批量口罩,由公司分批送到了香港、海南、深圳、新加坡公司广大员工和家属手中,解了各地"一罩难求"的燃眉之急,在新冠肺炎疫情"黑天鹅"的阴霾下,为香港员工及家人加固了一层"防护伞",增添了一份安心,彰显了央企的责任担当。

截至2020年12月底,公司累计采购并发放口罩70万只,免费为家属发放口罩5万余只,护目镜3100只,体温枪240只,酒精4240瓶,确保了50座油气站和油库几百名员工的防疫需求。

暖心:疫情无情人有情

在距离香港2000多公里的新加坡,坐落着香港公司的一个全资子公司和两座加油站。疫情之下,在新加坡的90名员工也始终牵系着公司的心。

新加坡油站员工为中国石化点赞

2020年3月17日，与新加坡紧挨着的马来西亚突然宣布封国措施，而公司有13名马来西亚籍员工，每日往返于两国上下班。

"现在有家也回不去了，要睡马路上了，怎么办？"员工们百般焦急。

"得赶紧想办法，要保障员工的健康和安全，不能让他们无家可归，也不能让油站停止运作。"香港（新加坡）公司迅速召集会议，制订方案和措施，次日便为7名愿意留下工作的马来西亚员工安排了住宿。

员工的安全住宿问题解决了，因疫情带来的市场萎靡接踵而来。

3月，成品油市场持续萎靡不振，新加坡义顺一道站、武吉知马路站销量遭受严重冲击，利润不容乐观。"客观条件已是如此，但我们得主动创造条件，赶紧想办法提销量！"香港（新加坡）公司班子经讨论决定，对油站5名考核优异的骨干员工进行提职加薪，对表现优异的9名员工进行了普遍加薪。在大家普遍担心失业的氛围中，公司逆势提职加薪，进一步凝聚了人心，鼓舞了士气。

4—5月，整个新加坡油站行业经营越发惨淡，香港（新加坡）公司继续迎难而上、奋勇拼搏，在行业同比大幅下滑的情况下，新加坡义顺一道、武吉知马路两座油站销量同比实现100%的逆势增长。

"疫情下经营能有起色，可真不容易，不过给员工也增加了不少工作量，他们好像有点疲惫了。"香港（新加坡）公司经理Shriff察觉到了这一现象，及时向领导层汇报。

原来，在新加坡油站行业，薪酬结构主要以固定工资为主，浮动奖金占比普遍低于10%，这种激励制度在一定程度打击了员工主动创效的积极性。为稳定队伍，保持良好增长势头，公司拿出增量部分销量作为联量工资，鼓励员工，多劳多得，与公司一起成长，同担苦、共分享。

一年来，油站员工平均流失率低于5%，普遍低于20%的行业水平。

"Thanks for all your hard work guys! Take care and stay safe."（"感谢勤劳的员工们，你们要保重！"）当地的中国石化顾客在公司Facebook专页留言道。新加坡义顺一道站、武吉知马路站的员工悉心、周到的服务得到了顾客认可。

激励鼓舞了士气，提升了量效。

同心·筑梦

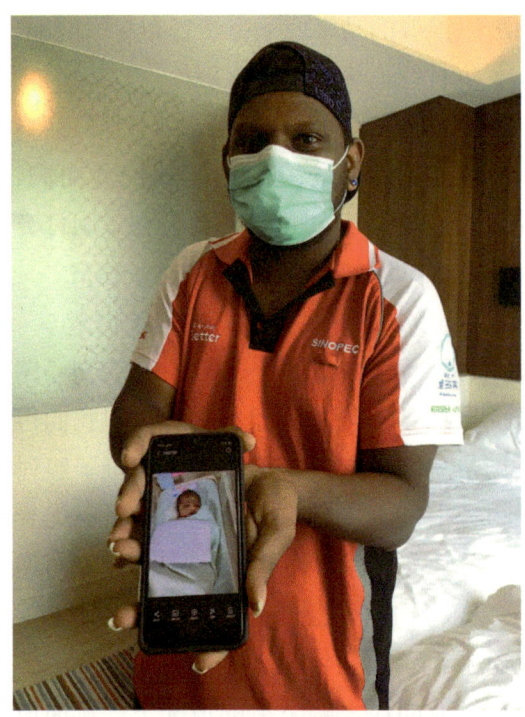

因为疫情，员工 Guna 还没能见到刚出生的宝宝

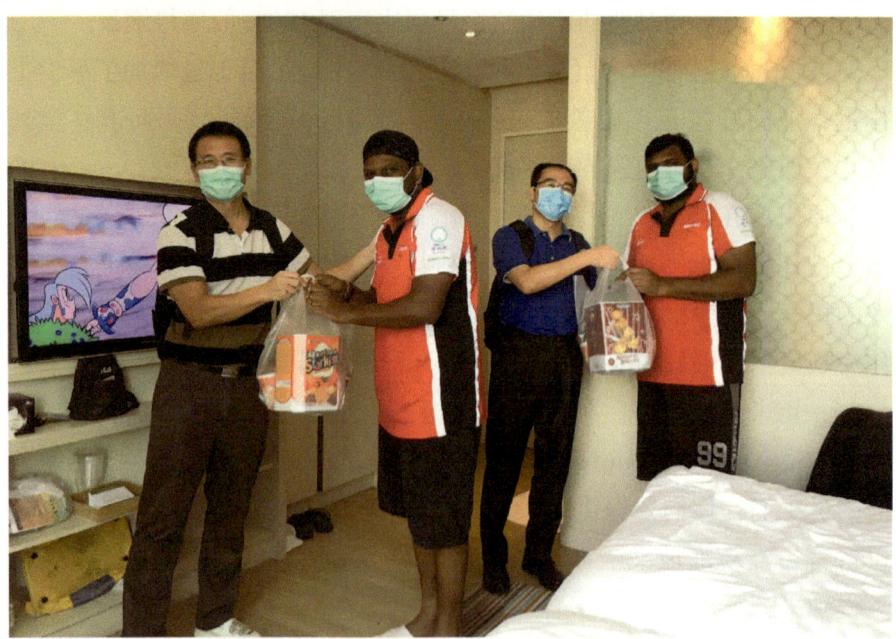

疫情期间领导赴住宿地探望员工

慰问送去了关爱，带来了暖意。

员工 Guna 是 7 名愿意留下的马来西亚员工之一，疫情下，他选择了坚守岗位，却也错过了孩子呱呱落地的一刻。听闻此事，受公司委托，香港（新加坡）公司总经理郑昱一行前往员工宿舍看望、慰问 Guna 以及其他留下的员工，表达公司对他们的关爱之意。

5 月，又到了穆斯林的传统斋月。新加坡两座油站有近 1/3 员工是穆斯林员工。斋月期间，员工在工作时间段不能进食，疫情影响、创效压力、饥饿难耐，让员工心理生理皆受煎熬。为确保在岗员工保持良好的工作情绪和状态，公司领导来到油站、员工住所，向每一位穆斯林员工赠送广受欢迎的椰枣，送去暖意。

在严峻的经济及市场形势下，香港公司积极履行社会责任，保持队伍稳定，做到了"不裁员不减薪"，在疫情一波多折的时候给员工吃了颗"定心丸"。

香港加油站攻坚团队

同心·筑梦

"零"的记录,365 天的坚持

2020 年 2 月 17 日上午,中央人民政府驻香港特别行政区联络办公室主任骆惠宁一行到公司青衣油库调研视察,向坚守岗位的干部员工表示亲切慰问和感谢。其间,骆惠宁充分地肯定了香港公司在香港特殊环境下,做好了油气品保供工作,充分展现了央企的责任担当。

香港公司油站每站每日接待成千上万名顾客,在香港千分之一的新冠肺炎感染率下,油站员工是公司最容易受感染的群体。零售管理部立即安排负责油站安全的吴智雄、白韫韬、张艺严 3 名员工,"三管齐下"落实好油站一线疫情防控工作。

随着香港本地社区出现首例新冠肺炎个案,安全小组及时发布受感染人所在地信息,要求全站员工注意防护;即日组织个人卫生、公

新加坡义顺一道站,境外第一座新形象站

共场所清洁、外来人员体温检测等各项安全培训，强化疫情期间防护操作。

"手中有粮，心中不慌"。与此同时，安全小组继续加大力度寻找、采购大量防护装备，储备应急物资，保障了全线加油（气）站不间断的安全生产。

"油品不断供，商品不涨价，服务不打烊！"

2020 年，在整体经济形势下滑的逆境下，香港公司坚持为市民提供保供服务，积极做好油站经营，油站汽油零售量不降反增，同比增长 9.8%。

为了疫情防控和生产经营"两手抓、两手硬"，香港（新加坡）公司也绞尽了脑汁，想足了创意。

疫情期间，为了持续保供，新加坡仍维持 38 名员工三班正常运转模式，每站每天平均服务 1200 个以上客户，但这却容易造成员工与客户的交叉感染，让想加油的顾客也"望之却步"。一边面临开口营销，一边却面临感染风险，香港（新加坡）公司想出一招，在员工与客户间建立透明垂帘，悬挂于收银台前，员工扯开嗓门大胆营销，客户尽享优惠安心购买。

4 5 月，新加坡义顺站非油品销量逆势增长，连续两个月销量突破 10 万新元，获得中石化境外唯一一家优秀易捷门店称号。11 月，新加坡先后诞生两座年销量过万吨的加油站，也是中石化的首两座境外万吨级站。

"外防输入，内防感染！"

同时，早在初五开工之前，香港办公大楼便制定好了一系列疫情防控措施，办公区域原则上杜绝接待任何外部来访人员，严格执行办公场所每日消毒、员工每日体温检测；减少会议和差旅安排，办公会议均采取"华为云会议"开展。

严格要求、严格管理、严格防控，为了"零感染"记录，香港公司坚决严防不放松。

这一坚持，就持续了 365 天。

责任：疫情下的央企担当

"口罩告急，全民告急！"

2020年3月，在全民口罩告急之时，香港公司主动肩负起"央企担当"，由香港（新加坡）公司积极与新加坡最大的Fairprice超市集团接洽，在物资装备部、国事新加坡、销售公司、安徽公司等兄弟企业大力支持下，及时高效、保质保量地完成了1200万个一次性医用口罩采购任务，上架于当地142家Fairprice超市。

同月，随着疫情造成的恐慌情绪继续蔓延，全球各地接连陷入"一纸难求"的恐慌气氛中，新加坡也遭受冲击。4月，香港（新加坡）公司积极落实好运输、质检、过关等各关键环节，首次将中石化易捷自主品牌"鸥露"引进新加坡最大的Fairprice连锁超市，进入纸巾110万卷，布满22个40尺货柜。同时，借助中国石化渠道优势，将国内340万卷顺洁柔纸巾成功运往新加坡，助力缓解500多万新加坡市民的燃眉之急。

新冠病毒似乎无孔不入，在漫无边际的大海上，香港公司继续用行动演绎着责任担当。

香港公司拥有成品油国际贸易及船运业务，每年将过千万吨成品油销往全球多个国家。随着疫情逐步蔓延至全球，国内外各港口均加强了国际航行船舶管理，全球超过80个国家限制或禁止船员更换，这一政策的实施，导致香港公司25名船员无法靠岸，只能在海上毫无期限地漂泊等待。公司第一时间安抚好船员情绪，同时制定船员换班计划，积极联系船员代理预先做好准备，待船员换班政策放宽后，船管部迅速协调、安排船员在合适的港口换班，从2020年4月17日至29日，仅用其他船东所需的一半时间就完成全部5艘船舶共25名船员的更换。

"感谢公司，我终于踏上了陆地，悬着的心终于踏实了。"一名刚上岸的船员感激地说道。

面对疫情带来的多重困境，香港公司从不退缩；面临集团公司的扩销压力，香港公司勇挑重担。

2020年1月，继武汉封城后，中国内地各地相继陷入封锁之中，物流停滞、航班停运，中国石化多家炼厂的航煤无处可销，承受着库存高位运行及滞销的巨大压力。当月，香港公司紧急调整公司出口资源销售流向，增加2月直接销往澳大利亚、菲律宾、马来西亚等国家的航煤资源，其间向亚太、欧洲市场出口销售航煤48万吨；加强物流衔接跟踪，靠前安排汽柴油出口船期，缓解生产企业产品出厂压力，最大限度减少企业的滞期费。

在1—4月中国内地遭遇疫情的最困难时期，香港公司共为炼厂消化航煤200余吨，为疏通国内炼厂后路，保障集团公司产业链顺畅运行，保供国际市场，提升中国石化国际形象发挥了积极作用。

[供稿单位：中石化（香港）有限公司　撰稿：白金、马学刚、张艺严]

风雨同舟抗疫情
攻坚创效显担当

中国石化国际石油工程公司科威特分公司深耕科威特市场，以优质的工程质量和服务获得各方认可。科威特分公司以心交心、以情动人，与当地业主建立起"无价的信任"。面对新冠肺炎疫情，科威特分公司克服困难，艰苦拼搏，在做好疫情防控的同时积极复工复产，诠释了担当和奉献。

科威特位于西南亚阿拉伯半岛东北部、波斯湾西北部，虽然面积仅相当于中国的千分之二，但石油和天然气储量丰富，位居世界第四位，是石油输出国组织（OPEC）的重要成员。多年以前，欧美公司在这个全球大型石油生产商竞相比拼的舞台占据着主导地位，中国石油企业鲜有作为。而如今，情形已经大不相同：中企在科威特执行各类工程承包项目众多，涉及油田服务、勘探、炼化、住房、基础设施、电信等领域。中国石化国际石油工程公司科威特分公司就是其中一颗耀眼的明星。

从单枪匹马打入科威特市场，到逐步打破欧美公司对钻井装备的垄断并后来居上，占领了科威特钻井市场45%以上的份额，成为科威特最大的钻井承包商，中国石化国际石油工程公司科威特分公司仅用了不到10年的时间。中国石化旗下胜利、中原、华北、西南和华东5家地区公司的67支队伍，共有中外4000多名员工在科威特辛勤工作。截至2020年年底，分公司累计新签合同额超过44亿美元，成为中科"一带一路"合作的标志性项目。

这里夏季漫长，炎热干燥，沙尘暴更是春夏季节的标配。每逢新年伊始，科威特便会迎来一年中难得的舒爽时节，自然也是分公司员工们最喜欢的时节。下班后，大家终于可以舒服地在公园散步，在露天球场踢球，在街边长椅常坐。

然而，新冠肺炎疫情在全球的蔓延，打破了新年的平静。2020年2月19日，伊朗出现首例确诊病例，随后几天内确诊数量激增，科威特随即从伊朗撤侨800余人。疫情的步步紧逼，牵动着奋斗在科威特一线的每位员工的心。

科威特分公司钻井队施工现场

迅速行动，筑牢防控堡垒

疫情传播之快，危害之大，令人恐惧。分公司领导班子高度重视，把疫情防控作为压倒一切的重要政治任务来抓，确保做到"早谋划、早动手、早行动"，时刻掌握疫情防控阻击战的主动权。

分公司执行经理王振平在科威特一刻也不敢松懈，密切关注着疫情动态。2020年2月24日，科威特首次确诊了新冠肺炎病例。"如果不及早控制，疫情一旦在油区暴发蔓延开来，后果将不堪设想。"念头在王振平脑中一闪而过，他立即召开疫情防控动员会，启动应急预案。

"立即关闭办公室，中方和外籍员工居家办公，采取一切必要措施切断传染源！"

"业主还没有引起应有的重视，应抓紧时间通报疫情严重性！"

"把责任层层落实下去，分公司、项目部、现场，每个岗位都要动起来！"

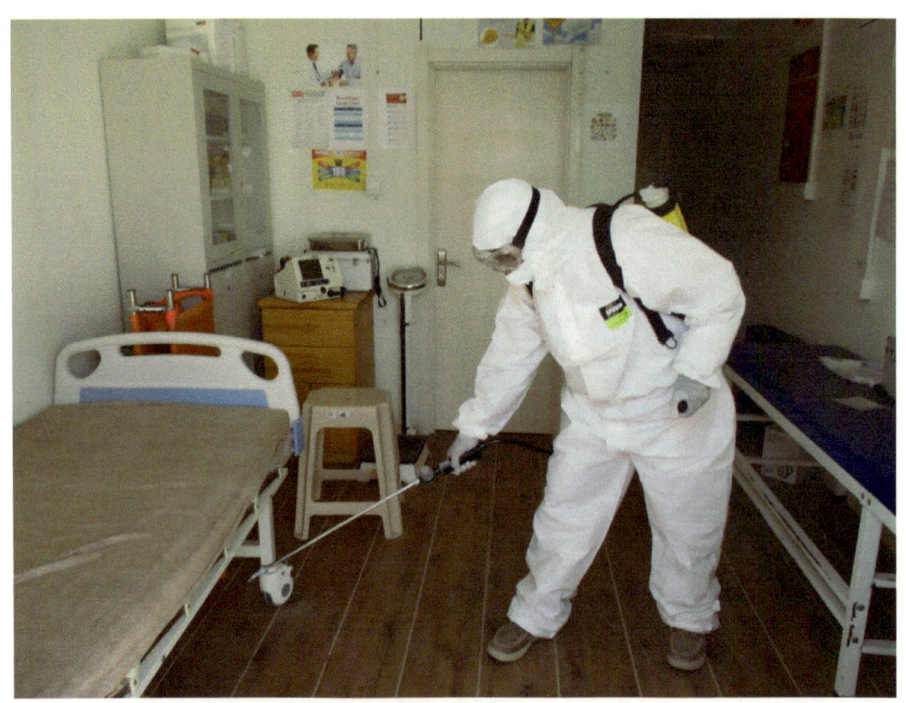

科威特分公司组织关于发现第三方人员疑似症状的应急演练

"承包商怎么管？现场人来车往的，要保证生产又要切断传染源，有哪些措施？"

"生活物资要保证，几千人要有吃有喝才能保障施工。"

……

一个个问题提出来，一条条对策定下来，一项项措施传下去，分公司各部门联合动员，各项目齐心协力，发挥团队作战精神，将疫情防控工作日常化，严格落实各项防控措施。

分公司负责安全管理的 HSSE 部细化应急预案，充分做好应急准备，制定发布疫情防控实施细则，建立每日动态报告制度，及时分享疫情动态。组织采购防疫物资，保证全员防疫物资供应。

借鉴国内防疫经验，分公司负责现场管理的工程管理部抽调项目总监及生产、安全、装备等业务骨干 50 余人，常驻井队现场，靠前指挥，既督促落实疫情防控要求，又及时掌握生产状况和人员思想动态；每天召开讲评会，对存在的问题，能当时解决的必须当时解决，能不过夜的坚决不过夜，使现场安全管理始终处于可控状态。

分公司负责分包商管理的生产协调部联合所有分包商建立了联防联控制度，明确人员、车辆、物资的管控规定。

分公司财务部提前筹划，为项目运行提供了充足的生产、生活和应急资金。

分公司行政管理部则外出采购储备了充足的食品、水果、饮用水等。建立了人员台账，排查签证、工作许可证、油区通行证、驾驶证等动态状况，保障井队生产人员出行不受影响。

不像中国经历过 SARS 之痛，很多科威特人包括业主 KOC（科威特石油公司）都没有足够重视，防控意识薄弱，只有少数人佩戴口罩，一些人甚至对分公司的防疫措施表示质疑或不理解，认为"中国人反应过度"。为此，分公司积极与业主沟通，向对方讲明此次疫情的传染性和严重性，并利用不同场合讲解疫情防控知识，特别是中国在这方面已经积累的宝贵经验。

在科威特疫情全面蔓延后，分公司积极通过电话会议、邮件、传

真等多种方式继续向业主分享疫情防控工作经验，携手抗击疫情，共同提升疫情防控能力。对于有些不得不面对面进行的会谈，分公司人员都会先说服对方戴上口罩，再开始业务商谈，对方逐渐理解并最终认可了分公司的防疫要求。

风雨同舟，携手应对疫情

疫情发展之快，让科威特政府始料不及，民众恐慌情绪不断蔓延，防疫物资一下子紧张起来，当地口罩很快便被抢购一空。业主的员工们不得不把一个口罩戴上好几天，一些前线员工甚至没有口罩可戴，面临巨大感染风险。

面对困难，业主KOC第一时间想到了科威特分公司，希望分公司能够伸出援手，从中国购买一批防疫物资。这是因为，在深耕科威特市场10余年里，分公司无论是在钻机紧急启动，还是在人员紧急招聘中，总能克服重重困难，为业主提供最及时有效的帮助。

"业主有困难能第一时间想到我们，这是无价的信任。"得知业主急缺口罩的信息，分公司立刻联系国内有关方面，在短时间内采购了防疫用口罩和手套。受疫情影响，国际航班已经大幅缩减，国际货运舱位十分紧张，分公司动用各种资源进行沟通协调，助力这批防疫物资以最快的货运线路顺利到达科威特。

5月5日，分公司顺利实现向业主KOC捐赠口罩和手套各5万只，支持KOC的新冠肺炎疫情防控工作。KOC商务和企业服务副总裁Abdulwahab Al-Mithin先生、勘探和天然气副总裁Ahmad Al-Eidan先生共同接收了捐赠。他们激动地说："在此严峻的疫情防控时刻，这批医疗物资将为KOC前线员工提供关键的防护，这彰显了中国石化和KOC并肩抗疫的友谊和决心，谢谢中国石化！"

"正如阿拉伯习语常说的'赠送礼物、相亲相爱'，这与中国一直流传的投桃报李、互帮互助的文化理念是一致的，我们会坚定地与KOC风雨同舟、携手前行！"参加捐赠仪式的分公司副总经理姚运杰回复道。

科威特分公司向业主捐赠医疗物资

分公司向 KOC 捐赠防疫物资的做法，在当天即受到科威特石油大臣 Khaled Al-Fadhel 先生的点赞，在业主内部和当地社会引起了积极反响。

科威特疫情肆虐，每天都有成百上千的人感染新冠肺炎。分公司中外员工现场工作，不可避免地与业主人员和服务公司人员接触，虽然注意做好自我防护，但是现场实际工作难以 100% 保证不被感染。集团公司高度重视海外职工人身安全，考虑到当地医疗资源有限，为了在科石化员工能够得到及时且有效的救治，也为了表达中国石化对科威特长期友好合作的感谢，支援科威特疫情防控，8月27日，分公司接到集团公司通知，决定向科威特卫生部捐赠一整套负压方舱医院。

分公司迅速行动，积极联系国内方舱医院的生产厂家进行技术对接。由于国内设计的方舱医院最大环境适应温度为 46℃，不能满足科威特当地的高温使用条件，分公司紧锣密鼓地与厂家就方案技术偏差进行沟通，协调重新设计配套方案，将原"方舱+帐篷"式模块单元调整为"全方舱"式模块单元，外部覆盖防晒网，并且空调全部采用环境适应温度为 -40℃至 55℃的军用方舱空调。配套方案调整后整个方舱医院的环境适应温度为 0℃至 55℃，完全达到科威特当地使用的环境要求。

方舱医院设计方案

9月21日,分公司正式向业主 KOC 提出建议,通过 KOC 向科威特卫生部表达了集团公司捐赠方舱医院的意愿。KOC 完全支持我们的捐赠,交口称赞分公司是以人为本的好公司。分公司通过 KOC、代理公司和驻科威特经参处与科威特卫生部持续协调,努力推进捐赠事宜。但方舱医院的接收最终还是在科威特卫生部遇到了阻力,他们认为此方舱医院虽然配套设备设施先进、完备,但是其收治能力稍显不足,只有20人。而且建设防疫医院需要专用场地和配套设施,后期还要持续投入较大精力进行日常运行和维护,操作难度较大,最终婉拒了我们的捐赠建议,但对中石化"守望相助,共克时艰"的情谊表达了深深的感谢,分公司也用实际行动赢得了科威特政府和业主的尊重。

受新冠肺炎疫情和低油价的叠加影响,石油行业步入"至暗时刻",各大油公司纷纷制定降本减费、压价压产举措,放缓了生产节奏。科威特政府先前制定的2020年日产原油400万桶并稳产10年的战略目标面临诸多困难和重大挑战。受疫情影响,KOC 很多供应商、承包商无法将人员和物资组织到位,导致钻修井非生产性停工大幅增加。为削减预算,KOC 提出了停待部分承包商钻机、降低在运行钻机合同价格等要求。

"2020年上半年,疫情这只'黑天鹅'给科威特整体大环境带来了更多不确定性,但正是在这种艰难时刻更体现了我们对科威特石油的贡献,彰显了我们工作的意义和价值。别的公司人上不去,后勤保证不了,只好停工。而我们充分发挥基层党组织的战斗堡垒作用,发挥党员的模范带头作用,战高温、斗酷暑、抗疫情,我们能保证,我们能干好,我

疫情防控下科威特分公司员工进行起下钻作业

们能为 KOC 石油上产提供强大助力。这里机遇与挑战并存，既是一场生存的考验，也是一次存在价值的测试。"分公司总经理许利辉这样表示。

携手共建"命运共同体"

分公司一手抓生产，一手抓防疫，保持了钻机的高效安全运行，这在 KOC 钻井承包商中是绝无仅有的。超前的防疫意识以及安全生产的突出表现，让分公司赢得了业主由衷的敬佩。长期以来，分公司队伍以良好业绩为支撑，更以稳定的生产作业时效和强大的后勤保障能力为底气，与业主消分歧、寻共识，携手共建"命运共同体"。业主 KOC 被分公司所有 50 余支钻修井队伍"零事故"的安全生产作业，以及疫情以来"零感染"的防疫硬核表现所震撼，从最初将原计划停工的 7 部分公司修井机减少到 4 部，到最终决定不停待任何一部。不仅如此，分公司 17 部即将合同到期的钻修井机也成功延期续签，进一步巩固了分公司作为科威特最大钻井承包商的市场地位。

科威特政府从 2020 年 5 月底开始分阶段实施复工复产计划。在"带疫解封"的情况下，民众流动性增大，交叉感染概率增加，给外防输入带来了更大挑战。此外，日渐恶劣的高温天气，员工连续长时间超期工作，更是给现场安全生产带来严峻考验。科威特属于热带沙漠气候，夏季平均气温在 40℃以上，有时气温达到 60℃。在如此环境下，钻井生产一线工人穿着严实的工衣，戴着工帽、墨镜和口罩依旧坚持工作，每日 12 小时实行倒班。他们的工衣经常看不到汗渍，只能看到出汗时经高温炙烤后留下的明显盐渍。但是他们就是这样日复一日擦掉身上的盐渍，挤掉脚下磨出的大泡，扬起早已黢黑的脸庞，继续坚持奋战。

分公司始终把"成就甲方就是成就自己"作为行为准则。为提高钻机搬家时效，为甲方节省成本，分公司精心制定井间搬迁方案，超前勘察、加强协调、统一指挥，对道路情况、各路段的距离、预计时间等进行详细分析。与 2019 年相比，修井队伍搬迁时效提高了 9.98%，钻井队伍提高了 4.84%。数十支钻修井队保持甚至超过疫情前的生产时效水平，其中有 40 支钻修井队日费率达到 100%的极限水平。所有在运行井队安全生产无事故，获得甲方安全奖励 520 万美元。帮助业主实现原油快速上产，被 KOC 赞誉为"中国石化速度"。

为能尽快缓解一线员工长期工作的压力和疲惫，分公司副总经理秦景峰身先士卒，带领干部员工共 193 人，冒着被感染的风险，乘坐包机来到科威特。他在基地严格隔离 14 天后即奔赴现场值班。他们的到来为井队 7 个月未倒班的现场员工输入了新鲜血液，为一直未停工、坚持攻坚创效的科威特石化人增添了信心。他们用实际行动诠释了担当和奉献，是疫情防控和攻坚创效路上勇敢的逆行者。

砥砺奋进不辞路遥，蓄势扬帆再启航程。作为满怀梦想和希望的海外石油人，一定会追随着无数前辈的脚步，战胜一切困难和艰险，继续在平凡的岗位上尽职尽责，努力奋斗，用汗水谱写新时代海外石油工人的美好篇章！

（供稿单位：科威特分公司　撰稿：张毅、孙垂胜、高凤）

中国石化
SINOPEC

国际传播篇

2020中国石化国际形象建设案例集

在香港传递中国石化"好声音"

中石化（香港）有限公司积极把握发声主动权，用专业的人做专业的事，不断优化海外传播渠道，取得了出色的成绩，获得了良好的反馈。从搭建中英文官方英文网站，到开通海外社交平台，再到与当地主流媒体联动传播，通过传播更鲜活、及时的内容，与受众形成良好互动。这是一个比较成熟的企业海外传播布局案例。

1989年10月，中石化（香港）有限公司（以下简称"香港公司"）成立。经过32年的栉风沐雨、奋力开拓，香港公司已由最初的单一石化产品贸易，发展至拥有加油（气）站零售、柴油批发直销、机场航煤加注、燃料油船加油及批发直销、石油气销售、油品国际贸易、跨境电商、金融理财八大业务的能源综合服务商。2018年12月，香港公司进军海外零售市场，在新加坡成功投营义顺一道加油站；2020年1月、6月，相继在澳大利亚、菲律宾成立子公司，为公司"成为亚太地区领先的能源综合服务商"打下坚实的基础。

作为中国石化境外唯一一家油品销售企业，香港公司始终"初心未改、使命未变"，秉持"根植当地、服务当地"的理念，一直默默、悉心地为当地民众的"美好生活加油"。然而，身处国际大市场，"低调"似乎不再是"美德",中美贸易摩擦愈演愈烈、部分外媒"逢中必反"、香港"暴乱"让人痛心,严峻的市场形势、不实的舆论环境,让公司意识到迫切需要建设言论"根据地",建立自有"舆论场",通过建立文化融合、针对性传播机制,激发共鸣、凝心聚力,为企业发声,以展形象、树品牌,传递中国石化"好声音"。

一年来,香港公司积极探索实践,逐一贯彻落实集团公司关于中国石化境外品牌建设与传播行动方案要求,开启了独有的境外传播之路。

开设自有专页,在当地建立"舆论场"

香港毗连祖国内地,却有着别样的舆论环境。

在这里,各大媒体机构以言论自由而"闻名世界",为了在"杂音、噪声"中把握发声"主动权",香港公司在经半年的筹备工作之后,于2017年正式成立公司中文官方网站(www.sinopechongkong.com)。

官网涵盖了"公司动态、关于我们、产品与服务、安全环保、企业文化、就业机会"六大板块,搭好核心"骨架";同时以图文并茂的方式,向公众传递企业核心价值与服务,为传播融入"血肉";整体网站风格以"石化红"为主基调,以"港版港风"贯穿始终,为公司形象注入灵魂。

香港公司官方网站

香港公司官网英文版

2019年年底，紧跟公司国际化的战略部署，为扩大客户受众，官网再次更新，搭建公司英文版官网，开启了国际化的传播语系。

官网的建立，让香港公司有了第一个权威"门面"。

然而硬币皆有两面，拥有了"大而全"的优势，却缺乏了"小和灵活"的一面。

为了补齐宣传"短板"，香港公司随即"入乡随俗"。根据More Digital官网数字统计，在香港，Facebook在各大社交平台中占有82%的使用率，位居榜首。于是公司同年开通Facebook公共专页（www.facebook.com/sinopechk），加入本地化、国际化的传播阵列，通过传播更鲜活更及时的内容，与受众形成互动。

建立初期，公司便开始积极做出各种尝试。

为了对标国际，香港公司先调研了在港拥有上百年历史的壳牌、加德士等国际油公司，但发现这些油公司更多只是业务营销宣传，无

SINOPEC Hongkong Facebook 专页图片

法满足企业"传递石化好声音"的初心。于是,香港公司在思考中实践,在尝试中总结,探索出"对标世界一流"与"弘扬石化传统"的融合之路,开启境外传播"三步走"方略。

第一步,初来乍到,以英语、粤语传播公司动态,面向受众进行"自我介绍"。

第二步,同步慈善、公益活动的开展与图文、视频传播,让受众感知到企业"扎根当地、服务当地"的良好形象。

第三步,资源整合、统一发声,发布油品、非油品业务营销信息,以公司动态、社会责任、业务营销推广相辅相成,扩大受众"朋友圈";转推集团 SINOPEC 脸书专页的喜事大事,传递石化"好声音"。

目前,公司 Facebook 专页主要以社会责任、业务营销、公司动态相辅相成,采用粤语或粤、英双语进行传播,让内容更加"亲民",更具有针对性。

 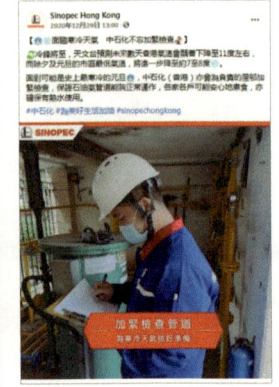 

SINOPEC Hongkong Facebook 开展企业文化、社会责任、业务营销等宣传

联系当地媒体，拉近与用户距离

为了让企业发声更立体、更落地，香港公司也一直在寻求外界媒体的"杠杆"力量。

2019年11月，通过一个契机，公司加入了香港总商会（HKGCC）。该会在港拥有160多年的历史，是香港最具规模的商会之一，并致力于"维持香港全球最佳及最具竞争力的商业和金融枢纽"。为进一步融入香港商界，公司随后主动联系总商会，希望将公司核心价值观、社会责任、未来展望等理念思想传递给受众，一个月后，公司接到香港总商会的采访邀请。

"中国石化香港秉承'为美好生活加油'的企业使命。本港市民对该公司遍布及全港九龙新界的石油和天然气零售网络十分熟悉。"11月，香港总商会《工商月刊》（Bulletin）刊登了《满足瞬息万变的能源需求》（Energy Supply in a Changing World）一文，讲述香港公司"根植香港、服务香港"的故事与展望。

为了向市民们呈现企业"亲民"的活泼形象，公司尝试着让品牌润心，走进千家万户。

2019年10月，在集团公司宣传部、香港代表处的安排部署、统筹协调与指导支持下，香港公司与香港无线电视台（TVB）一同开始了中国石化驻港宣传片的拍摄工作。

这也是中国石化在香港关于品牌传播做出的首次尝试，不同于以往的logo落款赞助，此次宣传片拍摄主题以中国石化"根植香港、服务香港"为宗旨，通过"港版家庭故事演绎"的生动呈现，讲述中国石化为香港市民"美好生活加油"的故事。

故事分为"企业篇""家庭篇"两部。其中，"企业篇"讲述了"一个香港家庭外出郊游的愉快故事"，将中国石化在香港的油（气）站零售、船加油、航空燃油、石油气、非油品等业务串联起来，以欢乐贯穿始终，以轻松活泼的风格宣传企业，向大众展示中国石化服务于香港千家万户的品牌形象。

"家庭篇"讲述"在父母的关爱与鼓励下，女儿最终演出成功"的故事，情节波澜起伏，并将中国石化的"为美好生活加油"理念自始至终体现，在家庭聚餐烹饪时提供"温暖"，在"加油打气"时提供充足动能，在故事中传递出了品牌的温度与感动。

在经历了3个月脚本初拟、2个月剧本对接、3个月场景拍摄及2个月审校等过程之后，2020年10月，中国石化驻港企业宣传片正式在香港无线电视台(TVB)翡翠台播出，播出一直持续到2021年3月。目前，

TVB翡翠台播出"中国石化在香港"宣传片

宣传片覆盖量约达 1635000 人次／日。

与此同时，香港公司也积极与媒体进行联系，在香港《大公报》刊登"中国石化为在港职场妈妈加油，成立母乳喂哺友善工作间"报道，在新华社、《经济日报》等媒体刊登"新加坡诞生两座万吨级加油站"报道，在祖国大陆与境外之间传递着中国石化的温情与发展理念。

境外"公众开放日"，让客户走进中国石化

在香港，外媒似乎一直对中国制造"情有独钟"，时而针对中国内地的产品质量进行不实甚至恶意贬低的报道。这些歪曲事实的内容，不免让香港一些消费者对中国石化的油品质量产生怀疑，这也会在一定程度上影响香港公司的业务发展。

为了向公众答疑解惑，香港公司于 2019 年在青衣油库首次举办中国石化境外"公众开放日"，于 4 月、8 月分别邀请到港灯及货柜码头 50 多名客户来到青衣油库，由香港员工进行港版讲解，通过参观库区、发油台、质检室，介绍油品特性、质量标准、制造工艺等，向客户传播中国石化"奉献清洁能源，践行绿色发展"理念，以及香港公司"人

香港公司举办境外"公众开放日"活动

本担当、专业高效、融合创新、开放共赢"的核心价值观。

参观过程中，客户们通过开放日走进中国石化，对中国石化上中下游一体化的经营模式有了初步了解，对中国石化"低碳发展、回馈社会"理念有了更深的认同，对香港公司秉承"客户为本，质量领先"经营理念，对油气品生产标准、安全规范及质量品质全流程高度控制表示积极认可，纷纷表示："中国石化的产品，用得放心，用得安心！"

主动策划，创新境外传播体系

让传播"上墙"，讲述石化好故事。2019年10月，为喜迎祖国母亲70岁生日，由集团公司宣传部及香港代表处牵头组织，各驻港企业积极配合，成功举办了为期2个月的"驻港单位庆祝新中国成立70周年展览"。从石油石化的发展历程，到中国能源发展取得的伟大成就，向员工展示了祖国母亲的日益强大，讲述了中国石化的非凡贡献，增进了香港员工对中资企业、中国石化的了解与认可。同年12月，为了更加融入基层一线，让员工感受到在中资企业的归属感，公司在香港"寸土寸金"的加油站地盘里"百般寻找"，终于为员工找到一个"窝"，在香港葵涌货柜码头站二层搭建了中国石化境外第一个"家"文化活动室。除了休闲设施之外，文化室配有中国历史、企业文化、娱乐养生等各类图书，让员工在闲暇中穿越思想潮流，聆听"石油精神石化传统"好故事，游历中国及世界各国的历史与文化。

以"行为"促传播，讲述石化责任担当。2012年，香港海域发生一起胶粒事件，为保护洁净沙滩、呵护绿色香港，香港公司员工自发成立了"香港沙滩及郊野公园关注组"（Hong Kong Beach and Country Park Concerning Group），利用周末闲暇时光，组织公司员工及社会义工们赴香港各区的沙滩、山林郊野进行清洁活动，一群"蓝衣服白手套们"埋头苦干拾捡垃圾的景象，吸引到不少正在郊游的市民们参与。

"一起响应，清洁香港！"

关注组成立9年来，累计义工参与人数2000余次，大到84岁的长者，小到4岁的小朋友，共同参与、携手同心用实际行动向社会传递着"能

香港公司暨"香港沙滩及郊野公园关注组"举办净滩活动

源至净、生活至美"的美好品牌理念。

  以"港人港语"传播,讲述石化人在香港的点滴。又逢一年祖国母亲生日,2020年国庆,因新冠肺炎疫情蔓延导致员工活动受限,公司决定举办"庆国庆迎中秋短视频征集活动大赛"。员工们积极响应,用喜闻乐见的形式表达自己的经历和感想,经过激烈角逐,评选出具有代表性的各类原创作品,如《我与客户间的故事》《你所不知道的油品知识科普》《库区里的点滴生活》《疫情下的新加坡》等。通过本地员工述说自己与企业的情感涟漪、生活点滴及感悟,以有趣的故事、难忘的经历、生动的企业展示、形象的油品介绍,在公司Facebook、YouTube平台广为传播,与香港社会及消费者形成互动,搭建起中国石化与公众的传播与沟通桥梁。

"庆国庆迎中秋短视频征集活动"大赛部分作品展示

夯实机制保障,"制度、团队、专业"三管齐下

2019年3月,一场修例风波挥动了"蝴蝶翅膀",随即在香港引发了持续一年的社会动乱。

2020年年初,新冠肺炎疫情"黑天鹅"又突然袭来,居家隔离、远程办公,让媒体似乎成了受众的唯一来源。

为保护企业声誉,主动辟谣发声,将危机"扼杀"在萌芽中,公司相继出台一系列品牌及舆情管理措施,规范境外传播管理,构建品牌"防护伞"。

2019年7月,香港公司成立舆情信息小组、建立信息收集机制,对品牌形象及生产经营不利活动进行信息提前收集、预报;2020年年初,香港公司重新梳理对外传播平台与流程,出台了对外宣传流程规范(含舆情管理办法),扩大舆情信息收集小组范围,建立起事前控制、实时监督、事后监察的机制,同时加强日常与中联办、香港特区政府的沟通,避免"临时抱佛脚"的情况。

同时,为凝聚力量,统一发声,主动激励境外传播,公司同步更新宣传管理办法,更新品牌管理办法,建立考核奖励机制与流程规范。

受年度表彰的优秀通讯员们

2020年年初,为了让传播更有"料",公司建立了近50名的兼职"中英粤"宣传团队,由来自香港和内地的中国籍员工与新加坡籍员工等组成,借助公司多元化人才的力量,深入挖掘一线素材及故事,讲好"港人港语",激励国际化传播,逐步建立中文、英语、粤语的宣传体系,营造本地化、国际化的传播氛围。

"好的故事,往往来自基层一线。"

"最能让人信服的新闻,就是用本地人易接受的方式,讲述发生在本地的故事。"

2020年全年,宣传队伍共提供图、文、视频类素材300余份,为公司Facebook、YouTube、官网平台的多元化传播提供了丰富宝贵的素材。

在拥有了公司通信团队和宣传素材的人力与资源基础上,为进一步提升境外传播的热度和广度,公司也一直在积极寻找专业的力量。2020年年底,为扩大"杠杆"效应,积极向专业"借力",在代表处的统筹安排下,经多家比选,联系到本地媒体"橙新闻"进行Facebook专页运营,"让专业的人做专业的事",让传播范围更广,传播节奏更精准,传播对象更有针对性。通过专业团队与公司传播、营销团队密切合作,采取"因地制宜、借力发力、本地化、国际化"传播手段,提升热度,服务本地客户,增强客户黏性。2021 年 1 月,Facebook 发帖覆盖数已达 2.7 万人次;力争 2021 年全年粉丝量达 30000 个以上。

(供稿单位:中石化(香港)有限公司　撰稿:白金)

拨"云"见"日"的沙特"云开放日"活动

国工沙特以拍摄中国石化"云开放日"活动为契机,串联起中国石化在沙特履行社会责任的点点滴滴。"云开放日"活动受到不少当地民众关注,增进了当地人对在沙中企的了解。此外,活动以10多个语种面向全球发布,受到众多国内外主流媒体的刊登转载,产生了良好的社会效果。

2020年9月21日,《人民日报》以《一趟奇妙的旅程》为题,报道了主题为"为美好生活加油"的中国石化在沙特"云开放日"活动。本次活动是中国石化首次举办境外"云开放日"活动,也是国资委组织的"一带一路"中央企业首批"云开放日"系列活动的收官之作。

9月11日,中国石化在沙特"云开放日"活动发布以来,以中文、英语、阿语、法语、德语、俄语、葡语、西语、日语、韩语等10多个语种面向全球发布,截至目前已有超过723家国际媒体刊登转载,并在人民网、光明网、央广网、环球网、中国网、中国新闻网、中国报道等多家主流媒体和平台进行报道。在北美、欧洲、日韩、澳大利亚等地区关注度高,覆盖量超过3亿。值得一提的是,重磅打造的"为美好生活加油"(*Better Energy, Better Life*)

这一核心理念,结合沙特"2030愿景",有效地引发了海外当地受众对国资央企的亲切感,增强了开放日活动在当地的影响效果。

沙特分公司作为这次活动的承办单位,代表的是中国石化,因此深感责任重大。为完成好此次拍摄任务,沙特分公司从接到任务就投入到各项准备工作中。面对时间紧、任务重,他们克服沙特疫情蔓延、现场50℃高温、施工单位纵横1000多公里的实际困难,从采访脚本准备、人员组织、拍摄现场协调、与不同项目甲方和政府官员协商,一环扣一环,紧锣密鼓,全力以赴投入到该项工作中。

要想取得好效果,脚本是关键。为完成好首稿脚本,真实体现一线场景,分公司组织人员与各项目现场人员对接,以展示石油勘探开发过程为蓝本撰写、修改脚本。在3天内,沙特分公司先后6次组织召开脚本讨论会,八易其稿。对形成的脚本初稿,积极与国资委和中国石化宣传部相关人员紧密结合,集思广益,制定现场采访拍摄方案。

方案确定了,但与施工现场场景又有很大区别。拍摄人员为获取更多、更全、更美的视频资料,每天天不亮就从公司驻地出发,开始素材拍摄。从沙漠井队到戈壁物探,从路桥建设到民生工程,从员工培训到科技研发,在6天时间内,行程2000多公里,中午最高温度达到50℃,拍摄的素材时长达15个小时、容量超过1000G,这些为后期

中国石化中东研发中心

制作提供了丰富翔实的第一手资料。

后期制作过程中，沙特分公司与国内相关专业人员就每一部分流程衔接和不同施工场景的画面转换进行了数次探讨。确定后及时再到现场进行相关镜头的补拍。成片后，大家又以近乎苛刻的要求，从画面质量、中英阿文字幕与画面匹配、剪辑流程、视觉冲击等方面进行了精益求精的校对和完善，最终达到了令人满意的效果。

整个视频画面，可以让观众身临其境地走进中国石化在沙特的各个石油工程服务项目，感受员工精彩的生活和辛勤的工作，以及他们攻坚克难的责任与使命担当。中国石化国际石油工程有限公司在沙特经过 20 年努力耕耘，通过先进的技术和优质的服务为沙特石油的勘探开发作了贡献，成长为沙特一流的油服公司，赢得了较好的口碑和赞誉。

公司 HSE 部的沙特籍安全监督阿米尔担任这次活动的现场主持人。他虽然加入中国石化不到一年，但是很高兴能够担任这个工作，他也希望能够通过这次采访活动更加深入地了解中国石化这家在沙特 20 年的中国公司。

沙漠深处的勘探队

拍摄的第一站来到位于沙特北部的物探项目。在 200 多平方公里的沙漠上，上千名员工通力合作，采用三维地震勘探的方式，探寻地下油气资源。为避免白天在近 50℃ 的高温下工作，项目员工凌晨 4 点便出发施工。中国石化物探队 2004 年进入沙特以来，先后完成了 9 个物探项目，赢得了业主和同行的认可。

一望无际的黄沙深处，有一块由 100 多辆营房车和帐篷组成的营地，在这里，我们见到了物探队的沙特籍技术员阿里。他介绍道："我们是在从事三维地震勘探，就是通过震源激发震动，然后接收地下的反射信号，并记录下来，由物探学家进行分析，从而找到石油在地下的什么地方。全部工作在方圆 500 公里的区域，我们队伍有员工 700 多名，每天来回要数百公里。这是个很重要的勘探项目，将为沙特找到更多的石油和天然气，我们都很自豪参与这样的项目。"

中国石化在沙特的油气资源勘探现场

　　阿米尔表示这一切太不可思议了，他觉得近千人在这片沙漠里面生存都是个难题，更不用说每天还要跋涉数百公里了。营地管理员纳赛尔解释说："在这里，有来自十几个国家不同民族、宗教和肤色的人聚集在一起,但是大家在一起相处愉快。每天都有车辆运送甜水和蔬菜,保障每个人都能吃饱吃好。现在是夏季，每天也用制冰机制作冰块和防暑饮品，保证大家不中暑。为了让大家吃好，还在营地里养了很多羊，定期给大家准备丰富的大餐。晚上还在营地播放音乐，大家载歌载舞，放松心情，准备好第二天的工作。"

晚上，阿米尔和大家在营房车外席地而坐，看着满天的星光和来来往往的车灯，不禁感慨道，谁能想到在这沙漠的深处，有这么一支中国石化的勘探队，在茫茫的沙海里寻找着流动的黑色黄金呢。

波斯湾畔的石油铁军

离开了物探队，阿米尔又驱车来到了一个钻井队的现场。这是个封闭的营地，钻好一口井需要两到三个月的时间，然后就搬到另外一个井场，所以钻井工作区域是不停移动的。中国石化从 2000 年开始在沙特从事钻井作业，目前有 60 支钻井队，在沙特各个油田进行钻井作业，是沙特国家石油公司也就是阿美公司最大的陆上钻机承包商。

在井队监督里，阿米尔采访了阿美公司驻场监督巴沙先生。巴沙表示，他从其他中国石化钻井队来到 SP-121 队已经 3 年了，他工作过的中石化钻井队都很棒，而 SP-121 队的业绩非常出色，工作效率高，管理严

华北石油工程公司五普钻井分公司 SP306 井队施工现场

格，能高标准地完成各项工作，尤其是安全管理工作表现非常突出。"这种好成绩不是凭空取得的，它归功于阿美南部油气开采部门的高水平运行管理，也归功于 SP-121 队关键岗位人员的优秀领导能力，还归功于井队每一名员工的努力。他们遵守指令，认真执行阿美的安全和作业要求，才取得了今天的成绩。"

在井队现场，阿米尔还见到了沙特籍副司钻艾哈迈德，被问到是哪些因素帮助了自己的成长，艾哈迈德说："井队管理人员和监理给了我们很多培训和锻炼的机会，我们从经验中学习，他们很支持我们。中国石化是个国际化的大公司，有很好的未来，给沙特员工提供支持和发展机会。有很多沙特年轻人在这里工作，中国人和沙特人在一起合作得很愉快，他们给了我们很多指导和经验，尽最大可能支持我们。"

阿米尔表示感慨，一家中国公司能够成功成为阿美公司最大的陆上钻机承包商，这不仅仅是中国石化在安全管理和生产组织方面的能力体现，也离不开中国石化在技术和研发方面的支持和保障。因为他知道他的下一个采访目的地就是中国石化中东研发中心。

石油王国里的一颗珍珠

沙特阿美公司和法赫德国王石油矿产大学附近的达兰技术谷，堪称沙特石油技术研发的硅谷。中国石化中东研发中心成立于 2017 年，目前占地面积 5000 平方米，成立的目的是为油气行业提供有针对性的研究。基本上中国石化在这里所做的是为石油和天然气行业提供最新的技术。在其中的固井实验室，工程师阿卜杜拉正在研究设备，阿米尔想看看他正在做什么。阿卜杜拉介绍道："这是一台高温高压稠化仪，主要是用于测量水泥的稠化时间，我们还有一套带压养护系统。这是固井实验室的另外一组仪器。这组仪器的目的是用于测量带压养护后水泥石的强度。这里还有非常多的仪器和设备，我们在这里将中国石化的石油技术与阿美进行交流。在这个石油王国里面，展现了中国石化是一家世界领先的清洁能源化工公司，我们的技术实力是能够配得上这个称号的。"

同心·筑梦

传播友谊的丝路书屋

中国石化从事高技术石油服务，这需要大量技术娴熟、训练有素和受过良好教育的人才。实际上，中国石化成立培训中心已经有十多年的历史，它培养了大量员工，特别是沙特的年轻人。

布盖格市的中国石化沙特培训中心是中国石化在沙特的第一个培训中心，在这里，阿米尔见到了穆赫辛。穆赫辛向阿米尔介绍了自己在中国石化的经历。他刚开始是一名场地工，然后成为钻工，这需要更高的技术能力，因此，被选派到了这里进行培训，培训之后被升任为井架工。之后他再一次回到这里进行副司钻的培训。接着他第三次来到培训中心进行井控课程培训，并顺利通过了美国IADC的考试，成为一名副司钻。穆赫辛对中国石化企业文化非常认可，他说："中国人对沙特籍雇员非常友好，井队领导非常重视我们的教育与培养，在现场安排中方员工指导沙特籍雇员工作，经常安排我们参加一系列HSE会议、钻井技术和井控培训等，提供了比较好的提升机会。我很多朋友都从原来的基础工作岗位上升到高岗位，收入提高了不少。中国石化就像一个大家庭，钻井现场工作虽然很辛苦，但每天都很快乐。这里还有一个丝路书屋，里面有很多介绍中国文化的书籍，也有中国传统音乐，在这里还能练习写毛笔字，我们对中国文化也非常感兴趣，希望有一天能够到中国去看看。"阿米尔也和穆塔辛一起学习写起了毛笔字，并约好一起去中国看万里长城。

在做好石油服务和培训的同时，中国石化还积极在沙特履行社会责任，建立了中东第一个石油研发中心，共同提升本地石油科技研发能力，并积极参与民生工程建设，建设了为圣城麦地那输送饮用水管线，建成了首个农业部灌溉水输送系统，建设了30余座城市立交桥和通道，改善了当地居民的出行状况，赢得了较好的口碑和赞誉。

"这是一趟奇妙的旅程，我为拥有这样一支优秀的沙中石油团队感到骄傲。"在经过了一天的游历后，阿米尔带着我们访问了石油物探、钻井、研发中心、培训基地，了解了石油勘探开发的全过程，以及中国石化员工在沙特的工作和生活。随着石油科技的进一步发展，中国

石化油服在沙特的钻机和员工

石化一定会更加致力于沙特"2030愿景",为沙特人民的"美好生活加油"!"云开放日"活动受到不少当地民众关注,增进了当地人对在沙中企的了解。网友哈基姆说,中国企业还参与了沙特道路、桥梁、高铁等民生工程建设,双方在经贸、医疗等领域的合作也越来越紧密,"沙中互利合作给双方带来实实在在的好处,增进了两国人民的福祉"。

"云"舒"云"卷终有时,央企"云开放日"告一段落,但"一带一路"建设的脚步不会停歇,秉承"共商共建共享"的原则不会改变,高标准、惠民生、可持续的目标不会变化、惠及民生、福泽一方的使命仍在进行。中国石化将继续坚持开放、绿色、廉洁理念,将"一带一路"打造成一条发展之路、合作之路、健康之路!做好中沙友谊的使者,共同创造更加美好的明天,为沙特人民的美好生活加油。

(供稿单位:国际石油工程有限公司 撰稿:吴思卫、王建业、马猛刚)

探索智库"出海"之路

《2019中国能源化工产业发展报告》发布会是中国石化第一次在海外发布研究成果,也是中国石化经济技术研究院迈出的推进智库国际化、加强海外宣传、促进文化融合的坚实一步。该案例属于智库外宣,极具国际传播价值,同时对推动行业发展、建立标准等都很有帮助,为其他企业树立了样本。

世界经济发展到今天,全球化已经成为不可逆转的必然趋势,合作、共享、互利、共赢受到全球各国广泛认可,智库则在全球化和全球治理中扮演着越来越重要的角色。随着中国日益走向世界舞台中央,中国智库也日渐在国际舞台上崭露头角,不仅作为支持企业开拓海外市场的思想前哨,而且肩负着讲好中国故事的重要责任。中国石化经济技术研究院在集团公司党组宣传部的正确指导下,迈出了推进智库国际化、加强海外宣传、促进文化融合的坚实一步,留下了跨文化交流、思想碰撞、文明互鉴的鲜明印记。

打响智库"出海"第一炮

2019年,由国际能源论坛和中国石化联合主办的《2019中国能源化工产业发展报告》发布会在沙特利雅得成功举行。这是中国石化第一次在海外发布研究成果，开创了能源化工行业在海外发布智库报告的先例，对于中国智库提升国际影响力具有里程碑的意义。

沙特是全球石油生产大国，也是最大的石油出口国之一，在世界能源领域有着举足轻重的影响力和话语权。在沙特乃至国外发布中国能源化工智库报告，在此之前尚未有过任何可借鉴的经验，这就成为摆在中国石化经济技术研究院面前一道看似不可解决的难题。从权威机构的衔接到专家邀请，从发布会的申报审批到代表团队的现场报告及文化融合，可谓是"摸着石头过河"。

为解决这道"难题"，中国石化经济技术研究院在集团公司"致力于成为国际化的能源化工企业"的目标指导下，与集团公司国际合作部深度合作，完成了与包括中国驻沙特大使馆、国际能源论坛在内权威机构的对接，全套发布会材料的译制和出版，并邀请沙特当地及国际主流媒体，以全英文在国际能源论坛大会厅完成了此次报告发布，充分展现了中国石化软科学研究人员的风采。

2019年3月25日，《2019中国能源化工产业发展报告》发布会在沙特利雅得举行

发布会由国际能源论坛IEF秘书长孙贤胜主持，中国驻沙特使馆参赞赵刘庆、中国石化宣传部副主任王涛致辞，中国石化经济技术研究院副总经理佘皎全英文发布主报告，来自美国、英国、法国、日本、新加坡、丹麦、南非、意大利、罗马尼亚、韩国等近20个国家驻沙特大使馆使节，沙特能源工业和矿产资源部、Sultan王子大学、《利雅得报》等当地政府机构、能源企业、高等院校、新闻媒体，以及沙特中资企业协会有关代表共60余人出席发布会。

这是中国石化作为中国能源企业首次在世界舞台上就中国能源全产业链的发展趋势阐述观点和看法，与来自沙特政府部门、国际组织、能源界、公益界、教育界等人士进行了深度交流，阐述了中国作为全世界最大能源化工市场的过去、未来及转型路径，使沙特及国际能源界得以更加全面、客观、系统地认识中国能源化工产业发展现状和趋势，让中国能源化工智库的声音首次穿越国界，以现场的形式传递给在座的嘉宾观众。

由中国石化经济技术研究院代表团带来的4场行业分析报告，从能源行业40年发展轨迹及未来趋势、国际石油市场走向、能源结构转型等方面，全面展示了中国石化的行业洞见。

报告认为，全球能源化工市场环境正在经历深刻变化，炼油化工转型与高质量发展标志着行业即将翻开新的篇章。各国使馆、国际能源论坛、沙特主要的能源化工企业、沙特媒体界、教育界的专家们纷纷表示，发布会内容丰富、覆盖全面、观点鲜明，有助于进一步增进对中国石化和中国产业的了解。会后各位专家以发布会的产业发展报告为引子，展开了热烈讨论，话题超越了能源化工专业，涉及两国专家对国际格局、时事热点和未来合作机遇的洞见和解读，真正呈现了思想与文化跨越国界交汇碰撞的强大力量。

发布会举行当天，以汉语、英语、阿语等8种语言在全球范围内发布有关新闻，引起了社会各界的广泛反响。中央电视台、新华社和《经济日报》等中央媒体驻沙特记者站在发布会现场对中国石化团组进行了采访，国内外多家主流媒体都对本次发布会给予了高度评价。

发布会现场

  此次发布会影响广泛，国际新闻报道超过 300 篇，阿拉伯新闻网、《沙特经济日报》等沙特当地媒体，阿联酋航空通讯社、卡塔尔在线新闻、《科威特新闻公报》等中东地区媒体，日本共同社、韩国联合通讯社、越南通讯社等亚太地区媒体均对此次发布会进行报道。

  《沙特经济日报》展望两国智库的合作前景称："沙特是全球原油生产大国，也是最大的原油出口国之一，中国则是世界上最大的原油进口国。本次发布会对提升中沙两国在能源行业的交流具有积极意义，对推动两国未来在能源领域的进一步合作和智库研究必将产生深远的影响。"新华社、人民网、央视网、央广网、中国政府网等境内主流媒体跟进报道超过 118 篇,引起了国内外广泛关注,为中国石化智库出海打响了具有标志性意义的第一炮。

跨越时空的思想碰撞

迈入 2020 年,新冠肺炎疫情暴发,中国经济一度按下暂停键,紧接着病毒在全球蔓延,中东地区被席卷进瘟疫大流行的阴霾之中,中沙双方的日常研究交流工作遭遇了很大困难,研究人员不得不居家办公,甚至出现交流中断的窘境。与此同时,疫情期间全球能源化工市场发生了重大变化,特别是 4 月初美国 WTI 原油期货价格跌至负值,使得跨国交流,特别是作为原油进口大国与原油出口大国的中沙两国研究人员的交流合作显得愈加迫切。

为探讨全球不确定性下石化行业发展趋势和中沙石化领域合作前景,以及疫情对石化行业产生深远影响下中沙石化产业合作前景,进一步扩展中沙两国智库交流与合作,在各方沟通努力下,突破时空限制,冲破疫情障碍,"石化行业的未来与中沙合作"闭门研讨会于 2020 年 9 月 14 日在中国北京、沙特利雅得、阿联酋迪拜三地以网络视频会议的形式举办。

此次会议由沙特阿拉伯阿卜杜拉国王石油研究中心、中国石化经济技术研究院、海湾石化和化工协会联合主办,共有来自沙特阿拉伯阿卜杜拉国王石油研究中心、海湾石化和化工协会、沙特烃工业最高委员会、沙特基础工业公司以及相关政府机构、专业媒体的 20 余位专家学者,以及来自中国石油和化学工业联合会、中国国际工程咨询公司、中国石化经济技术研究院、中国石化集团发展计划部、中国石化集团国际合作部、中国石化集团化工事业部、山东隆众信息技术有限公司以及中国石化集团公司相关部门的 30 余位中方代表分别在线上和现场参会。

会上 5 位专家分享了其行业洞见,其中沙特阿拉伯阿卜杜拉国王石油研究中心高级副研究员马里克·费萨尔博士作了"石化工业的未来"的分享,中国石化经济技术研究院副总工程师柯晓明作了"后疫情时代的石化工业发展展望"的主旨发言，中国石油和化学工业联合会副秘书长庞广廉就"双循环背景下中国石化行业走出去的新机遇"进行了演讲，石油和化学工业规划院白颐教授介绍了"'十四五'（2021—2025年）中国石化行业国内外发展关注点"，海湾石化和化工协会秘书长萨敦博士分析了"中沙石化领域合作蕴藏的潜力"。

与会嘉宾一致认为，中沙两国在能源化工产业方面结构互补性强、利益交汇点多，随着沙特"2030愿景"和中国"一带一路"倡议的不断对接，能源化工产业合作从传统的油气勘探等领域延伸到石油化工和新能源领域。尽管受新冠肺炎疫情等因素的影响，目前全球经济不确定性较高，但仍存诸多机遇。中沙能源化工产业关系稳中向好、长期向好的基本趋势不会改变，两国产业仍具有广阔的合作前景。

此次与国外智库的线上研讨，会中专家们积极建言献策，并达成共识：沙特作为最大的原油出口国，中国作为最大的原油进口国，在市场剧烈波动的大背景下，更要展开全面合作，作为稳定阀缓解全球市场的不稳定性。

会后，来自沙特和中国等国的业界专家均认为，通过此次三地视频交流，会更加了解中国能源化工行业的发展趋势以及世界石化工业的未来前景。中国石化经济技术研究院经过与各国专家讨论后，决定建立与国外智库，尤其是发达国家智库合作机制，共同展开课题研究、建言献策、评估评价、学术交流等工作，以提供思想、汇聚人才、发布成果等形式，形成国内外智库间信息互通、资源共享、交流互动的长效合作机制，搭建跨国界、跨文化、跨领域的合作桥梁，打造开放前沿的合作平台，提升双方智库的研究层次和水平，为世界能源化工行业提供政策建议，通过文化交流、理念启迪和思想碰撞，推动智库研究、企业决策、国家政策的良性循环。

（供稿单位：经济技术研究院有限公司　撰稿：毛若冰）

携手打造
"为美好生活加油"亮丽名片

中俄乌德穆尔特合资公司项目与当地政府合作,在教育、卫生健康、文化、体育和其他公共领域实施了一系列较有影响力的社会性公益项目,还支援地方政府,为当地的基础设施改造、道路水网维修维护等提供资金和材料。当地居民对中国石油工人从最初的好奇和排斥,到最后与他们"打成一片",月亮街充满欢声笑语。UDM项目就是中俄合作、携手"为美好生活加油"的一张亮丽名片。

"这是我们从中国空运过来的15000只防护口罩,现在正式捐赠给中俄乌德穆尔特合资公司(以下又称'UDM公司'),以解燃眉之急!"俄罗斯公司总经理杨怀义紧握俄方受赠人员的手,满怀深情地说道,"中国石化和俄石油是一家人,你们的困难就是我们的困难!"俄方受赠人员眼里噙着泪水,发自肺腑地说:"Большое спасибо! мой брат!(感谢,我的兄弟!)"此刻,他们身后悬挂着的标语"одна команда, одна цель(一个团队,一个目标)"显得熠熠生辉。这是刚刚过去的2020年新冠肺炎疫情肆虐之下UDM项目发生的无数动人画面的其中一个,更是中国石化与俄石油合作15年来攻坚克难、携手并进无数画面的一个缩影。

一个团队、一个目标,支持当地防疫抗疫

为中俄能源合作树立典范

位于莫斯科以东 1200 多公里处的伊热夫斯克市是盛产石油的俄罗斯联邦乌德穆尔特自治共和国的首府,UDM 项目总部就坐落于此。该项目是中国在俄罗斯获得的第一个,也是目前占股比例最大、产量最高的在产油田项目。UDM 项目成立于 1967 年,1969 年正式投入开发,1982 年达到峰值产量 922 万吨,累产原油达 3 亿余吨。自 2006 年起,在俄石油和中国石化双方股东的大力支持下,UDM 公司共生产原油近 1 亿吨。2011 年,时任国务院副总理王岐山访问 UDM 公司时,称 UDM 项目是"中俄油气能源合作典范"。中俄双方团队在 UDM 项目的成功合作,为中国石化扩大与俄罗斯石油上下游企业的合作奠定了坚实的基础。

中俄员工在油田现场进行技术交流

来自月亮街的欢声笑语

多年来,UDM 项目与当地政府合作,在教育、卫生健康、文化、体育和其他公共领域实施了一系列较有影响力的社会性公益项目。每年,UDM 项目都会支援地方政府,为当地的基础设施改造、道路水网维修维护等提供资金和材料。

项目成立之初,很多中国人突然来到伊热夫斯克市的月亮街。这里从来就没有这么多外国人居住进来,当地居民对这些中国石油工人既好奇,又有些排斥。后来通过消息灵通的街坊打听得知,原来 UDM 公司已经和中国石化合资合作了,中国石化占有近半数的股份,由中国石化下属的国勘公司派驻石油工人来帮助开采石油,这些中国人带来了很多先进的技术和设备。可是这与月亮街的居民们又有什么关系呢?虽然大家得知了这些中国人的"底细"不再那么排斥,可是对待他们还是不冷不热的。

租住在月亮街上的中国石油工人似乎看明白了这一点,他们做事

UDM 公司资助修建的儿童游乐设施

小心翼翼，与街坊们一直保持着亲切友好的态度。就这样相安无事地过了一年多，这些中国石油工人突然从各家各户搬了出来，集体搬到了月亮街附近的"椴树林"社区，他们在那里买下了一套别墅，挂上了"中国石化国勘公司 UDM 项目部驻伊热夫斯克市月亮街员工公寓"的牌子。"中国的公司真有钱，他们的工人待遇真好。"月亮街的街坊们开始羡慕起来。又过了一阵子，这些中国石油工人开始邀请月亮街的街坊们去公寓作客，大家一下子慌了神，毕竟一直都是不相往来的，人家这么热情，总是有些尴尬。还是曾经出租房屋给这些中国石油工人的房东们率先放下了矜持，充当"先遣队"去公寓作客。这一去串门可不要紧，他们都不愿意回来了，每天晚上都要去公寓聚会。那些日子，天天从公寓传来欢声笑语，愉悦的气氛像暖风一样传遍了整条月亮街。大家三五一群、成群结队地到公寓作客。不看不知道，一看吓一跳。原来，中国石油工人每天在公寓里办各种活动，有时候是中国美食节，有时候是中国古典文化交流会，有时候是中国传统手工艺品教学课，有时

候组织月亮街中俄体育友谊赛……在那里，月亮街的街坊和中国石油工人彻底"打成一片"，中国石油工人不再小心翼翼，街坊们也不再充满敌意，大家和睦相处。

后来，中国石化国勘俄罗斯公司提出要合资修建公路，解决月亮街街坊出行难的问题。已经成为"一家人"的街坊们一呼百应，UDM项目出一半资金，街坊们出一半资金，把月亮街原来的土路铲平，修建了一条总长450米、宽4.5米、总面积2000多平方米的公路。街坊们不管去市区还是去下游的老靶场村再也不担心路难走、车难行了，月亮街成了名副其实的中俄友谊街。

相亲相爱的一家人

跨国经营，最重要的是文化融合。"以和为贵、和气生财"是中国五千年文化历史传承之一。合作15年来，俄中团队跨越文化障碍，从陌生到熟识，从建立互信到精诚合作，双方关系十分融洽，合作日益紧密。

萨沙是中国石化国勘俄罗斯公司的司机，2009年时，萨沙就开始在当时的"俄罗斯—中亚大区"工作。刚来的时候，他给大家留下的印象是比较沉默，戴着墨镜，每天除了拉大家上下班，几乎不与人交流。开始，萨沙对中国人并不是特别友好，他不太了解中国，对中国人的印象只来自早年那些蹲市场的"倒爷"。后来，随着彼此越来越熟悉，萨沙发现，周围的中国同事都非常友善，他们不仅有着良好的工作素养，说着一口流利标准的俄语，对身边的每一个人也都很尊重、很热心，慢慢地，他开始融入这个集体。现在，萨沙已经成了地道的中国石化人，心里想的、嘴上说的和手里干的也都是中国石化的事。在日常工作和生活中，他对中方员工有求必应。不管有任务没任务，每天早上8点都准时到岗，不管是参加会议还是跟外宾出去应酬，忙到多晚他都在一旁等着，让人觉得心里很踏实。而他觉得自己在一个世界级的大公司工作，很有面子。他最大的梦想就是到中国看看，用他的话说："想看看长城到底有多长。"

中俄员工共度节日

UDM 公司行政部有个年轻的中义翻译叫利奥尼特,平时人家都习惯叫他的中文名字"飞龙"。2006 年,一个偶然的机会他来到中国石油大学(北京)环境工程专业学习。他说,在北京学习的这 5 年是他一生中最难忘的一段岁月,就是这里把他和汉语紧紧联系在了一起。2016 年,缘分又把他带到了更大的发展平台 UDM 公司。刚来 UDM 公司时候,他还是不懂油气专业的"青瓜蛋子",但一有空就跑到办公室向中方同事学习,谦虚谨慎的工作作风很快让他成长起来。用他自己的话说,中俄两国的文化存在一定的差异,在工作中不可避免会出现文化和观念上的冲突,他的任务就是在不同文化间建立促进对话和交流的平台,在中俄专家之间发挥对话和协调的作用,使中俄双方成为一个团队,实现共同的目标。在日常工作中,他表现得兢兢业业。在 UDM 公司工作 3 年来,飞龙认真的工作态度、高超的翻译水平、乐于助人的性格深得

中国同事的喜欢。有一年春节，大家邀请他全家到公寓过春节，一起吃饺子，一起看春节联欢晚会。一想起这件事，飞龙就很感动，他说："和你们在一起我觉得非常温暖，感觉我们就像一家人一样。"谈起工作，飞龙说，UDM 公司是中国石化和俄石油两大跨国公司合作的典范，给当地社会带来了实实在在的好处，将来中俄双方的能源合作肯定还会进一步扩大。

合作 15 年来，UDM 项目全体员工团结拼搏、迎难而上，在储量、产量、成本、效益以及技术合作等方面都取得了丰硕成果。伊热夫斯克见证着与日俱增的中俄情谊，UDM 项目就是中俄合作、携手"为美好生活加油"的一张亮丽名片。

（供稿单位：国际石油勘探开发公司　撰稿：杜明阳、杨士伟）

"一带一路"上的美好约定

2013年，习近平主席在出访期间提出"一带一路"倡议。7年多来，"一带一路"倡议从理念转化为行动，从愿景转变为现实，得到越来越多的认同和参与。"一带一路"在造福更多发展中国家的同时，也有力带动了中国具有自主知识产权的先进技术成功应用。中国石化石油化工科学研究院（以下简称"石科院"）自觉融入和积极践行"一带一路"倡议，通过发挥在炼油技术及催化剂的领先优势，辅以精湛优质的技术服务，在稳步拓展海外市场的同时，也收获了高度认可和良好口碑，与"一带一路"沿线客户缔结了深化合作的美好约定。

中国石化石油化工科学研究院通过发挥在炼油技术及催化剂的领先优势，在稳步拓展海外市场的同时，也收获了高度认可和良好口碑。质量是企业的生命，质量是品牌的核心，石科院以技术为质量基础，在"一带一路"沿线国家广受认可，为中国石化打造海外亮丽名片作出了贡献。

"希望再合作更多个 20 年"

泰国 IRPC 公司是东南亚具有千万吨级炼油能力的大型石油炼化中心，原油

泰国 IRPC 远景图

加工能力占泰国原油加工总能力的四分之一，在泰国炼化行业地位举足轻重。1997 年，石科院与合作伙伴针对该公司生产低碳烯烃的需求，合力将中国石化 DCC 技术成功许可到泰国，在 IRPC 公司建设成百万吨级装置并开车成功，使中国炼油技术首次走出国门。

在 DCC 装置建成 20 周年的庆典上，IRPC 公司负责人表示："我们与石科院已合作 20 年，希望还能合作更多个 20 年。"遵照这个约定，2017 年，石科院开启"以整体技术服务为 IRPC 创效"行动，2020 年是石科院为 IRPC 公司提供第三期整体技术服务的一年。一直以来 IRPC 的咨询服务主要由麦肯锡提供，客户有着很强的思维惯性，服务标准参照麦肯锡模式。而且与前两期相比，第三期整体技术服务起点更高、难度更大，必须深度挖潜。与此同时，突如其来的疫情在海外迅速蔓延，严重阻碍了工作开展。

形势越是艰难，客户就越需要我们，因此更要雪中送炭，不打任何折扣。石科院坚持用一流标准，组建一流团队，由集团公司高级专家领衔，带领全流程模拟、分析、催化剂、工艺工程等多个部门的精兵强将，按国际化项目管理模式组织实施，各岗位分设 A/B 角，分工负责、协同作战。

IRPC 公司装置众多、服务复杂程度高，原油选择要考虑各装置和产品的要求及全厂经济效益，催化剂配方也需要不断进行调整优化以适应原料及产品需求的变化。项目实施过程中，团队统筹谋划、重点突破，首先从 DCC 和 RDCC 模型调整及优化入手，以满足 IRPC 公司在加工重质原料的同时最大化生产丙烯的迫切需求。在研究装置大量操作数据并对部分原料进行实验分析的基础上，团队提出多项建议，对装置实际加工工艺参数和催化剂配方不断调整优化，满足了加工不同性质原油的需求，并按照效益最大化方向调整产品结构，着力契合市场需求，为客户增加效益。疫情期间，DCC 装置低负荷生产，导致装置供热不足，不得不喷燃烧油，影响效益。团队急客户之所急，深入了解装置状况，提出一揽子解决方案，实施后将为 IRPC 公司增效约 600 万美元。

IRPC-DCC

面对疫情带来的不便，为了更好地服务客户，石科院借助邮件、电话和视频会等远程技术服务手段加强与 IRPC 的交流，不到一年项目相关邮件达 1400 多封。项目经理坚持日报制度，每日与 IRPC 沟通，紧盯操作数据的收集、分析和诊断，及时跟进现场情况，组织解决客户操作中遇到的各种问题，寻找优化空间。疫情阻止了现场技术服务的脚步，石科院就把面对面的培训搬到了线上，通过远程视频形式为 IRPC 公司技术人员进行培训，从理论到实践，从催化剂产品到技术，涉及多个专题。通过培训，不但提高了客户满意度，擦亮了中国石化的"金字招牌"，也为石科院推广应用其他技术与催化剂奠定了坚实基础。

经过多年合作，双方建立了深厚的友谊。除了日常工作交流，双方时常互相分享照片或在节日为对方送上问候。2020 年的海外疫情更是牵动着千里之外石科院团队成员的心，得知口罩在泰国异常紧俏，IRPC 公司正常生产可能会受影响，团队克服购买、寄送、清关等各环节的重重困难，第一时间为客户送去了口罩，送去了温情，让彼此更加贴心。

石科院人用整体思维做发展"乘法"，整合专利技术、技术服务、人力资源要素，在海外疫情肆虐的特殊时期，实现了为客户创造效益，推动了中国石化炼油技术、催化剂和技术服务在泰国落地生根、开花结果。继 DCC 技术 / 催化剂、整体技术服务之后，石科院加氢催化剂在泰国 IRPC 连中三元，与"一带一路"沿线国家的合作越来越深、越来越广。

"待疫情结束我们再相聚"

孟加拉国是世界上最不发达的国家之一，经济基础薄弱，经济收入主要依靠农业。近年来，孟加拉国制定了庞大的经济发展计划，但面临资金、技术、能源短缺等挑战。该国只有 3 家炼厂，总炼油能力仅约 200 万吨 / 年。2020 年 4 月，在孟加拉国首都达卡郊区，第四家炼厂 ARL 即将完成建设，建成后该厂将拥有常减压、预加氢和半再生重整 3 套装置。

孟加拉国 ARL 炼厂远景图

  两年前，石科院的预加氢和半再生重整催化剂在该项目中中标，实现中国石化催化剂首次在孟加拉国市场的应用。2019 年下半年，按照协议，石科院做好了赴现场指导装剂开工的准备，但由于关键设备交货滞后，项目未如期开工。2020 年 4 月，当国内疫情已经得到有效控制时，海外疫情却开始肆虐。炼厂负责人来信通报项目进展，表示孟加拉国能源部对炼厂各单元进行检查之后确认可以开工生产，迫切希望尽快安排两名工程师到现场提供技术服务。"我们需要中国石化工程师在装置开工和标定时做现场指导，没有他们的支持，我们无法开工。我们已经尽一切努力使炼厂各方面准备就绪，ARL 投资了数百万美元，其中有一大部分是银行贷款，如果不尽快开工，将面临巨大的损失。希望你们能够慎重考虑并紧急提供支持。"

  此时，石科院项目经理面临巨大压力。海外疫情形势严峻，工程师极有可能无法在客户要求的时间内派出；但在客户的传统观念中，没有工程师现场指导，自身又缺乏开工经验，对新装置远程装剂开工没有信心，收回投资的希望就可能落空。市场就是命令，客户就是上帝。开工日期一天天临近，项目经理一边积极沟通客户，一边做好两手准备，在办理派出手续的同时，开始准备远程装剂开工的一切事项。

5月，适逢另一个海外项目完成了旧装置远程换剂开工，通过线上会议等远程沟通手段，与代理紧密合作，取得了良好效果。在成功经验的基础上，石科院探索拓展应用到孟加拉国新建炼厂装剂开工中，研究室技术人员提前介入，从客户角度思考问题，量身定制开工方案和装置检查列表。石科院重整催化剂负责人说："孟加拉国客户此时最需要我们的支持，他们的装置虽小，但在炼厂眼里，这两套装置就是效益，需要我们提供'保姆式'的服务，要认真对待。只有将开工手册中的每一个要求、每一个步骤列详细了，才能减少遗漏。哪一点没有考虑到，炼厂疏忽了，轻则进度迟缓，重则开工中断，损失会很大。授人以鱼不如授人以渔，教会他们才能完成后续的正常生产。"

石科院团队专门邀请设计院等单位一起梳理开工流程，组织预演每一个开工步骤，手把手交代装剂开工过程中的重要节点，并与炼厂视频连线沟通具体细节。为确保一次开车成功，还建立了多方在线的工作群。就这样，前期充足的准备工作让客户吃下了"定心丸"，同意疫情期间不派出工程师，通过在线指导进行远程装剂开工。

装剂开始后，团队时刻紧盯设计院和客户反馈的实时数据，进行判断并给出操作意见。孟加拉国达卡与北京有5个小时的时差，团队成员克服时差带来的不便，24小时在线答疑，凌晨收到客户信息后也能做到及时反馈，让客户对顺利完成装剂开工更加充满信心。

经过石科院近两个月的远程指导，终于顺利完成装剂开工全过程，ARL炼厂也顺利获得政府的原料配额。团队成员不辞劳苦、通力合作，以精湛的技术和敬业的精神赢得了客户的信任与好评。

客户在发给团队成员的感谢信中写道："感谢中国石化在预加氢和重整催化剂装剂开工过程中给予的专业技术支持与服务。时间从来不是问题，无论多晚，不管周末，他们一直在线，悉心指导我们的团队。一直以来，大家只会想到一些西方老牌许可商的技术，但是ARL的成功经验足以说明中国石化的技术实力，相信孟加拉国会有更多的公司希望与中国石化合作。因为疫情你们无法访问ARL，希望疫情过后，

孟加拉国 ARL 预加氢和半再生重整装置

我们相聚孟加拉国,进一步拓宽合作。"

想客户所想,急客户所急,倾力为海外客户做好技术服务,维护和开拓好海外市场。石科院人以实际行动践行着客户第一和敬业奉献的精神,在为海外客户创造价值的同时,转变了客户单纯依靠西方技术的惯性思维,也使得石科院的技术实力在"一带一路"沿线国家广受认可,更为中国石化打造海外亮丽名片作出了贡献。

到目前为止,石科院的技术和催化剂已经在"一带一路"上10多个国家和地区成功获得应用。未来,石科院将与更多国家的炼厂相约,共同为"一带一路"建设贡献力量。

(供稿单位:石油化工科学研究院 撰稿:张剑秋)

以文化促进融合 与拉美共生共赢

中国石化国工厄瓜多尔子公司充分做好跨文化融合工作，采取文化适应、文化融合、文化主导等策略，以文化融合春风化雨的无声滋润，形成工作合力，实现项目的成功运营。通过做好跨文化融合工作，厄子公司不断提升竞争力，有效应对新冠肺炎疫情的冲击，获得当地政府和民众的认可，提升中国石化的国际形象。

在遥远的地球另一端的赤道上，有一个号称"地球之肺"的地方，那里有浩瀚的热带雨林，有古印第安文明，有世界上离太阳最近的首都，有热情奔放的拉丁舞和拉丁音乐，当然更有热情奔放的拉丁民族、拉丁人。中国石化国工厄瓜多尔子公司（以下简称"厄子公司"）就常驻在这个令人神往的地方。

厄子公司 2002 年在厄瓜多尔首都基多成立，历经近 20 年的长期坚守和不断实践创新，如今已走出一条特色道路，其中文化融合的作用十分突出。在加强跨文化管理过程中，厄子公司在保持石化文化内核，在坚持企业发展战略、人性化价值理念、市场导向原则的基础上，采取文化适应、文化融合、文化主导等策略，强化跨文化沟通，克服跨文化冲突，整合跨文化优势，形成工作合力，实现项目的成功

厄子公司为祖国和当地购置抗疫物资

居家办公期间宣传上级抗疫精神

运营，不断提升竞争力，提升中国石化在厄国际形象。

2020年新冠肺炎疫情暴发并蔓延至全球，厄子公司在此次抗疫战斗中的点点滴滴，很好地诠释了中拉两种文化的冲突、适应、认同，并最终达到融合的过程，以及厄子公司如何把握"度"，做到心中有数，加强引导和疏通，使两种文化相互融合，共同促进，使得中国抗疫精神在拉美得以传播，为世界抗疫壮举添砖加瓦。

厄子公司总经理钱根春疫情期间和业主商谈复工复产事宜

文化冲突中坚守传承中国抗疫精神

　　2020年年初，按照石油工程公司和国工疫情防控工作部署要求，厄子公司钱根春总经理、邱明亮副总经理带领子公司员工和地区公司项目部制定了"因地制宜，科学防控"八字工作方针，确立了疫情防控的两条底线：一是不发生中方人员感染，二是不发生聚集性感染，并强调疫情防控工作重在"细节和落实"。但在疫情初期，当地员工认为不可能暴发疫情。他们甚至认为新冠肺炎只是一种比较严重的流感，身体强壮的挺一挺就过去了。但是厄子公司领导班子敏锐地察觉到，这次疫情不同往常，尤其是西班牙在1月31日确诊首例病例后，疫情防控更是刻不容缓，因为厄西两国关系相当密切，人员来往十分频繁。2月29日，厄瓜多尔宣布在其第一大城市瓜亚基尔确诊首例病例，而这位确诊病例正是从西班牙回来的。在得到官方消息后，厄子公司立即一一排查外籍员工及其家属，去过疫区或有感冒、咳嗽、发烧等症状的一律居家办公，严禁前往办公室，同时开始要求办公室的员工上班期间必须佩戴口罩，所有外来人员进入办公室也须佩戴口罩。然而，当地卫生部门仍只是要求有症状人员佩戴口罩，没有全面推广佩戴口罩，厄子公司员工对于佩戴口罩及办公室频繁的消杀病毒工作也十分不理解，认为没有必要。中方人员戴口罩去当地超市买东西时，也能感受到部分当地人投来异样的眼光，但厄子公司不为"异样"的眼光所动，仍然坚持贯彻执行国内要求，严格防控疫情：员工必须佩戴口罩上班，办公场所必须每天多次消杀；在当地尽可能多买一些口罩、消毒液、洗手液等防疫物资；为避免因疫情蔓延导致当地出现抢购潮，提早买好米面粮油等生活物资，做到"手中有粮，心中不慌"。

基层井队日常抗疫消杀工作

这期间，厄籍员工及当地居民由于不同的民族文化土壤，使得他们对疫情漠视。厄子公司按照国内要求加强疫情防护，在当地成为"异类"，不同文化对待同一事务的不同处理方式也是文化冲突具体表现的一种，但厄子公司在冲突中坚守和传承中国抗疫精神，并最终取得积极效果。

文化适应中彰显中国抗疫精神

虽然在疫情初期，厄籍员工对于厄子公司针对疫情的严格要求十分不理解，但是由于长期以来厄子公司一直致力于跨文化融合管理，所以在当地一名华人出现疑似症状后，办公室的一些外籍员工开始紧张起来时，厄子公司及时准确地抓住时机，安排员工整理新冠肺炎疫情知识材料，组织外籍员工开展培训，科普预防知识，提醒个人卫生习惯养成，鼓励将贴面礼改为招手礼，培训结束后，外籍员工的认识提高了，逐步适应了开展的疫情防控工作。

疫情期间施工现场
（为了大家，请待在家里！）

在施工现场，厄子公司将防疫措施与生产流程结合进行细化，提炼出《三步九环三十三细节疫情防控措施》，协调并监督每个员工"从家出发—集中隔离—核酸检测—现场作业—现场生活—离场检测—专车回家—居家隔离—离家检测"中的每个细节，形成了网格化管理和全过程闭环管理；按照"一项目一防疫"的要求，仔细审核新启动和复工项目的疫情防控具体措施，并与业主沟通加强现场作业期间"联防联控"，为项目安全顺利施工打下坚实基础。在项目管理运行中，疫情防控工作始终坚持以人为本的原则，在员工招聘或开工前若发现有员工核酸检测结果呈阳性，立即协调HSSE部和地区公司在厄项目部等相关人员积极联系厄瓜多尔卫生部及医院妥善安排并治愈，平安送其回家，跟踪其健康状况。

常德玉同志在厄子公司工程管理部工作，主要负责协调、监督和组织项目生产管理工作。2020年，他连续在厄瓜多尔工作8个月，工作中始终将疫情防控作为重中之重，与HSSE部、人力和地区公司项目部等齐心协力、共管共抓，严格监督和落实厄子公司制定的疫情防控措施,牢牢守住了疫情防控两条底线。如果把一个项目比作一棵树,他清楚地认识到疫情防控是"树根",生产经营是"树干",经营效益是"果实",如果疫情防控工作不到位则会导致项目停工,甚至会影响中石化的品牌形象。他深知肩上责任重大,认识到疫情防控工作不仅思想上要重视,还要措施科学、具有可操作性,最后重在落实,在后续的工作过程中,还要不断总结经验和教训,不断完善。紧张的工作,忘我的投入,居家隔离的不便,使得他没有更多时间向父母问寒问暖,没有更多时间安慰勤劳持家的爱人,没有更多时间指导正在上小学的女儿学习,没有更多时间给他未上学的儿子讲故事,甚至连头发已经像茅草一样又长又乱,三十几岁就胡子拉碴也没时间去打理。他的故事感动了外籍员工,他们买了理发器材让同事为他剪去长发和胡子。他的抗疫故事也感动了许许多多的石化人,被评为2020年度中国石化集团抗疫先进个人,厄瓜多尔子公司也被评为中国石化集团抗疫先进集体。

就是一个又一个这样的厄子员工,才撑起厄子公司在厄瓜多尔的一片蓝天,才把中国抗疫精神传播到拉美,让厄籍员工逐渐适应了厄子公司对于疫情防控的严格要求,中国抗疫精神逐步得到理解和支持,并供当地学习借鉴。

文化认同中传播中国抗疫精神

国内疫情暴发初期,厄子公司积极组织员工捐款支援国内,并在当地购买抗疫物资向国内发送,此举得到了当地员工的理解和大力支持,他们和在厄中方员工一起为购置抗疫物资尽心尽力。7月底,厄子公司总经理钱根春一行三人在全球疫情高发期,从中国上海途径荷兰阿姆斯特丹至厄瓜多尔基多,冒着酷热,身穿防护服,浑身水湿地辗转近40个小时,途中一滴水、一粒米未进,逆行返厄。该报道《三城记——疫情下的返厄瓜多尔倒班记录》获得中国石化集团公司全网推送,搜狐网、光明网、首都建设网等多家媒体转载,此故事在厄籍员工中也产生了极大震动。

中方安全部门经理张继新和外籍安全经理 Richard 在多次与甲方视频会议中,推荐我方疫情防控措施,始终强调"面对疫情,共同'战疫'"。部分业主对现场疫情防控不够重视,他就和外籍同事不厌其烦地向甲方解释和建议。在一次与斯伦贝谢公司的会议中,甲方不仅肯定了厄子公司的防疫成绩,而且表示将借鉴我们的做法,修订现场疫情防控措施。外籍安全经理 Richard 深有感触地说:"疫情之初,我对几近苛刻的防疫措施和要求也不是那么理解,但现在我真的很感谢中国石化严格有效的防疫措施。截至目前,这里没有任何中方人员感染,施工现场也未发生过任何聚集性感染。"在项目运行过程中我方以人为本的疫情防控措施,多次获得了厄瓜多尔国家石油公司等业主的表扬和认可,中国抗疫精神在认同中得以在厄传播。

文化融合生动表达中国抗疫精神

在长达7个月的施工队伍停待期间,厄子公司积极主动与业主沟通,

复工复产

多次向业主介绍我方防疫措施及经验，逐步打消业主疑虑，增强对疫情防控信心。9月底，收到业主复工通知后，厄子公司组织江汉项目部人员与业主商讨联防联控机制，研究制定详细复工方案：一是坚持"因地制宜，科学防控"原则，做到"内防扩散，外防输入"，牢牢守住生产运行期间疫情防控底线；二是采取"五方会谈"沟通方式，积极协调解决当地社区复杂关系；三是科学筹划做好设备验收准备，最终以98.73的高分通过业主验收。11月1日，在厄子公司和江汉项目部的共同不懈努力下，SP-219队最终顺利复工开钻。该项目安全顺利启动，为厄瓜多尔市场复工复产积累了宝贵经验。

由于厄瓜多尔当地生产能力落后，在疫情严峻时期，防疫物资出现严重短缺，此时此刻，厄子公司没有冷眼旁观，而是积极主动地从国内采购口罩、防护手套、医疗物资等捐赠给厄国家石油公司，此行为赢得了业界一致好评。

业主打消对我方疫情防控疑虑，厄籍雇员能够很好执行厄子公司根据国内抗疫精神做出的疫情防控工作，我方能够具体情况具体分析，积极配合业主的要求，循序渐进地宣传抗疫，为当地捐赠抗疫物资，这些都进一步说明了在两种文化由冲突、适应、认同到最终融合的过程中，中国抗疫精神也得到了生动表达。

在2020年12月24日圣诞前夕的中外员工网络视频会议上，当中外员工挥洒着激动和感动的泪水，诉说着对厄子公司不离不弃的忠诚，也讲述着中国抗疫精神带给他们的触动时，厄子公司总经理钱根春深有感触地这样说："这场战役没有局外人，不要存在侥幸心理。为了国家，为了社会，为了自己和家人，让我们上下一心、众志成城，一起努力早日战胜疫情。我向大家庄重承诺，疫情过后我会给大家补办一场party，感谢厄子公司每一位员工的坚守和不弃，感谢你们为抗疫所做的点滴！"话语声未落，部分中外员工就失声痛哭！会上中外员工共同表达了一个信念，抗疫要从自身做起，影响身边每一个人，大家齐心协力，才能最终取得抗疫胜利，公司各项事业才能步入正轨，每位员工及其家人的工作和生活才能步入正轨，抗疫必胜！此时此刻两种

2020年厄子公司中外员工圣诞网络会议

文化融合得到了很好的诠释，也为进一步巩固抗疫阶段性成果打下良好基础。

2020年年终，厄子公司中外员工一起制作了名为《光明》（BRIGHTNESS）的宣传片，在微信群获得广泛转播和点赞，其中用文字和图片表达了中外员工的共同抗疫心声：2020年，充满挑战的一年！改变工作和生活方式的一年！不能面对面工作的一年！提高了适应能力，直面困难继续前进的一年！创新工作方式的一年！大家齐心协力，团结合作，不断取得胜利的一年！

万众一心，没有翻不过的山；心手相牵，没有跨不过的坎。没有任何一个冬天不会国过去，也没有任何一个春天不会来临！中国的抗疫精神通过中石化厄瓜多尔子公司传到了拉美，在当地石油行业成为抗疫典范。此次疫情，厄子公司跨文化管理加速了当地人对厄子公司企业文化的认同，推动员工疫情防控意识和观念发生根本性改变，促进员工工作效率大幅提高，保障了厄子公司各项事业平稳运行。

（供稿单位：国工厄瓜多尔子公司　撰稿：钱根春、姜军伟、高风）

以心交心 谱写中哈友谊赞歌

"怎能剥夺鲜活的生命,怎样学会在这世间生存,要学会爱、学会奉献,一起活下去……"时隔一年,看着MV中的自己,达莉娅仍然能够跟着曲调哼唱,只是如今的她不再眉头紧锁。

2020年疫情初期,中国石化国际石油勘探开发公司哈萨克斯坦公司(以下简称"国勘哈萨克斯坦公司")的中方员工时刻牵挂着远在国内的亲人。疫情不断蔓延,哈国航班熔断,公司中外员工均感觉到疫情防控的压力。为了给国内的亲人加油鼓劲,同时缓解大家的焦虑情绪,中外员工自发组织录制了一首MV《活着》,用歌声振奋人心,用曲调激励斗志,在海外声援国内"战疫"。两个月后,国内疫情防控趋于平稳,哈萨克斯坦进入疫情高发期,国勘哈萨克斯坦公司在中国石化的指挥下,一方面做好项目疫情防控,保护

只要心与心贴近,就能跨越文化隔阂、战胜语言障碍、克服艰难险阻。国勘哈萨克斯坦公司在当地有良好的文化融合基础,长期以来坚守社会责任。面对来势汹汹的新冠肺炎疫情,国勘哈萨克斯坦公司中外员工团结一心,彼此真诚相待,与合作伙伴携手共进,用真情和行动诠释了人类命运共同体的价值和意义,谱写了感人的爱的赞歌。

中外员工健康安全；另一方面积极向项目所在地政府实施捐赠，全年累计捐赠防疫物资和资金约 200 万元人民币，获得政府、社区和项目外籍员工的一致赞扬。

山川异域，风月同天。MV《活着》片头写着一句话："谨以此片献给所有与疫情抗争的人们。"

临时组建的特殊乐队

"我相信中国一定能够战胜疫情，在中国的同事们，期待你们早日回归。"录完这句话时，娇小的达莉娅面对镜头热泪盈眶。

起初，达莉娅听说要录制一首 MV，她有些犹豫。虽然她能歌善舞，但当时大家对毫不了解的新冠肺炎十分畏惧，项目提前进入防控状态，已经启动了居家办公模式，走出家门需要勇气。

录 MV 的主意是公司副总经理刘甦提出的，他回忆说："当时，中方员工都惦记国内的亲人，过年回国轮休的同事因为航班熔断回不来，项目上的同事也回不去。这里的医疗卫生条件也不好，大家压力很大。我觉得必须做点什么。"刘甦找到了中方员工刘广涛、柳新军、秦磊，共同研讨录制方案。大家一拍即合，分头行动。

本着自愿参与的原则，刘广涛分别找到米哈伊尔、耶果尔两位男同事和爱格里姆、达莉娅两位女同事，真诚地沟通了录制 MV 的初衷，当谈到携手共渡这场人类共同遭遇的灾难时，引发了大家的共鸣。大家都想在力所能及的范围内，为"战疫"做点事情，于是大家放下顾虑，纷纷加入临时组建的特殊乐队。

视频是在俄语歌曲的基础上制作的，乐队中没有人受过专业的声乐训练，平时生产经营的工作量很大，几乎没有时间练习。大家就在睡觉前、用餐后、洗澡时，利用碎片化的时间练习，最后在保证疫情防控安全的条件下聚到一起合练。那时各地的录音室已经停业，想找到合适的录音地点十分困难。他们就千方百计，用最简单的设备完成了歌曲的录制。

一共 3 分 17 秒的 MV，大家整整录制了 12 天。录制中，越来越多的中外员工得知此事，主动要求加入进来，除6位主唱外，又吸引了5家子公司的36名中外员工参演。他们在各自驻地，用中俄哈语大声喊出——中国加油！

相互信任的和谐团队

国勘哈萨克斯坦公司的中外员工关心中国、关心企业，也为自己的疫情防控争取到了时间。项目一视同仁，将中外员工生命安全健康放在同等重要的位置，全力抓好防疫后勤保障，及时摸底排查口罩、消毒液等防疫物资采购、发放及储备情况。通过多种渠道采购足够的防疫物资发给员工使用，并根据疫情发展趋势持续做好保障工作。这些举措让中外员工逐渐安心，更加对战胜疫情增添了信心，中外员工在油田驻地打出了中俄语"我们在一起"的横幅为"战疫"鼓劲。

项目严格执行中国石化部署的疫情防控工作要求和国勘公司总部制订的疫情防控方案，建立不同疫情情况下的三级疫情防控机制，执行居家办公的管控模式，油田现场从原来的每15天轮换倒班延长到每

疫情期间哈萨克斯坦公司员工打出"我们在一起"横幅为"战疫"鼓劲

30天轮换倒班，倒班人员必须有合格的核酸检测报告才能进入油田，赴油田倒班人员按照闭环模式管理，并合理增加补助。

在国勘公司发布《全球接力，为爱加油》等微视频传递正能量、传播科普知识的基础上，国勘哈萨克斯坦公司坚持采取灵活有效的方式宣传疫情防控好做法，组织疫情防控知识讲座、张贴疫情防控提示，中方员工积极向外籍员工讲解已掌握的疫情防控知识，讲述中国科学防控的成功措施，与外籍员工达成防疫共识，形成合力落实好防控措施。项目还加强中外员工及家属的心理疏导、思想引导和人文关怀，线上座谈、线下慰问，疏导负面情绪，并积极寻求国勘公司总部的支持，为国内中方员工家属提供绿色就医通道等帮助。

项目还通过视频会议和电子邮件，加强与当地政府、合作伙伴以及利益相关方的沟通交流，通过讲好中国故事和强有力的疫情防控监督执行，项目防疫政策获得多方理解和支持。自疫情暴发以来，国勘哈萨克斯坦公司中外员工中无确诊病例，队伍和谐稳定，生产运行安全平稳，全年未发生HSSE事件事故。

携手共进的合作伙伴

在严峻的疫情形势下，国勘哈萨克斯坦公司中外员工互信互助，与当地政府和社区友好相处，均源于良好的文化融合基础和长期以来坚守的社会责任。

为深入推进中哈文化融合，增强相互理解和信任，国勘哈萨克斯坦公司专门成立了文化融合小组，以打造"家"文化为核心，建立中外员工"心灵家园"。多年来，公司坚持定期为中外员工举行生日庆祝活动，及时看望慰问生病的中外员工，让大家感受到"一方有难、八方支援"的温暖。公司每年都会组织慰问退休的外籍员工，邀请他们参加公司举办的联谊活动，给他们颁发刻有公司logo和退休员工名字的铜制勋章，让他们永远都有归属感。

文化融合小组经常组织丰富多彩的文体活动，外方员工学习包饺子、做月饼、写书法、打乒乓球，体验中国传统民族节日的魅力；中

组织慰问患病的外籍员工

方员工深入了解了"马背上"民族热情豪放的性格特点,体验了纳吾热孜节哈萨克民族对春天的向往。每年一度的石油工人节更是让中外员工融为"一家人"。跨越了"文化隔阂",战胜了"语言障碍",大家感受到了彼此的真诚和魅力。

疫情前,国勘哈萨克斯坦公司曾多次举办公众开放日活动,秉承中国石化"开门开放办企业"的原则,邀请社区群众走进企业、了解企业,让他们亲眼所见、亲身体验中国企业是如何把一块"荒漠之地"建设成一片"沙漠绿洲",成为哈国石油重省阿特劳州的标杆"绿色环保油田"之一。

为了让中国石化的爱传播在每个角落,国勘哈萨克斯坦公司在圣诞节、新年、儿童节、哈国春节都会给油田所在社区学生送去节日的问候和礼物,让孩子们感受到来自异国他乡的温暖。在当地社区遭遇洪水灾害时,项目采购纯净水和帐篷,驱车500多公里送到灾区支援救助,被当地多家媒体报道。国勘哈萨克斯坦公司曾被哈国政府授予"劳动保护最佳企业"。这次疫情,他们再次慷慨解囊、倾力捐赠,彰显了中国石化海外第一个"自主勘探、自主开发、自主建设"油田项目的

组织公众开放日活动

履行社会责任向当地学校捐赠

格局情怀,与合作伙伴携手共进。

  病毒无国界,疫情面前,没有哪个国家能够置身事外,也没有哪个国家可以独善其身。历史和现实已经反复证明,解决全人类共同面临的挑战,团结协作才是根本之道。从疫情初期来自海外的支持鼓励,到疫情暴发后的相互扶持,国勘哈萨克斯坦公司的中外员工用真情和行动诠释了人类命运共同体的价值和意义。

(供稿单位:国际石油勘探开发公司 撰稿:徐健、刘广涛)

中国石化
SINOPEC

社会责任篇

2020 中国石化国际形象建设案例集

同心·筑梦

与时间赛跑 为了"高棉的微笑"

2019年12月,中国石化长城润滑油新加坡公司越南代表处赞助的"2019年为柬埔寨儿童生命赛跑"慈善募捐活动,是一场为至少拯救6000名儿童生命而奔跑的运动计划。可以用"小"和"大"、"巧"和"准"来形容和评价这个案例——用较小的投入吸引了大量的群体关注,产生了较大的影响;精准地以儿童公益的角度切入,巧妙地在主流媒体和社交媒体上扩大了影响力。

高棉,是柬埔寨的古称。柬埔寨位于中南半岛,西部及西北部与泰国接壤,东北部与老挝交界。柬埔寨是一个历史悠久的国家,早在公元1世纪就建立了统一的王国。9至14世纪的吴哥王朝,为柬埔寨历史上最辉煌的时代。灿烂厚重的历史文明为柬埔寨人民留下了一个享誉全球的世界文化遗产——吴哥窟。

享誉世界的"高棉的微笑",正是吴哥窟中堪称经典的49座巨大的四面佛雕像,因面带安详的微笑得名。这也是多数人对"高棉的微笑"的固有印象。不过,当深入柬埔寨社会,与当地人深入接触,就会发现,值得珍惜、值得用心呵护的"微笑",远不止存在于吴哥窟中。

邂逅真正的"高棉的微笑"

旅客们更多把镜头对准古迹,而对本

高棉的微笑

地人而言，这是生与斯、长于斯、老于斯的家园。身处这个信息爆炸的大时代，在包罗万象的搜索引擎中键入"吴哥"这个关键词，满屏皆是丰富的旅游、人文、历史文化内容，这也符合多数外国人对吴哥乃至柬埔寨的印象。中国有长城，印度有泰姬陵，柬埔寨有吴哥窟……然而，那些今日依旧居住在吴哥的生命，他们的身影，却极少出现在镜头里。

沿着"一带一路"，打造人类命运共同体的轨迹，中国石化长城润滑油集团有限公司走进柬埔寨，走进吴哥，接触更多的，并不是沉默的塑像，而是有血有肉的当地人。一样的高棉微笑，却带给人不一样的思考。通过前者，我们能够感受到历史的厚重，时光的沧桑，而在这些孩童的脸上，虽然有着与中国孩子别无二致的纯真、阳光和微笑，但是他们那营养不良的面庞、凌乱

柬埔寨儿童的笑脸

破败的衣物，却似乎在诉说着什么。

为什么充满生命活力的"高棉微笑"，竟然带着一丝苦涩？

彷徨无助的幼小生命

其实只要走出美拍和旅游画册勾勒的美好，用心触碰柬埔寨社会真实的一面，不难发现"微笑"背后隐藏的彷徨无助。从近代开始，幸运女神并未眷顾柬埔寨这一古老的文明，西方殖民者入侵、独立后无休止的派系征伐……一道道挥之不去的梦魇，强加于这个古老民族，直至1993年，随着柬埔寨国家权力机构相继成立和民族和解的实现，才步履蹒跚地走入了和平与发展的新时期。常年的社会动荡，作为众神遗忘之地，柬埔寨的社会经济发展严重滞后，工业和民生基础设施薄弱，80%以上人口从事落后的基础农业，大量人口在贫困线下挣扎，直至2016年7月1日，世界银行宣布柬埔寨正式脱离最不发达国家，成为中等偏下收入国家。温饱率、教育普及率全球垫底，新生儿死亡率、儿童艾滋病感染率触目惊心。

6岁的中国宝宝，是爸爸妈妈爷爷奶奶的心头好，在两代人的爱意与呵护下，茁壮成长。但是在距离我们并不遥远的吴哥，6岁的孩子，可能衣不蔽体，面带菜色，为了一餐勉强果腹的食物，在垃圾堆中反复徘徊。贫困造成的发展滞后，体现在方方面面，在这里教育仅仅属于少数幸运儿，更多孩童在经历了全球第一新生儿死亡率的"初筛"后，还将在未来的人生中经历辍学、务农、饥荒、强迫劳动、疾病、性侵害等威胁。只要将关注的视

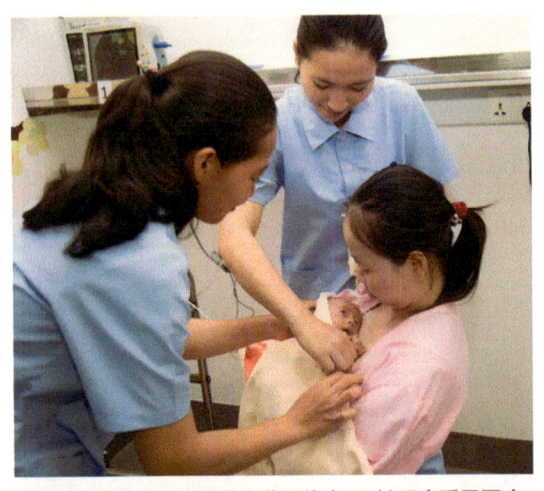

很多柬埔寨儿童长期挣扎在贫困线之下，缺乏高质量医疗，面临营养不良的困境

角稍微向"吴哥人"倾斜，大量来自世界卫生组织、联合国教科文组织的统计数据就会映入眼帘：

在柬埔寨，新生儿出生 28 天内死亡的婴儿比例居全球第一；

在柬埔寨，每 10 个 5 至 17 岁的孩子中就有一个是以某种形式的状态在工作，这些儿童约有 43 万，他们每天工作 10 多个小时，每月收入仅 40 美元；

在柬埔寨，每年有千名以上儿童感染艾滋病……

与时间赛跑

中国石化长城润滑油集团有限公司伴随"一带一路"的足迹，同时邂逅了两种迥然不同的"吴哥微笑"，秉持同理之心、共同发展之愿望，面对那些长期挣扎在贫困线之下、缺乏高质量医疗、普遍营养不良的柬埔寨儿童，中国石化长城润滑油集团有限公司希望能够尽微薄之力，改善更多当地儿童的成长环境。

事实上，从拯救童工、艾滋病病患到为儿童提供医疗、教育救助，全球公益力量多年来矢志不移地为柬埔寨儿童提供公益援助。随着国际社会有计划的帮扶和中国"一带一路"倡议的大力扶持，更是让柬埔寨社会迎来了焕然新生的时代发展机遇。

为了让爱心落实，中国石化长城润滑油集团有限公司对接了当地最大一家非营利性儿科保健组织——吴哥儿童医院（AHC）。中国石化长城润滑油新加坡公司越南代表处以 SINOPEC 的名义赞助了柬埔寨吴哥儿童医院举办的"2019 年为柬埔寨儿童生命赛跑"慈善募捐活动——一场为至少拯救 6000 名儿童生命而奔跑的运动计划。

过去的 20 年中，AHC 都在与时间的赛跑。通过儿童医疗救助项目，AHC 以改善柬埔寨所有儿童的健康为使命，坚持每天免费为来自柬埔寨各地的 400 名儿童提供富有同情心的护理。

"今天，AHC 已经成为一个卓越的医疗服务中心。过去 20 年，治疗病例总数 250 多万例；2018 年 AHC 教育课程培训总人数达 114318 人；截至 2019 年，AHC 治疗登革热病人达 4556 人，这一数字比 2018 年增

"2019年为柬埔寨儿童生命赛跑"慈善募捐活动

长3倍。"一位负责人简单回顾了近年来AHC作出的努力。80%的柬埔寨人生活在农村地区，那里获得高质量医疗的机会有限，导致其健康比城市居民差，吴哥就是典型的例子；42%的柬埔寨儿童营养不良；平均每3例新生儿中，就有1例死亡……在这样的背景下，AHC的努力让社会看到了希望的曙光。但是，他们却依然感觉到了自己肩上的沉重。

"最大的困难还是资金，只有15%的AHC患者负担得起服务费用，作为非营利组织，我们迫切需要来自社会的援手。"AHC负责人坦言项目推进的困难。对于来自中国朋友的帮助，这位负责人表示非常感激。

来自异域的温暖关怀

"2019年为柬埔寨儿童生命赛跑"是一个为孩子们的生命而奔跑的运动计划，主办方承诺，除了拯救儿童之外，还会同时提高对柬埔寨医疗保健需求的认识，努力建立一个让每个孩子都有机会过上更健康生活的社区，在柬埔寨社会创造一种分享、关怀和给予的文化。

"这不仅是为了支持医院，也是为了数百名儿童的生命和我希望拯救的希望。如果我能在我侄女和她父母的脸上看到微笑和希望，我也希望其他孩子和家庭能体验这个奇迹。"诺姆·春尼（Noem Chhunny），是柬埔寨著名的杰出人士，也是"跑步者为生命"的第一个发起者。在"2019年为柬埔寨儿童生命赛跑"活动中，他成为其中最大的个人筹款活动的发起者，10天内独自跑完全程314公里，从金边跑到吴哥，为吴哥儿童医院的柬埔寨儿童募捐10万美元。能够和东方远道而来的朋友一起为慈善事业挥洒汗水，诺姆·春尼和AHC都非常欣慰。

2019年12月15日，印有公益宣传海报和中国石化长城润滑油SINOPEC赞助商标识的服务保障车，与公益志愿者队伍一起踏上征程。在长达10天共314公里的公益行程中，中国石化长城润滑油集团有限公司的服务保障车与公益志愿者队伍形影不离。在大学、学院、企业和外交机构路演活动中，在僧人祈福现场和媒体采访中，中国石化长城润滑油集团有限公司的工作人员忙碌奔波的身影，常常出现在镜头中，为顶着烈日宣传的志愿者和僧侣送上防暑降温装备。其间，公益宣传车还在当地一些主要城镇经停，协助公益志愿者组织冥想，收集当地捐款，发放包括SINOPEC标识的T恤、帽子、水杯、雨伞等赞助物资。而就在活动开启前夕，一张来自中国石化长城润滑油集团有限公司的祝福卡片和大量儿童用品慰问包裹，就已经通过中国石化长城润滑油集团有限公司的代理商KC公司之手，送到了该地区有儿童的贫困家庭。

从遮风挡雨、止渴保暖这些小细节，到写满浓浓祝愿的卡片，乃至为生命而奔跑的慈善大爱，中国石化长城润滑油集团有限公司的公益之情，化作一缕缕暖暖的愿力，悄然渗透到柬埔寨当地群众的心田。

为孩子们的生命而奔跑

以小见大，既为公益事业尽到了自己的一份心力，也让柬埔寨民众更加熟悉中国石化长城润滑油集团有限公司有温度、有爱心的企业形象，拉近了与柬埔寨民众的距离。

在各方共同努力下，活动最终为吴哥儿童医院筹集到的善款总计约10万美元，预计可以救助超过6000个贫困家庭儿童。活动

全程都在 Facebook、Instagram 等海外社交媒体直播分享，公开透明接受社会监督，报纸、电视等主流媒介跟进报道，引发公益舆情发酵，中国石化长城润滑油集团有限公司有担当、讲奉献的公益形象也成功地写在了这片南亚热土上。

"感谢来自中国的 SINOPEC 润滑油和所有为慈善事业奉献的人们，让我的孩子拥有了免费治疗的机会。"获得捐助的吴哥困难家庭，在媒体镜头前用最朴实的话语，表达了深深的感激。"很高兴 SINOPEC 润滑油不仅给我们带来了优质的产品和服务，帮助我们建设家园，在公益事业上的努力，也让我们感受到了中国人民的善意。"当地媒体的报道，也肯定了中国石化长城润滑油集团有限公司在海外市场融入当地、贡献价值的积极行动。

爱心与发展同行

在 2019 年中新金融峰会上，柬埔寨国家银行（央行）副行长妮占塔娜出席会议并演讲，指出在"一带一路"的倡议之下，柬埔寨已经从中受益良多，其中就包括公路、港口、铁路、桥梁以及水电站等基础设施项目，这些项目不仅联结了中国与柬埔寨，同样也联结了柬埔寨与其他邻国。

近年来，柬埔寨借势"一带一路"东风，推进了金边到西港的高速公路、贡布深水港、金边新机场、桑赛河下游水电站等一系列交通、能源、民生基础设施建设，出海中国企业深度参与其中，与柬埔寨人民并肩开辟美好未来。2021 年 1 月 5 日，恰是柬埔寨迎"一带一路"国际日，中国重机达岱水电站获奖，成为中柬基础设施合作助力发展的典范。

"跟随'一带一路'中资伙伴们走出来，才能更真切地感受到构建人类命运共同体理念的伟大。不深入柬埔寨社会，不走进乡村，就体会不到当地人对美好生活的强烈渴望。"中国石化长城润滑油集团有限公司吴哥公益活动项目负责人不无感慨地说。

伴随着"一带一路"的东风，中国石化长城润滑油集团有限公司的身影，也活跃在泰国、缅甸、越南、柬埔寨等东南亚国家。不仅通

印有公益宣传海报和中国石化长城润滑油集团有限公司 SINOPEC 赞助商标识的服务保障车

过产品与服务，为参与建设的中资企业提供优质润滑服务，共同为东南亚伙伴带来发展的希望，同时，中国石化长城润滑油集团有限公司也在积极推动着产品与服务对本地市场的渗透，既要扮演开创未来的建设者，也希望成为当地社会的一分子，让当地民众能够享有更加完善的医疗和教育，让更多儿童远离疾病和战乱。

"柬埔寨人口超过 1500 万，帮助 6000 名孩子，并不是一个值得炫耀的数字，但是，正如跑者们每年的坚持不懈，我们希望，用自己的努力，形成关爱儿童的社会文化氛围，带动更多人去呵护、关心这些鲜活的'高棉微笑'，也希望能够拉近与当地民众的距离，让大家更加信任中国石化长城润滑油集团有限公司，愿意接受我们的帮助，认可我们对公益事业的付出。"中国石化长城润滑油集团有限公司吴哥公益活动项目负责人表示。

无论是帮助柬埔寨打造新基建和自贸区，加快经济发展，还是为本地的公益行动略尽绵薄之力，不同的赛道，共同的目标。中国石化长城润滑油集团有限公司愿与时间赛跑，为生命赢得更多尊重与关爱，让"高棉的微笑"与世界同呼吸，共命运。

（供稿单位：中国石化润滑油集团有限公司　撰稿：王静、徐夏歌）

同心·筑梦

让"朝阳"照进香港基层社区

"安老、助弱、访贫",中国石化香港常态化开展义工活动,以日常点滴而又实际的公益行动,讲述了一个又一个中国石化关爱社区的动人故事,将中国石化形象传播到香港最基层的社区,有效传播了中国石化的良好声誉,树立了中国石化在香港融入社区、亲善社区、服务本地、奉献社会的良好形象。同时,也潜移默化地培育员工"爱国、爱港、爱中国石化"的文化理念,为提升团队建设、促进文化融合、服务"言商言政"工作较好地发挥了作用。

香港特别行政区人口正高速"高龄化",2020年数据显示其65岁及以上人口已达135万,占香港整体人口近两成。人口高龄化给香港社会带来了医疗、房屋、社会福利等方面的挑战。为弘扬中华民族孝亲敬老的传统美德,为香港社会发展作贡献,彰显中国石化社会形象,近年来,中国石化盛骏公司和其他部分驻港企业积极鼓励员工利用业余时间做义工,经常组织开展探访社区养老院活动,为长者特别是对有需要的弱势群体提供力所能及的帮助,切切实实地为香港社会尽一份力。

为进一步推动中国石化驻港单位融入社区,彰显国企责任,更好地传播中国石化在港良好形象,香港代表处坚持"旗帜共举、品牌共建、形象共护、责任共担"思路,在盛骏公司组织义工探访养老院的基础上,组建成立了中国石化驻港单位员工共同参与的"朝阳社区关爱组"（以下简称"关爱组"），并选聘盛骏公司骨干义工孙宁担任组长，其他驻港公司选派骨干义工组成。目的是整合资源形成共同的公益活动平台，以"安老、助弱、访贫"公益活动为主题，共同唱响中国石化"好声音"，推动驻港单位主动融入社区，带动员工常态化开展探访养老院、孤儿院及关爱社区弱势群体行动。

为养老院老人带去温暖

香港圣公会将军澳安老服务大楼是受特区政府资助的一个较大的养老院，有280余个床位，是"关爱组"长期定点探访的养老院之一。"关爱组"每逢重要节日，都会组织义工定期探访，慰问陪伴老人、捐赠食品和日用品，为老年人送温暖、献关爱。

2019年圣诞节对于"关爱组"和香港圣公会将军澳安老服务大楼中的老人们来说，格外值得回忆。这一天，"关爱组"的10多位义工在薄雾蒙蒙的清晨，早早到达了养老院，偌大的大厅里坐满了翘首等待的老人，随着义工们的到来，大厅里响起了掌声。义工们为每位老人送上了暖暖的围巾、厚厚的袜子、可口的糕点，让老人们吃饱穿好，暖在心头。

"聆听是最好的陪伴，歌声是心灵的解药"，探访期间，义工们还组织多项文艺活动与老人们进行互动。大家一起做起了健身操，舒展筋骨，活跃身心。义工李贝还为老人们演唱邓丽君的名曲《甜蜜蜜》，

义工们还为孤儿院送温暖

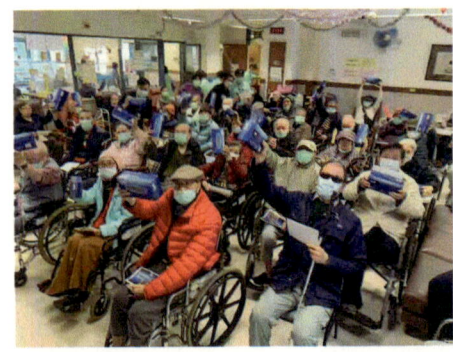 

"关爱组"组织义工定期探访,为养老院送温暖、献关爱

悠扬的歌声让他们追忆起往日的幸福时光,大家听得如痴如醉,多位老人流下了激动的眼泪,无不沉浸在美好的回忆中。养老院有一位朱伯伯,很喜欢唱歌,年轻时是一名业余歌手,每次听说义工们来探访,都要穿上摩登皮衣、头戴礼帽,为迎接探访悉心打扮。他对义工们的关心十分感动,再三要求为义工们演唱一首英文歌曲 Sealed with a Kiss,代表老人们表达对义工们的感谢。

曾奶奶是该院患有轻度阿尔茨海默病的老人,义工们每次探访,她都开心得像个孩子。有一次探访,她的女儿钟女士也来了,钟女士不时向义工们竖大拇指:"你们真有心,帮我啲(们)分担了咁多(许多),唔该晒、唔该晒(多谢、多谢)!"

养老院的黄院长对义工们说:"养老院的日常生活比较枯燥乏味,一日三餐,再有就是半小时的活动、看看电视、讲讲新闻,一天就过去了。你们来探访对老人们是心灵上一种很好的慰藉。"

每次离开时,老人们都与义工们依依不舍、挥手作别,纷纷问义工们:"何时再来?请多来这里看看!"望着他们期待的目光,义工们也备受感动,觉得活动十分有意义。当地员工、骨干义工 Bear 说:"作为'关爱组'的一员,每次探访都让我特别感动,我觉得我们付出一点微薄的力量,就能为社会带来暖心的正能量,这是非常令人自豪和有意义的活动!"

疫情下仍然心系养老院

2020年新冠肺炎疫情暴发，驻港单位在抓好自身防疫的同时，积极履行在港社会责任，支持香港社会抗疫。在香港防疫物资最紧缺的时刻，"关爱组"牵挂养老院的防疫，及时向香港代表处报告，代表处协调驻港单位共同支持，并联系立法会3名议员，由"关爱组"代表中国石化驻港单位先后为香港圣公会将军澳安老服务大楼、九龙东颂恩护理院、深水埗福健护老院等养老院及社区，及时送去口罩、酒精抑菌液、厕纸及大米等防疫物资和日用品，并协同立法会议员深入香港深水埗社区，为社区市民派发口罩2万只、搓手液2016支，支持抗疫。

疫情下，老年群体成为最危险的易感染群体，虽然特区政府规定所有养老院不得接待探访，但"关爱组"依然心系养老院的老人们，尽管不能如常亲临探访慰问，但义工们创造了新方式，采取送贺卡、送视频祝福的方式表达关心问候。大家特意抽出时间，制作了爱心抗疫心意卡和视频，将想说的话和心意通过一张张小小的卡片传送到每一位老人的手中和心里，让他们感受到来自中国石化的关怀。

2020年圣诞节来临，香港疫情依旧严峻，"关爱组"义工们再次精心策划制作"圣诞节问候视频"，大家通过制作手机视频，以在线方式为老人们送去圣诞节的问候和祝福，并为老人们准备了护手霜、保暖袜、爱心圣诞美食、消毒喷雾及其他日常用品，附上圣诞心意卡。

将中国石化"朝阳"形象传播到香港最基层社区

"关爱组"不仅开展养老院的探访，同时还积极组织参加了慰问孤儿院、为慈善机构"卖旗"（募捐）等一系列社会公益活动。截至2020年年底，"关爱组"已累计组织相关活动10余次，参与义工人数60多人次，探访养老院等弱势群体1000余人次，将中国石化的"朝阳"照进了香港最基层社区，让社区群体和市民感受到国企的责任与温情，体验祖国大家庭的温暖，助力"人心回归"，受到了香港社会各界好评。

香港圣公会将军澳安老服务大楼的社工郭姑娘说："老人们非常感谢义工们的关爱，你们每次送来的东西很及时、很实用，老人们非常

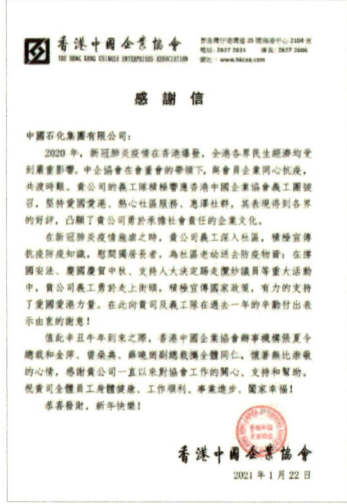

香港中国企业协会发来的感谢信

喜欢！谢谢中国石化！"和富社会企业总干事兼颂恩护理院总监伍梁敏玲女士在接待探访时表示："对中国石化我们过去了解不多，通过义工们来探访交流，我感到中国石化真的是一家充满人情、值得敬重的公司。"2020年8月，立法会议员郑泳舜在与"关爱组"义工们一起探访养老院时说："中国石化坚持发挥驻港国企央企优势，认真履行维护香港繁荣稳定的社会责任，义工们持续多年关心关爱基层民众，在疫情特殊时期依然坚持不懈，令人感动。"

"关爱组"的负责人孙宁和20名骨干义工分别被香港中国企业协会授予2020年度"杰出义工领袖"和"优秀青年义工"荣誉称号，义工队也荣获2020年度香港中国企业协会优秀义工奖。香港中国企业协会向香港代表处发来感谢信表示："贵公司的义工队积极响应香港中国企业协会义工团号召，坚持爱国爱港、热心社区服务、惠泽社群，其表现得到各界的好评，凸显了贵公司勇于承担社会责任的企业文化。在新冠肺炎疫情肆虐之时，贵公司义工深入社区，积极宣传抗疫防疫知识，慰问独居长者，为社区老幼送去防疫物资，在此向贵公司及义工队在过去一年的辛勤付出表示由衷谢意！"

（供稿单位：中国石化香港代表处　撰稿：吴志横、李贝、曾碧华）

在"宗巴音"遇见最好的你

宗巴音镇,位于蒙古国东戈壁省赛音山达市,距离中蒙边界线200多公里。"巴音"在蒙语里的意思是"美丽富饶的地方","宗巴音"是"东方美丽富饶的地方",这片美丽富饶的水草养育了世世代代的游牧人。

宗巴音油田,是在苏联专家的帮助下于1940年发现的蒙古国第一个油田,并以地名宗巴音命名。在接下来的8年里打了260多口井,年产油量达到了5.8万吨。1969年油田天然能量枯竭,炼油厂被大火焚毁,苏联撤出,油田从此废弃。

2001年中国石化胜利油田东胜公司进入蒙古市场,2003年东胜公司与蒙古国矿产石油局签署合作开发协议,获得了宗巴音油田100%的权益。东胜公司成为中国第一家进入蒙古国石油行业的公司,也是目前中国石化唯一一家拥有海外完全作业者权的公司。东胜公司的到来让宗巴

中国石化胜利油田东胜公司凭借灵活的经营机制、过硬的作业质量、雄厚的技术实力,成功获得宗巴音和查干油田的勘探开发权,也凭着平等给予蒙古籍员工机会、让当地居民过上更好的生活,赢得了当地政府和居民的肯定。为中国石化在国际市场赢得了声誉,在"一带一路"上留下了浓墨重彩的胜利足迹。

油井作业

音油田重新焕发了生机，也为宗巴音镇的发展再次注入了活力。

遇见最好的自己——让蒙古员工奋斗圆梦

东胜（蒙古）公司共有中国员工66名、蒙古员工138名。蒙古员工入职前大多数都是牧民，没有接触过专业培训，多年来经过中国员工的"传帮带"，所有蒙古员工都能胜任岗位，并且有几十名蒙古员工当上了班长、副队长、队长，肩负起了管理责任。蒙方员工中35岁以下青年员工占了50%以上，这是一支非常年轻有活力的队伍，尼玛苏荣就是其中一员。

尼玛苏荣，采油队副队长，1989年出生于蒙古国首都乌兰巴托，2007年考入蒙古国最好的大学——蒙古科技大学，就读石油工程专业。2010年夏天第一次现场实习，他来到了东胜公司，刚下车他就被这些"磕头机"深深地吸引住了，2012年毕业后，他和女朋友相约应聘到了东胜公司。

尼玛苏荣在紧盘根

公司现场位于蒙古国东戈壁省，地貌以戈壁沙漠为主，春秋多沙尘暴，夏天最热55℃，冬天最冷-45℃，气候环境条件比乌兰巴托差很多。春天沙尘暴肆虐多发，巡井回来耳朵鼻子里都是沙子，有时候能见度低了都会迷路。冬天即使穿着棉袄棉裤，不出10分钟全身就冻透了，更别说伸出手干活了。但是他并没有被这些困难吓倒，他认真向中国师傅学习请教，不到两年时间就掌握了基本的采油、注水技能。由于表现出色，他被提拔为采油班班长。

2017年因为公司新区块建产，他被选派到新成立的采油队任副队长。活更多了，担子也更重了，从新井压裂作业，到上机上罐连流程开井，再到日常注水泵维修等注采管理，他积极向中国师傅们学习，不只是学习技能，还学习管理经验，现在说起油井间开、节能降耗也是头头是道。后来公司还对他进行了安全管理方面的培训，让他分管蒙古员工的安全工作。

他现在是一名技术人才，并且还是一名石油行业技术人员，这在蒙古国少之又少。他还要继续读研究生，认真学习采油技术，学习企业管理，将来东胜（蒙古）公司产品分成合同期结束后，他要靠自己的本事接管宗巴音油田的开发和管理，为蒙古国石油行业作贡献。他说要感谢东胜（蒙古）公司对自己的培养，在东胜（蒙古）公司他遇到了最好的自己。

巴图青格勒曾是宗巴音镇的一位牧民，与丈夫放羊为生，微薄的收入仅能维持一家五口的日常开销。大女儿临近高中毕业时，面对高昂的大学学费，生活拮据的她整日愁眉不展。这时，巴图青格勒听到东胜（蒙古）公司成立，在当地招收雇员的消息，立刻报名应聘，经过选拔，她和丈夫顺利进入公司。当两人拿到第一笔工资的时候，他们热泪盈眶，女儿终于可以上大学了。就这样，巴图青格勒和丈夫在东胜（蒙古）公司一干就是13年。其间，他们从蒙古包搬进了楼房，3个孩子都顺利读完大学并参加工作。巴图青格勒经常跟同事们说："感谢中国公司给我们带来了好日子！"

东胜（蒙古）公司的到来，让蒙古员工有了稳定的工作、丰厚的收入，更有能力把孩子送出小镇接受高等教育。宗巴音镇原镇长布日古德巴特尔说："这些年，每年都有10多个孩子去首都乌兰巴托读大学，这在以前是想都不敢想的！"

中国企业给蒙古员工带来的，不只是生活水平的改善，还有成长成才的机会。钢苏和是东胜（蒙古）公司注采一队的副队长，应聘到公司初期，为了让他快速适应采油工作，掌握注采技术，公司通过"导师带徒"的方式，安排中方员工与他结成对子，一对一教授油水井管理方法、手把手指导技能操作。在中方员工的帮助下，仅用两个月时间，钢苏和就熟练掌握了油水井管理的基本方法，受到了中方导师的肯定。面对成绩他没有骄傲，更加勤恳好学，日夜钻研专业技术，在工作中不断提升业务素质和技能水平。4年后，钢苏和被公司任命为副队长，参与油田的生产管理。目前，已有10多名像钢苏和一样的蒙古员工走上了管理岗位。

遇见最好的日子——让当地居民脸上挂满笑容

2019年8月24日，宗巴音镇一片欢声笑语，由东胜（蒙古）公司援助修缮的户外游泳池，正式交付当地政府管理使用。这是蒙古国最大的户外游泳池，成为小镇居民消暑纳凉的佳地，更是孩子们戏水的天堂，甚至从这个泳池里走出了全国游泳冠军。

援助修缮的宗巴音户外游泳池

宗巴音镇镇长戞纳说："20年前，镇上大多数人都住在蒙古包里，家里除了床基本什么也没有。现在，几乎所有家庭都搬进了砖瓦房或楼房，大家有了沙发、电视、洗衣机，很多家庭还买上了汽车，这些改变都是东胜（蒙古）公司带来的！中国企业是宗巴音的好伙伴，中国人是蒙古人的好朋友。"

东胜（蒙古）公司给宗巴音镇带来的可喜变化还有许多。为加强环境保护，帮助改善生态，东胜（蒙古）公司每年都组织员工开展义

儿童节向当地小朋友捐赠礼物

援建的宗巴音幼儿园

务植树，截至目前已种植榆树 30000 余株，绿化井场 100 多个。

看着草木葱茏、生机勃勃的小镇，镇长戛纳说："感谢你们栽下友谊之树，给宗巴音带来了绿色，让昔日荒凉的宗巴音变成了戈壁上的绿色小镇，愿中蒙两国友谊之树常青！"

70多岁的萩卡夫妇住在从宗巴音镇到查干采油队的途中，老人没有收入来源，3个子女也不在身边，50多只羊是仅有的财产。公司每个月都派人给老人送去粮油米面和干草料，不定期帮助他们解决生活困难，两位老人深受感动。每当提到东胜（蒙古）公司，老人总是热泪盈眶地竖起大拇指，激动地说："巴耶拉（谢谢），巴耶拉……"

20年来，东胜（蒙古）公司真情付出，积极承担社会责任，每年投入4万余美元开展困难帮扶，为当地提供助医助学、救援救灾、公共设施维修等，目前已累计投入超100万美元。

在宗巴音流传着一句谚语："灾荒之年能给你肉吃的不一定是富人，但一定是安达（朋友）。"

2020年新冠肺炎疫情暴发，国际油价大幅波动，许多石油公司减员降薪，勒紧裤腰带过日子。按照蒙古国法律规定，疫情期间职工居家工作的可以发放50%的工资，但东胜（蒙古）公司主动担当，积极履行海外央企社会责任，及时全额向员工发放工资、奖金及各项福利。蒙古国疫情暴发时，公司先后两次向东戈壁省政府捐赠3000万蒙图（约

邀请宗巴音老石油工人来访

帮助修缮的宗巴音医院屋顶

蒙古国矿产重工业部部长授予东胜（蒙古）公司"2020年社会责任执行者暨优秀企业"奖杯

合6.8万元人民币）资金，为当地医院、警察、技术监督局等部门捐赠口罩，帮助政府机构建立道路检查点，全力援助抗击疫情。这些善举义行受到了蒙古国东戈壁省政府和群众的高度赞扬。

2020年12月25日，为表彰东胜（蒙古）公司在疫情期间作出的贡献，蒙古国政府矿产重工业部授予东胜（蒙古）公司"2020年社会责任执行者暨优秀企业"称号。

遇见最好的合作伙伴——推动区域经济蓬勃发展

中国和蒙古国山水相邻、唇齿相依，有着漫长的历史渊源。蒙古国"发展之路"倡议和中国"一带一路"倡议高度契合，给在蒙中资企业发展带来了新契机。东胜（蒙古）公司应机而动，积极践行中国石化品牌价值承诺，自觉融入"一带一路"和"发展之路"倡议，逐步加大投资力度，合作区块年产油从最初3000吨提升到高峰时的8万吨，目前仍保持在5万吨左右，有效促进了区域经济发展。

宗巴音原镇长布日古德巴特尔评价："东胜（蒙古）公司的到来，让火车站'起死回生'。"原来，宗巴音火车站之前因外企撤离没有业务而停用，当地政府计划撤销火车站。东胜（蒙古）公司的进驻，让火车站又"活"了过来。物资、设备源源不断从这里运进，生产的原油

从这里运出，火车站还增加了客运量，给居民们开启了一条走向外界的通道。

如今，镇上不仅火车站生机勃勃，可容纳500人的剧院也因小镇经济复苏有了文艺演出，室内体育馆也时常人声鼎沸，曾经衰落的石油旧镇，重新焕发出生机与活力。

东胜（蒙古）公司在推动当地经济发展、深化合作共赢、履行社会责任等方面获得了中国驻蒙古国大使馆、领事馆的认可和赞扬。商务经理林文杰等代表公司受邀参加了国务院总理李克强访蒙的中资企业见面会。2019年4月，林文杰受共青团中央邀请，参加了在北京举行的中蒙建交70周年"中蒙友好青年故事会"并作嘉宾演讲《戈壁滩上的美好生活》，演讲被团中央环球伙伴Global Partnership公众号推送。同年6月，在中国大使馆举行的共青团访蒙代表团座谈会上，林文杰受邀作为优秀中资企业代表之一发言，受到了团中央书记处书记傅振邦的点名表扬。

风雨险阻无可惧，不负使命争朝夕。在"一带一路"共商共建共享的道路上，中国石化胜利油田东胜（蒙古）公司20年不忘初心，以高度负责的情怀和热情真挚的付出，赢得了当地政府和居民的肯定，先后荣获"蒙古国十佳外资企业""优秀中资企业"等称号，为中国石化在国际市场赢得了声誉，在"一带一路"上留下了浓墨重彩的胜利足迹。

[供稿单位：胜利油田东胜（蒙古）公司　撰稿：张虎贲]

多措并举助力石油王国育人才

自 2000 年进入沙特市场以来，中原石油工程公司沙特公司（以下简称"沙特公司"）一直致力于建设一支高技能、高素质且具有企业凝聚力的员工队伍，经过近 21 年的发展，沙特籍员工队伍已然成为公司立足海外、长期发展的一股特殊力量。

沙特人口仅为 3481 万，年石油产量占全球石油总产量的 10% 以上。在人口少，并拥有大量石油矿产资源的前提下，国家相对富有，且为国民提供免费的医疗和教育，大大减轻了个人的社会负担，人均 GDP 20500 美元，达到发达国家水平。

石油能源行业是沙特支柱产业，需要大量的石油技术人员，但是高福利国家普遍面临老百姓对社会性保障福利过度依赖的问题，形成劳动积极性不高、效率低下、就业率低的局面。

为了解决这一问题，沙特本国一方面

20 多年来，中原石油工程公司沙特公司从拓宽招聘渠道、加强员工基础教育培训、推广沙特籍员工试点经验、积极参与合作办学、保障沙特籍员工合法权益等多方面多措并举、多管齐下，在沙特落地的当地化政策既有专业度，又有人情味。既为当地政府发展经济、维护社会稳定作出了积极贡献，又为树立中国石化的国际形象发挥了积极正面的作用。

逐步加大基础教育力度,促使本国的年轻人从事各种技术劳动,一方面为外资公司设置一定的沙特籍员工比例,提高国民就业率,同时锻炼年轻人的生存技能,培养本国能源行业后备力量。

近年来,沙特公司积极践行国家"一带一路"倡议,结合沙特"2030愿景",按照沙特政府用工当地化比例的要求,主动承担社会责任,充分利用企业自身行业特点和优势,积极推动员工队伍当地化,持续强化沙特籍员工培养。

拓宽沙特籍员工招聘渠道

沙特公司加大在当地《达曼日报》、STC 电信公司等媒体的招聘广告投放力度,强化与沙特劳动就业保障部、商会、人力资源发展基金会等政府部门和协会的合作。选择实力较强的人力资源中介开展员工招聘。同时,通过及时调整沙特籍员工的薪酬待遇结构和发放标准、调整员工倒班制度、强化员工绩效考评激励、提高员工医疗保险待遇、尊重员工宗教习俗等多种手段,进一步稳定了外籍员工队伍。

"别看我现在只是个实习带班队长,我一定能当上真正的带班队长,像中国平台经理一样,指挥一支钻井队。"有着留美经历的 SP-18 队沙特籍实习带班队长哈扎尔一直都梦想着成为一名正式的带班队长。

有着一股子倔劲儿的哈扎尔在进入沙特公司之前,有着丰富的求学和工作经历,在美国主修电工工程专业,回到沙特后又进入沙特何巴特大学学习电气工程。毕业后进入当地一家知名金融机构,并在两年内升任银行分部运营主管和区域分公司的高级职员。但作为一名有志向的青年,他一直都想进入石油能源行业,参与建设沙特阿拉伯的民族工业。

特别是随着近年来沙特不断加大石油工程人才培养力度,哈扎尔主动放弃了高薪又舒适的金融行业。正当他不知选择哪家公司时,经朋友介绍有一家中国公司作为阿美公司的承包商,作业业绩非常好,而且正在招聘沙特籍雇员。就这样,经过严格的面试,哈扎尔顺利进入中原石油工程公司沙特公司,又经过严格的入职安全培训,他开始

师傅在现场向哈扎尔讲解井控知识

从现场最低的岗位场地工干起。

让他没想到的是,一进入 SP-18 队,平台经理黄波就主动与他签订了导师带徒协议,亲自带起了这个洋徒弟。这让哈扎尔受宠若惊,因为他身边的沙特籍雇员朋友告诉他,平台经理一般是不带徒弟的。

最初的新鲜感过去后,随之而来的是工作的艰辛。野外艰苦的条件、繁重的工作、钻井行业的高风险,曾屡次让他萌生了辞职的念头。可是每当他看到中国同事们面对高温气候、沙尘肆虐等困难,仍然毫无怨言地坚守在岗位上,这又让他打消了念头。最重要的是,身边的中国同事为了安全施工所做的积极努力和工作时表现出的专业精神,深深地感染了他。

为了尽快能像中国同事一样更加专业地干好工作,哈扎尔踏踏实实地干,认认真真地学,每当碰到操作不熟练、工艺流程不熟悉的问题,他总是在休息的间隙主动跑去问身边的同事,而中国同事则不厌其烦地一遍遍向他演示,讲解流程原理。有了这样的帮助,哈扎尔的石油钻井现场知识和经验日趋丰富。当听说在这个行业要走上更高岗位就必须取得监督级的井控 IADC 证，他就主动放弃休息时间，潜心学习井控知识，经过连续 3 次考试后，他终于成功了，他的岗位也从井架工提拔到了实习带班队长。

近年来，沙特公司还积极致力于改善内部用工环境，在不断加大内部基础培训以及员工岗位晋升培训的基础上，对每名沙特籍员工进行职业规划和指导，提升他们对自己未来职业发展的信心，增强他们对企业的荣誉感和忠诚度。通过多措并举，沙特籍员工队伍不断壮大，目前已达 1455 人，占公司用工总数的 46%，始终在当地劳工部门保持着绿色等级。

加强员工基础教育培训

每名沙特籍员工进入公司后，均需接受为期 7 天的全封闭式培训。为提高培训质量，培训师会采用英阿双语教学方式，确保每一名员工都能问得出、听得懂、记得下。进入岗位后，外籍员工要接受井队安全官定期开展的安全培训，内容涉及工作许可、受限空间等 12 项内容，以满足岗位安全技能需要。

一直以来，中沙员工语言沟通交流都是制约现场作业的一个重要

组织员工参加岗前英语培训班

因素。鉴于此，公司主动采取措施，积极联手第三方英语培训机构，组织开展钻井英语培训班，逐步提升高岗位沙特籍员工的语言沟通能力。在加强语言技能培训的同时，公司充分发扬现场"传帮带"优良传统，签订导师带徒协议，采取"一对一"帮带、"多对一"精准教授等方式，不断提高实操技能。沙特公司委托专业对口培训机构，组织开展岗位晋升脱产专业技能培训，系统强化现场高职位沙特籍员工的操作技能。

搭建沙特籍员工成长通道

虽然成长在一个石油资源极度丰富的国度，但是石油工程这个行业对于只有高中学历的加格利亚来讲依然有些陌生。2006年，23岁的加格利亚顺利通过公司的面试，进入钻井队工作。经过岗前培训的加格利亚满怀着对新工作、新环境的憧憬来到施工现场。为了能够尽快适应岗位需求，急性子的加格利亚白天跟着签过导师带徒协议的老师手把手地干，下班后他就跑到其他老沙特籍雇员的房间里，向他们请教现场操作经验。

当平台经理尹子恒看到勤学好问的加格利亚的认真劲儿，决定亲自收下这个洋徒弟，仅用了7个月的时间，加格利亚就在井架工的岗位上实现了单独顶岗。曾有外籍雇员对加格利亚说过，想要在钻井队发展下去，就必须走上司钻的核心岗位，从那之后，加格利亚就把如何当上一名司钻放在自己心上。要走上核心岗位就必须要经过不断的历练，因此加格利亚沉下心来踏踏实实地在井架工的岗位上一干就是5年。这5年里，他不仅掌握了钻井工艺流程、现场各类设备的操作技能以及安全管控程序，安全管控意识和经验也逐渐丰富起来。

"知识的用处就是夜行人的火把。"加格利亚深知这句阿拉伯谚语的深意，知识和技能总会有用武之地的。2009年，阿美公司一口20世纪70年代钻探的开发井UTMN-231井，由于年久失修，套管腐蚀破裂后，在距离井口20米处不停地渗出原油，并伴有气体不断溢出，情况十分危急。由于该井附近有居民居住，甲方命令加格利亚所在井队疾驰300公里赶赴现场进行抢险作业。

加格利亚主动请缨，要求随队参与抢险作业，抢险期间，他除了干好本职工作外，还着重排查本岗位的设备隐患和及时纠正其他雇员的不安全行为，以精湛的技能和准确的操作赢得了中方同事们的高度赞扬，为圆满完成抢险作业作出了积极的贡献。在艰难险阻面前没有退缩的加格利亚，向中方同事展示了他严谨的工作态度和精湛的操作技能，他的业务能力不仅让中方员工钦佩，同样也受到了沙特阿美公司钻井作业管理部门的高度评价。

忠告是朋友最好的礼物。5年里，无论是现场作业经验还是安全管控意识，加格利亚都逐渐向一名核心岗位人员靠拢，并用自己的行为去影响和感染身边的每一名雇员。一次甩油管作业，现场作业要求场地工离开坡道一根油管的安全距离，当他发现一位沙特籍雇员没有按照要求站位时，当即要求这名雇员退到安全距离外。下班后，他又专门跑到这名赌气的雇员屋里，专门给他讲解并演示了这种不安全行为可能带来的严重后果。在日常生活中，加格利亚也用对企业的忠诚影响着每一名雇员，他的妻子刚刚生了孩子，当他得知队伍要进行一次长途搬迁，且道路情况比较复杂，有他在就可以更加顺畅地和当地的交通部门沟通，所以加格利亚安慰好妻儿，义不容辞地赶赴现场参与搬迁组织。就这样，当其他雇员看到工作一丝不苟、爱企忠企的加格利亚，都自觉地以他为榜样，自觉听从他的工作安排。2011年，加格利亚终于如愿以偿走上副司钻的岗位。可是，加格利亚并没有停下自己的脚步，因为副司钻并不是他的最终目标，经过不断努力，在2017年一年里，加格利亚先后取得了基础级、司钻级和监督级井控IADC证，最终如愿以偿地走上了司钻的岗位。

由于沙特籍员工流动性大，很多井队曾把他们作为摆设，致使部分沙特籍员工劳动积极性不强、对职业生涯没有规划。为扭转这一局面，公司一方面严格考核措施，出台了沙特籍员工岗位考核办法，另一方面沿用国内导师带徒的方式，在沙特籍员工进入井队之初，就安排操作技能强、语言能力好的中方员工与他们签订导师带徒协议。同时，积极开展调查研究活动，了解清楚哪些沙特籍员工有在公司长期发展

尤瑟夫和他的同事

的愿望，哪些仍然存在"干一干、看一看"的心理。通过深入细致调研，发现绝大多数沙特籍员工有着岗位提升愿望。为了满足沙特籍员工发展需要，采取岗位考核和井队推荐的方法，将扎实肯干、语言基础好、技能素质突出的沙特籍员工优先提升到井架工、场地工长、副司钻等级别较高的岗位上来，有效调动了他们发展自我、提升能力的积极性。同时，通过评选沙特籍劳动模范，给予薪酬奖励和岗位调整，优选更多的沙特籍员工擢升到级别较高的岗位，满足了沙特籍员工提升技能、晋升岗位的要求，也坚定了沙特籍员工立足岗位、踏实工作、长期发展的信心。

推广沙特籍员工试点经验

为稳定沙特国内社会环境，2011年至今，沙特政府多次出台政策，要求企业增加工资待遇、提高用工比例等。为既能够降低中方员工、提高外籍员工比例，又维护好队伍稳定，沙特公司率先在SP-8队开展

SINO-8 队中外员工合影

了员工当地化试点工作。

为确保试点工作的稳步运行,沙特公司专门制定了员工当地化改革工作试点实施方案,明确实施细则,细化外籍员工单独顶岗和中方员工逐步退出的运行办法,及时掌握运行动态,倾力研究运行细节,因地制宜解决运行过程中出现的新情况、新问题。为确保优选外籍员工能够单独顶岗,采取中外员工"结对子""手把手"等方式,不断加强"传帮带",逐步提升外籍员工的现场操作技能,有效完成了外籍员工试点工作目标。得到岗位擢升的外籍员工,很大程度上起到了典型引路的作用,满足了外籍员工立足岗位、学习技能、提升自我、长远发展的愿望。SP-8 队的试点成功,为沙特公司进一步加强沙特籍员工队伍建设积累了宝贵的经验。此外,为了积极响应当地政府清理非法劳务用工政策,公司还及时将 270 名印巴籍员工的劳动关系转移至单位名下,为当地政府维护社会稳定作出积极贡献。

积极参与合作办学

2010年，沙特公司与沙特当地的石油院校SPSP签订了合作协议。从2016年开始，又与沙特阿美钻井培训中心以及沙特人力资源发展基金建立了良好关系，积极投入到两所石油专业学校的建设中。利用其优良的培训师资和完善的资源优势，沙特公司招聘高素质的技能人才，到石油学校面试录用当年毕业的石油专业大专毕业生，与部分贫困学生签订定向培养协议，资助其完成学业后到公司工作。截至2020年年底，两所院校共向沙特公司输送39名大专毕业生，外籍员工用工结构得到进一步改善。同时，还与当地学校联系，定期组织在校学生到公司参观实习，吸引具有专业技能的学生到公司就业。

沙特公司还积极参与阿美公司发起的社会教育捐助活动，通过阿美公司政府事务部门，向沙特在校贫困生捐助了50台由阿美公司预装教育软件和教育资料的平板电脑，为贫困生提供平等的教育机会。近年来，鉴于公司在解决当地就业、培养石油专业人才方面做出的积极努力，沙特人力资源发展基金每年以补贴的形式进行奖励。

资助的SPSP石油院校毕业生与公司人力资源管理人员合影

保障沙特籍员工合法权益

沙特公司严格执行当地劳工法，积极对公司沙特籍员工倒班程序和工资发放程序进行调整，维护他们的合法利益。沙特公司关注解决沙特籍员工关心的热点、焦点问题，应他们的要求，在公司范围内逐步推行沙特籍员工四班两倒；与保险公司结合增加了4家医疗条件较好的当地医院，增加他们的就医选择。同时，还将沙特籍员工亲属一并纳入医保范畴，增强其对医疗健康方面的获得感和安全感。

引导中方员工尊重穆斯林宗教信仰，在公司内部举办中东文化培训班，组织中方员工深入了解穆斯林的民族宗教信仰和文化风俗。开展法律知识问答活动，组织中方员工认真学习各类案例，促进他们深入了解当地法律法规。为了把尊重员工宗教习俗落到实处，公司为每个井队配置了祈祷房和茶室，满足了沙特籍员工的现实需要。每逢斋月，针对穆斯林的宗教习惯，专门下发注意事项，合理安排穆斯林员工的工作时间，为他们准备丰富的节日食品，满足他们的节日需要。同时，关注外籍员工的思想动态，充分利用生产间隙，为他们专门组织安全生产事故案例培训班，帮助他们提高自我防护意识。

搭建中外员工沟通桥梁

沙特公司有21支井队分布在以胡夫市为中心的阿布盖格、克瑞斯、哈维亚等多个阿美公司油区，距离公司机关驻地大约220公里，大部分沙特籍员工都居住在胡夫市，返岗及往来公司办理相关手续极为不便。为了进一步提升服务基层能力，公司在胡夫市设立办事处，配置一名专职阿拉伯语翻译及两名沙特籍员工，统筹协调，做好沙特籍员工服务管理工作。这个办事处成立以来，积极深入一线井队，组织召开沙特籍员工座谈会，深入了解工作情况，倾听员工所思所想，征求意见建议，及时化解矛盾，现场帮助解决实际困难，消除他们的疑虑和误解；向基层井队及沙特籍员工宣讲政策制度，规范整建制倒班和劳动纪律，在中沙员工之间架起了一座沟通的桥梁，有力稳定了基层井队沙特籍员工队伍。同时，为沙特籍员工提供保险、工资等各类信函证明，为

组织中方人员参加沙特籍雇员的婚礼

胡夫市居住员工生活提供便利。

创新方式开展线上培训

"这样的线上培训太好了,让我足不出户就能接受到公司的岗前培训。"沙特公司新招聘的沙特籍员工穆斯塔法·阿拉萨说。这是他第一次接受线上培训。2020年以来,受新冠肺炎疫情影响,常态化岗前培训及日常取证培训都面临着前所未有的困难,为此,公司积极转变培训思路,针对新冠肺炎疫情影响,将培训全部转换为线上培训,不仅满足了取证培训要求,同时也避免了线下培训可能带来的聚集性感染隐患。据专职培训教师祖海尔介绍,2020年的情况完全发生了变化,以往我们要坐在教室里,现在我们利用现代化的网络平台,就可以把所有的新员工都聚拢在线上教室里。但千万不要以为这样会降低考试标准,所有新招聘员工要完成全部培训课程并顺利通过线上集中考试合格后,方能与公司签订聘用合同。自2019年11月招聘工作开展以来,沙特公司已完成12名新招聘沙特籍员工培训,并全部进入现场岗位。

(供稿单位:中原石油工程公司 撰稿:林卫卫、袁旭光)

同心·筑梦

以创新致匠心 以信誉杨海外

这不是一个人的战斗。技术主管卢富强在伊朗项目驻守5年，尤其是在疫情的关键时刻，独自一人留守项目。从初来乍到到站稳脚跟再到扬名海外，令业主从合作到信服再到依赖，这之间的基础是卢富强和团队、中原油田公司为业主解决的一个个生产难题，是他们在异国他乡作为中国企业代表用实际行动所体现的实干创新与责任担当。

室友的呼吸声渐渐缓慢而悠长。

中原油田油气加工技术服务中心伊朗项目部技术主管卢富强在岑寂的黑暗中睁开眼睛。月光从窗帘边缘洒进来，隐隐约约地印在他安静的面庞上。

他眉毛轻扬，为自己的决定，为即将面临的一切。

背影

"我留下，你们撤离。"翌日，短暂的沉默后，卢富强说，嗓音有些沙哑。

"卢经理……"

"我是咱们项目部最年轻的党员，无论技术能力、沟通交流水平，还是身体状况，我都应坚持到最后。"打断同事的话，卢富强抬头看向大家，眼神里的果敢深沉浓烈。

2020年3月初，伊朗新冠肺炎疫情

调控生产参数

愈演愈烈。根据中国石油天然气勘探开发公司中东片区伊朗分公司的统一部署，北阿项目压减现场中方人员数量，中原油田油气加工技术服务中心伊朗项目部只留一个人。

想回家，每个人都想回家。

可总要有一个人作出逆向选择。卢富强将担子扛在了自己的肩头。送别同事时，他反复叮嘱同事行程中注意安全，然后转过身，背影融进暮霭蓝的天色里。

那是很久之后，同事忆及当时情景谁都无法跳过的一个画面：渐行渐远的背影里，全是义无反顾的担当。

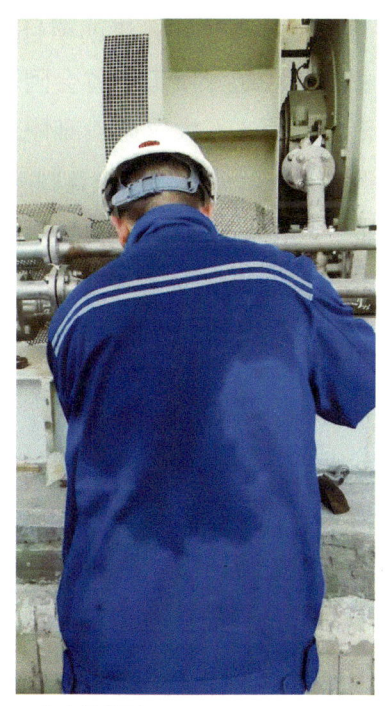

工作中的背影

沙漠中的坚守

落差

2015年年初,伊朗项目部成立,领导点将卢富强去外部历练。飞机降落在胡泽斯坦省省会阿瓦士机场,走出机舱,令人窒息的高温气浪扑面而来。大家忍着难耐的高温,坐了3个小时的车来到项目部所在地。早已被折磨得头昏脑涨的卢富强看着眼前的景色,倒吸了一口气。

胡泽斯坦省南临波斯湾,西连伊拉克,不仅政治环境复杂,自然环境也恶劣。除了马蜂般大小嗜血的牛虻,最令卢富强难以忍受的,是半沙漠气候的干和热。"感觉自己就像一条鱼,在烈日当头的中午搁浅在了沙滩上,依赖一张一翕的鳃维持生命……"卢富强陷入回忆。

"咱们石油人在外闯市场,哪有容易的?天南海北,既然来了,就要调整心态尽快适应。我们是乙方,是服务方,是靠技术挣钱的,要对自己有准确定位。"年轻人的不适应,项目部经理张卫东看在眼里。

"想想我们的父辈、祖辈是如何干石油的。都说'石油精神',想想什么是石油精神吧!"张卫东的话被灼热的风吹散,却吹进卢富强的心里。他们倾心交谈的时间并不长,经理的话却在卢富强心里荡起层层涟漪:什么是石油精神?后来,他用行动给出了答案。这是后话。

扬名海外

2015年7月至2017年年初,卢富强仅回国休假不到一个月。他沉下心来潜心研究,从设备单试、仪表联调等到最终的测试验收,从机械完工到调试,从仪表联调、试压检漏等到引油开工……每个过程他都必须看到、摸到、想到,做到对整个装置的各个工艺系统了如指掌,为服务好业主打下坚实基础。项目投产试运行初期,产出水处理系统连续调试一周都未获成功(水处理量不及设计值的50%),从施工、设计再到厂方技术人员都束手无策。开工日期临近,那段时间,卢富强压力很大,就连吃饭睡觉脑子里都是水处理系统的流程及构造,甚至做梦都是在解决生产中的难题。

现场排除故障

在故障排除行动中，他一边多次进入设备内部了解构造细节，一边对照图纸反复查看。功夫不负有心人，一处很隐蔽的设计漏项被他发现。清水仓与污水仓之间缺乏气路连通，导致清水仓存在气阻，外输泵输送量不及设计值的50%，无法完成设定处理量。因此，他建议在两仓之间隔板顶部钻孔通气，但建议首先面临的是质疑，施工、设计包括业主对提出的这一设计漏项持怀疑态度。业主召集所有相关方开会讨论，由卢富强根据水处理系统投用过程中出现的问题、现象进行汇报，并在现场将建议措施的原理作用作了详尽的解释，最终得到各方肯定，使问题迎刃而解。

2017年年初，业主提出降本增效目标要求，破乳剂是项目在用化学助剂中消耗量最大，也是价格最昂贵的一项，若能优化注入方案，降低注入剂量，将大幅降低生产成本。于是，他主动请缨，针对电脱盐系统进行优化操作的研究。将油溶性破乳剂的浓度由设计的250ppm优化至70ppm，水溶性破乳剂的浓度由100ppm优化至40ppm，同时把新鲜水注水比例由15%降至6%，且脱后含盐指标稳定，仅油溶性破乳剂一项，每年为甲方节约成本上百万美元。

从初来乍到，到站稳脚跟，再到扬名海外，令业主从合作到信服再到依赖，这中间跨越的，是卢富强和团队给出的一个个技术方案，是他们解决的一个个生产难题，是他们为业主提供的一次次行之有效的上产措施。

提起自己的外闯之路，伊朗绝对算得上卢富强个人职场经历中浓墨重彩的一笔。在伊朗的5年，从最初和甲方的相互磨合到如今的配合默契，他付出了很多，也创造了让甲方惊叹的"中国速度"。

一个人，十个月

2020年年初，一场突如其来的疫情肆虐全球，卢富强作为唯一的中方技术顾问，随同业主搬迁至为防控疫情而设置的安全岛营地，以远程办公方式协调、掌控项目生产。远离现场，控制生产和提供技术支持等工作更要绷紧神经。他根据工作需要,建立了生产运行微信群组,

安全岛营地远程办公

与当地员工沟通，密切掌控生产动态，了解故障信息，全天候提供技术支持，这一守便是10个月。

疫情最严重的时候，受经济影响，伊朗国家石油公司不得不将北阿项目产量下调，下调后装置的处理量不足设计负荷的50%。

伊方业主担心原油处理两列运行负荷过低，涉及的油、气、水部分高压设备无法低负荷持续运行，反复启停又会对工艺操作和设备本身造成不利影响。他们认为，只有单列运行的方式，才能让设备的负荷在稳定的调控范围内，于是开会部署了调产计划。卢富强这次没有当面提出疑虑，只是在心里暗暗做了决定。

会后，卢富强查阅了装置开工运行以来，所有的调产记录，以及摆满办公室的运行参数记录表。连续3天没有走出办公室，根据当前的各个关键设备运行状况，重新分析利弊，他发现通过精细化的调控手段可以有效地避免两列同时运行产生的不利影响。

而且相同的总产量，原油流速会大幅降低，原油在电脱盐系统滞留时间延长，电脱盐效果越好，产出油品质量越高。

3天后的视频分析会上，卢富强通过耐心、详细的讲解，最终成功

卢富强同妻子视频

说服业主方调整降产方案，采取两列原油处理同时运行的方式，不仅确保了生产运行的平稳率，还将油溶性破乳剂注入浓度降低至原先的30%。不仅大幅降低了药剂消耗，节约了运营成本，还有效地缓解了疫情期间采购难的问题，对业主来说，无异于雪中送炭。视频会议结束后，卢富强起身走出会议室。门边壁瓶中换了花色，一簇白色蔷薇，密密匝匝的花朵拥挤着，被丝绒一般厚实的绿色枝叶衬得洁净明亮。走近时，卢富强贪看两眼，意念微动，那是他妻子最喜欢的花。

伊朗卫生部 2020 年 3 月 20 日通报，伊朗新增 1237 例新冠肺炎确诊病例，累计确诊病例达 19644 例，平均每小时有 50 人感染病毒，是中东地区疫情最严重的国家。而国内新增新冠肺炎确诊病例虽已降至两位数，但一家老小的衣食住行，着实令卢富强牵挂。看着视频连线中他返回伊朗上班时才满两个月、现在即将一周岁的二宝，卢富强笑了，笑得眼睛雾气蒙蒙。"有没有听妈妈的话……"话到嘴边，卢富强堪堪止住。只一瞬，情绪之中浓烈的那一部分宛若流沙消散，空空荡荡，不剩一丝涟漪。

他低头点烟，长发遮脸，翘长的眼睫投下一片极淡的阴色。像是突然想起什么，他慌忙掐灭烟，抱歉地看着妻子。"又抽烟了啊……戒烟本来就没那么容易，想抽就抽吧，不过要少抽点。"视频里的妻子忍着心疼，泪痕沾在眼角。她知道，已经戒烟半年的丈夫其实已经没有了烟瘾，只是他太需要一个情绪的发泄口，在离家万里、没有归期、独自一人守着项目部保质保量服务好业主、不能有丝毫松懈地做好疫情防护的当下。

夫妻俩各怀思念而又小心翼翼，日常聊天的声音里都带着被深深压抑的情感和担忧，但他们从未也不敢向对方流露。这大概是外闯市场石油人最真实的婚姻状态，也是爱情最美好的一面：相知相伴，携手前行。

10个月里，卢富强防疫、保产一样也没落下，解决生产难题31项，保证装置运行平稳率100%，操作零事故……看着业主方频频发来的感谢信，卢富强呼吸很轻，时间也变得很轻。之前的每一夜，是孤单，是黑暗。而此刻，感谢信中的每一个英文单词、每一个长句，像暖流，将这10个月时光无声充填。

（供稿单位：中原油田　撰稿：杨敏、高卫、任远建）

同心·筑梦

以责立行 促进中沙民心相通

中国石化在沙特东部省首府达曼正式发布《中国石化服务"一带一路"可持续发展报告——中国石化在沙特阿拉伯》，这是中国企业首次在沙特发布相关报告。这份报告就是中国石化海外形象最好的宣传。这份沉甸甸的报告，既是对中国石化在沙特发展20余年工作的最好总结，更是对未来的一份承诺。

沙特阿拉伯（以下简称"沙特"）是"一带一路"上的能源明珠，是国家"一带一路"建设的重要节点。沙特阿拉伯以石油储量丰富闻名世界，是石油输出国组织的"第一国"。长期以来，中国石化与沙特石油石化企业建立了良好的能源合作关系，取得了丰硕的合作成果，双方石油化工贸易额占中沙两国贸易总额的50%，为两国经济发展注入了强劲动力。

2000年11月，中国石化中原阿拉伯钻井公司第一次中标沙特阿美公司钻井项目，标志着中国石化正式落地沙特开展业务，成为首家进入沙特石油工程服务市场的中国公司。时光荏苒，岁月如梭。经过20多年的不懈努力，中国石化在沙特已经形成了集投资、贸易、工程服务、科技研发和金融服务于一体的发展格局，沙特成为中国石化在海外贸易规模最大、工程项目最多、人员最多的国家。

在沙特，中国石化始终秉持"人本、责任、诚信、精细、创新、共赢"的核心价值观，遵循互利互惠、合作共赢的原则，推动与各利益相关方合作共赢，共同创造经济、环境和社会综合价值，切实履行社会责任，坚持依法合规经营，加强和完善 HSE 管理，坚持国际最高的安全、健康和环保标准，保障员工身心健康。

为了展现中国石化在沙特履行经济责任、安全责任、环境责任和社会责任，致力于推进中国"一带一路"倡议和沙特"2030 愿景"的有机对接，实现可持续发展的相关情况，2019 年 8 月 15 日，中国石化在沙特阿拉伯东部省首府达曼正式发布《中国石化服务"一带一路"可持续发展报告——中国石化在沙特阿拉伯》。这是中国企业首次在沙特发布相关报告，国资委宣传局、中国驻沙特大使馆、中国驻沙相关企业及沙特当地媒体等 100 余人参加了此次发布活动。

《中国石化服务"一带一路"可持续发展报告——中国石化在沙特阿拉伯》发布会现场

同心·筑梦

《中国石化服务"一带一路"可持续发展报告——中国石化在沙特阿拉伯》按照联合国全球契约十项原则的基本要求，并参考国际其他标准，系统地介绍了中国石化服务"一带一路"，在沙特阿拉伯全面履行经济、环境和社会责任，致力于实现可持续发展的相关情况。

互利合作推动产业发展

中国石化凭借世界领先的炼油化工技术、装备和工程建设能力，与沙特企业开展广领域、深层次的合作，助力中沙两国经济与社会发展。

沙特阿美中国石化延布炼厂(以下简称"延布炼厂")项目濒临红海，由中国石化和沙特阿美石油公司合资建设，总投资额86亿美元，年加工能力约2000万吨，是世界范围内最大的炼油厂之一，也是中国在沙特乃至中东和海湾地区最大的投资项目之一。2016年1月，习近平主席在访问沙特期间，与沙特国王萨勒曼·阿卜杜勒–阿齐兹·阿勒沙

延布炼厂

特共同出席了延布炼厂的投产启动仪式。习近平主席指出，中沙在能源领域的互利合作给两国人民带来了实实在在的利益。

延布炼厂的顺利投产运营，助力沙特经济转型升级，成为中沙两国能源合作的示范项目，是中沙双方在能源领域长期合作的新成果，也是中沙两国长期互惠互利合作关系的重要体现。

经过 20 年的发展，石油工程服务和炼化工程服务已成为中国石化立足沙特的两个支柱。中国石化石油工程在沙特的业务涵盖钻井、物探、油井服务以及市政和油建项目。优质、安全、高效的服务赢得了业主的信赖。目前国工沙分公司已成为沙特陆地钻井业务的主力军。中国石化炼化工程荣获沙特优秀中资企业、2019 年实现可持续发展目标企业最佳实践（全球伙伴关系）等称号，已经成为中东海湾市场重要的国际工程承包商之一。

随着中沙合作的不断深入，中国石化在沙特的投资与运营由以前的资源资金型合作逐步转向研发创新型合作。2016 年 1 月 21 日，以基础性、前瞻性和应用技术研究为主的中国石化中东研发中心在沙特达兰科技谷破土动工，并于 2019 年 6 月正式投入运行，标志着中国石化在沙特"一体化发展、整体化布局"战略初步成型，将助力沙特石油石化行业蓬勃发展，推动中沙合作再上新台阶。

安全合规携手共同成长

中国石化始终将安全生产与运营管理并重。在系统开展安全管理的同时，为客户打造精品工程，提供优质服务。严格遵守沙特法律法规，努力实现与当地社区可持续发展。

中国石化石油工程公司 SP-103、SP-18 等井队获得沙特阿美公司"连续 12 年安全生产无损时伤害"奖，中国石化炼化工程沙特公司获得沙特基础工业公司"2000 万安全人工时"奖。

中国石化诚信规范运营，在沙特始终有序参与市场竞争，安全平稳地履行合同，市场竞争力不断增强。与供应商、分包商等精诚合作，共同建设和维护负责任的健康产业生态。

同心·筑梦

生态保护珍惜碧海蓝天

中国石化在沙特制定严格的环境管理体系，努力实现绿色发展、循环发展、低碳发展，竭力减少项目生产运营对当地环境的影响。

中国石化石油工程公司对工业和生活垃圾进行严格分类，仅有害垃圾就设有6个不同颜色的垃圾箱，平均每年投入300多万元来处理各类垃圾。公司勘探营地所有生产生活废水均进行集中处理，处理过的污水可达标直排，可用于浇灌营地的花草树木，并可供沙漠鸟类饮用。

中国石化对重大项目进行生物多样性影响评估，预防并积极修复项目营址、作业区域的生态环境。

员工成长尊重多元文化

中国石化视员工为宝贵的财富，坚持员工价值与企业价值共同提高。按照"人本、责任、共赢"原则，加强沙特当地社区雇用人员数量，

环保施工——工地上的候鸟

2018年，中国石化承建的达曼28号街通道及桥项目桥梁主体工程圆满完成，彻底解决该路段拥堵问题，车辆通过该区域将从原来几小时缩短至5分钟

持续提高本地员工比例。

2008年在沙特成立中国石化沙特培训中心，截至2018年年底，培训中心共举办各类培训班1027期，培训沙特籍员工37806人次。承办国际化人才培训班9期，培训关键岗位和国际化人才174名。2018年，中国石化石油工程公司培训投入2000多万元，培训员工2万余人次。

中国石化严格遵守沙特当地劳动法律法规，保障员工合法权益，为员工创造公平和谐的工作环境。2018年，公司为3000余名员工进行心理健康咨询和巡诊服务。

社区参与传承中沙友谊

中国石化尊重和保护当地文化，积极开展社区建设，兑现承诺，与社区共建"幸福的沙漠"。中国石化结合不同区域产业特色，助力地

同心·筑梦

方产业规模升级。热心公益，给予当地居民力所能及的支持和援助，树立起"勇负责、敢担当、珍视信誉、践行承诺、文明施工"的公司形象。

　　2018年，中国石化承建的沙特农业部净化水输水工程正式建成投用。这是沙特国家农业部历史上最大的水循环再利用项目，对沙特哈撒地区的发展规划至关重要，惠及该区域逾100万人。每天输送的净化水已经成为哈撒绿洲地区灌溉用水的重要补充。承建的沙特SWCC公司延布—麦地那输水管线工程建成投用。该工程是沙特政府投资的重大民生工程，建设输水管线600多公里，输水能力为55万立方米/天，项目的竣工投产社会价值巨大。

国资委宣传局局长夏庆丰（右二）为中国石化沙特培训中心社会责任示范点揭牌

发布会获得中外主流媒体的广泛报道，展示了企业形象，增进了利益相关方，特别是沙特企业、机构和民众对中国石化的了解。

国资委宣传局局长夏庆丰出席发布会并指出："沙特是中国'一带一路'倡议蓝图中的重要节点，沙特连续13年成为中国在西亚非洲地区第一大贸易伙伴，中国连续6年成为沙特全球第一大贸易伙伴。中国石化此次发布的可持续发展报告，为中国企业在沙特开展透明沟通开辟了新路径，发挥了示范作用。"

中国驻沙特大使馆公参殷立军指出："中沙全面战略伙伴关系处于最好时期，两国已成为彼此在全球的重要合作伙伴。中国石化积极助力当地工业生产发展和经济全面多元化，为'沙特2030年愿景'的实现贡献着智慧和力量，受到了两国政府和沙特阿拉伯合作伙伴的广泛认可。"

中国石化新闻发言人吕大鹏发布了《中国石化服务"一带一路"可持续发展报告——中国石化在沙特阿拉伯》，他指出："这是中国企业第一次在沙特发布社会责任报告。这既是我们对过去工作的一些介绍，更重要的是我们对将来的一种承诺。中国石化下一步会继续按照联合国可持续发展的要求，积极对接沙特'2030愿景'，继续为沙特经济社会发展、人民的幸福作出我们的贡献。"

未来，中国石化将始终按照联合国全球契约十项原则，开展可持续发展活动；将始终恪守沙特政府用工政策，尽可能提供更多的就业机会；将始终坚持本地化采购，带动当地企业发展；将始终重视社区沟通，为当地人民生活改善作出更大贡献；将始终尊重当地传统和文化，保护社区文化传统和遗产，引导员工参与当地社区志愿活动，真情回馈社区。

（供稿单位：中东代表处　撰稿：代表处）

让"石化技术、石化标准"走向"新丝路"

川维化工天然气制乙炔成套技术通过成功走出"国门",进一步验证了"石化技术、石化标准"的优势,未来必将继续为推动"一带一路"实现高质量发展,构建人类命运共同体,贡献央企力量。

装置现场

2020年12月23日这一天，是中国石化川维化工天然气制乙炔成套技术许可乌兹别克斯坦项目稳定运行一年的重要日子。根据技术许可合同约定，合同装置年产4.7万吨天然气制乙炔装置实现了自动验收。

作为中国石化"一带一路"重要战略项目与川维化工公司成套技术和装备首个海外技术许可项目，川维化工公司在实施过程中以专业的精神、先进可靠的技术和管理理念，用"石化技术"和"石化标准"，践行"一带一路"倡议，成功打造了分享中国成功经验和成果的优质项目。

一个"一带一路"国际产能合作的重要工程

时间回到2014年8月19日，乌兹别克斯坦前总统卡里莫夫访华期间，乌兹别克斯坦纳沃伊PVC、烧碱、甲醇生产综合体项目（以下简称"PVC综合体项目"）在北京举行的"中乌经贸合作论坛"上正式签署，这个项目是"一带一路"倡议下推动国际产能合作的标杆项目。

PVC综合体项目位于乌兹别克斯坦中部最大工业城市纳沃伊市，业主为乌兹别克斯坦国有化工集团下属的纳沃伊氮肥公司，由中工国际、上海寰球联合体（以下简称"联合体"）承建，内容是建设年产10万吨聚氯乙烯（PVC）、7.5万吨烧碱和30万吨甲醇生产综合体，共建成乙炔、烧碱、VCM、PVC、甲醇五大生产装置以及公用工程和辅助设施，创造就业岗位900余个。项目建成后不仅是乌兹别克斯坦的首套PVC装置，也是中亚地区首个PVC生产装置，投产后彻底改变乌兹别克斯坦长期以来PVC、烧碱、甲醇等化工原料依靠进口的历史。

作为国家"一带一路"重要战略项目，2016年8月22日，中国石化科技开发公司代表中国石化联合川维化工公司与中工国际、上海寰球签订技术许可及工艺包设计合同，川维化工公司成为PVC综合体项目核心装置——乙炔装置的技术许可专利商。

一套经历40多年不懈创新形成的专有技术

目前，全球"天然气部分氧化法制乙炔"技术有德国巴斯夫技术、乌克兰技术以及中国石化川维技术。川维化工公司是中国石化唯一的

天然气化工企业,其"天然气部分氧化法制乙炔"技术于 20 世纪 70 年代从德国巴斯夫引进,经过 40 多年对引进技术的消化吸收,在完全掌握引进技术的基础上,自主研发了乙炔装置中裂解、提浓等工序自有技术,开发了全球单台套产能最大的天然气乙炔炉等专有设备,并实现了绝大部分设备、仪表以及操作系统的国产化,成为国内独家拥有天然气制乙炔自主知识产权并达到世界先进水平的技术专利商。在 2011 年投资 50 多亿元建成的川维化工新厂区中,核心装置乙炔装置就采用了川维化工自主开发的工艺包进行建设。

纳沃伊氮肥公司是乌兹别克斯坦最大的化学公司之一,公司位于纳沃伊市西郊,地处工业区泽拉夫尚河河谷。依靠乌兹别克斯坦居中亚第二位的丰富天然气资源,早在 20 世纪 70 年代,纳沃伊氮肥公司就引进了"天然气部分氧化法制乙炔"乌克兰技术,建成了年产 3.75 万吨的乙炔装置。但由于自身技术水平的限制,40 余年来技术和装备水平并没有得到有效提升,无法支撑当前规模、技术提升的需求。乌方通过在全球范围内严格比对后,最终选择中国石化川维化工作为新建年产 4.7 万吨乙炔装置的技术许可专利商。

一系列彰显先进性的石化技术与石化标准

2015 年 1 月,乌兹别克斯坦政府相关工作人员和乙炔技术专家组成的考察团到川维化工进行实地考察,他们走访了川维化工的研发机构、分析检验部门和乙炔装置生产现场等地,与川维化工技术人员深入交流。最后站在川维化工新厂区年产 10 万吨乙炔装置前,乌方专家终于一改一路上严肃专注的神色,露出轻松满意的笑容。他对中方技术人员说:"你们的技术很先进、很成熟,完全能够满足我们建设 4.7 万吨装置的要求,看到现在,我觉得我们完全可以放心了。"这次实地考察成为乌方拍板选择川维技术的最重要环节。

在工艺包编制过程中,川维技术团队通过对乌兹别克斯坦安全环保等标准的研究,以及纳沃伊氮肥公司现有技术的实地了解,发现乌兹别克斯坦的安全环保标准远低于中国标准和比国家标准更严苛的中

2015年1月,乌兹别克斯坦项目考察团队到川维化工现场考察

国石化标准,原有的乌克兰制乙炔技术和设备也过于陈旧。

基于乌方建设需求,川维化工公司为其配置了5套1万吨乙炔炉的成熟成套技术,这套技术在乙炔炉的运行周期、产品收率、消耗、产品质量等方面都达到了国际领先水平。为将中国石化对安全生产、绿色环保的标准和理念分享给乌方,项目组专门制作了安全案例、"三废"处置等内容的书面建议方案,把川维化工在乙炔运行中的操作、安全、环保工作经验提供给乌兹别克斯坦。

2018年10月到11月,纳沃伊氮肥公司在员工中选拔出6名操作和技术骨干赴川维化工学习。川维化工组建了 10 人培训团队，对他们进行了工艺技术、操作、分析检验、HSE 和仪表维护等方面的培训。通过一个月时间对"石化技术、石化标准"的"沉浸式"学习，先进的理念、绿色的工厂，让学员们感触颇深，纳沃伊公司技术创新部经理 Kamaliddin Asatov 说："中国石化川维化工公司在天然气制乙炔方面处于全球领先水平，技术和设备非常先进，我们学到了先进的管理经验。"

这 6 位学员也成为率先学习"石化技术、石化标准"的乌方技术人员，

乌兹别克斯坦人员赴川维化工进行培训

乌兹别克斯坦人员赴川维化工进行培训取得结业证

最后他们都成为纳沃伊氮肥公司项目管理、乙炔装置的技术干部。

一支专业、敬业的技术服务团队

随着PVC综合体项目进入现场安装施工阶段，从2018年11月到2020年1月，在一年多的时间里，川维化工现场技术服务团队5次奔赴乌兹别克斯坦纳沃伊市建设现场，围绕专有设备安装、塔内件安装、业主人员现场操作和DCS培训、现场问题检查整改、开车指导等环节，开展了共计10余人次、总历时7个多月的技术服务。

"我们虽然是乙方，但我们要用甲方一样的态度做好技术把关……"技术服务人员回忆起安装阶段发现的一次重大安全隐患时说。那是2019年4月第二次赴乌兹别克斯坦，技术服务人员在进行安装现场设备检查的时候发现尾气火炬的一个重要安全装置没有安装。此时，大型施工设备已撤出现场，而这个安装高度60多米的安全装置却毫无踪影。技术服务人员着了急，马上向联合体反映："让已经撤出的大型施工设备再次进场作业将耗费大量资金，但安全装置是否安装将关系到将来整个乙炔装置的本质安全，我们在这个问题上绝不妥协。"川维化工的技术服务人员向联合体详细地解释了安全装置的重要性，并提出如果不安装将拒绝执行试开车工作。川维化工技术服务人员坚定的态

同心·筑梦

度让联合体意识到了问题的严重性,最后从堆场找回了安全装置,并按设计要求组织施工力量进行了安装。

在设备安装阶段的检查过程中,技术服务团队发现了未按照设计要求安装施工、设计漏项、施工质量隐患等很多问题,面对一项项问题,技术人员严格坚持技术标准,以对问题零容忍的态度,逐项落实、核对、要求整改,确保达到设计要求和标准。

在开展业主人员培训的过程中,技术服务人员努力克服当地人大部分只会乌兹别克语的交流沟通难题,除依靠翻译外,大量现场指导和交流,都依靠翻译软件进行协助。当涉及"洋徒弟"们主动求解的问题时,因为工艺手册只有中文和俄文版本,技术人员还把相应技术要点用软件翻译成乌兹别克语,提供给学员学习参考。

技术服务人员夏日顶着48℃的高温酷暑,寒冬冒着接近–20℃的

现场培训

严寒，白天带着"洋徒弟"们攀高塔、爬管廊、钻设备，深入现场讲解设备结构和功能。装置现场没有固定培训场所，"师徒们"就地取材用包装板搭起"临时课桌"，指导学员熟悉工艺流程图纸，通过图纸查找现场点位，传授操作要领；晚上回到驻地后，技术服务人员熬夜编制各类方案，对前期工作进行分析总结，谋划、优化下一阶段的工作……

技术服务人员说："我们的每一次讲授、每一个操作都必须规范，不能有丝毫差错，因为在乌兹别克斯坦业主人员的眼中，我们的指导就是标准和范本，这关系到装置未来的安全稳定运行，也体现了中国工程技术人员工作的严谨和中国技术的先进性。"在装置的试开车过程中，技术服务团队手把手地指导业主人员逐项操作和确认，将开停车中的安全操作要点、检查确认制度、现场调节要求等传授给业主方；在投料开车期间，技术服务团队更是连续多日坚守现场，不分白昼，没有休息和丝毫懈怠，直至许可装置一次开车成功、打通全流程并产出合格产品。乙炔装置产出合格产品的那一刻，乌兹别克斯坦业主人员抑制不住喜悦，向川维化工技术服务人员高高竖起大拇指，送上热情的拥抱……

一个优质项目带动当地更广阔发展前景

2019年12月23日，PVC综合体项目乙炔装置一次开车成功，开始向下游装置送出合格的乙炔产品。2019年12月28日，在乌兹别克斯坦总统沙夫卡特·米尔济约耶夫的现场见证下，PVC综合体项目正式投产。2020年1月，专利商技术服务团队回国后，因受疫情影响，无法前往乌兹别克斯坦项目现场开展许可装置运行优化服务，但技术服务团队本着高度负责任的态度，主动与装置现场取得联系，通过电话、短信、微信、视频会等方式对现场进行远程技术指导和技术答疑，提供技术支持，解决联合体和乌兹别克斯坦业主在装置优化运行中的困惑。

2020年8月，联合体在专利商的远程指导下完成了技术许可乙炔装置72小时性能考核，考核期间年产4.7万吨天然气制乙炔装置运行稳定，裂解装置95%负荷就可以满足下游装置对乙炔产品产量的要求。

2020年12月23日，许可装置稳定运行一年，实现了乙炔技术许可乌兹别克斯坦项目自动验收。

据悉，鉴于PVC综合体项目稳定运行一年来PVC产品大量出口创汇取得的良好经济效益，同时新增大量就业岗位，以及项目对乌兹别克斯坦乃至整个中亚地区重要的经济和社会意义，纳沃伊氮肥公司正在推动二期项目的实施，计划利用现有技术、采用相同合作模式，进一步扩大产能和规模。

（供稿单位：重庆川维化工有限公司党群工作部　撰稿：杨婷婷）

"一家人、一条心"
中沙员工齐心干事业

沙特北部的 Tanajib 是一片炎热的荒漠地带，也是沙特石油资源极为丰富的区域。在这里，中国石化中原油建工程有限公司承建的长输石油管道沙特 MIP PKG16 项目正如火如荼地推进着。

招聘外籍员工，加强队伍建设

该项目施工前期，要达到项目策划方案规定的各类人员数量，需要招聘大量的外籍员工补充到项目建设之中。为此，该公司依托国际工程沙特分公司分别联系了尼泊尔和巴基斯坦代理公司，完成各项资料准备手续后，派遣 3 名管理人员于 2019 年 9 月先后乘机飞赴尼泊尔和巴基斯坦，对两国的大学生、操作手、司机和力工进行了面试与考核。

针对招聘现场人员多、排队面试时间长等实际，项目招聘负责人董志云优化招

> 外籍员工是海外项目不可缺少的重要组成部分，尊重他们的习俗习惯，充分发挥他们的才智，调动他们工作的积极性和主动性，不仅有利于中国石化海外项目的整体发展，也有利于海外项目促进所在地经济发展，更是中国石化为项目所在国和当地人民谋长远、谋发展的责任体现。

沙特 MIP PKG16 项目施工现场正在进行布管施工

聘方案，对外籍竞聘者的资料仔细摸底，分为有技术基础和无技术基础两类人员。对有技术基础的外籍员工优先考虑面试，通过有针对性的选拔和一对一考核，大大提升了面试和考核工效，最终招聘了技术基础比较好的30名尼泊尔员工和22名巴基斯坦员工，达到了项目用工人数的要求。

外籍员工招聘到位后，由于生活习惯、宗教信仰、社会文化、思维方式、生活经历、教育背景和价值观念等差异，难以完全融入整个工程项目之中，给项目管理增加了较大的难度。

为帮助外籍员工尽快融入团队，中国石化中原油建工程有限公司秉承"同一个团队、同一个目标、踏实工作是基础"的理念，不断加强队伍和谐建设。特别注重引导中方员工以身作则、身先士卒，积极起好表率作用，让外籍员工真正体会到"人人平等、干好活赢得尊重"

巴基斯坦伊斯兰堡招聘代理　　　　　　尼泊尔加德满都招聘代理

的氛围，通过宣传发动有力提升了外籍员工在工作岗位上的积极性，为项目的高质量发展作出了自己最大的贡献。

边施工边培训，提高外籍员工积极性

针对外籍力工可塑性强的特点，该公司通过与外籍员工的沟通，掌握外籍员工的诉求，针对想干电焊工的部分外籍员工，通过层层筛选，选出20名尼泊尔员工进行电焊工技能培训，通过一对一言传身教，手把手传授技能，对培训岗位外籍员工进行阶段性考核，最终培养出8名具备独立顶岗的手把焊电焊工。

同时，挑选了8名尼泊尔员工作为挖机操作手，施工部人员在项目预制场开辟了一片场地，安排技术和经验过硬的中方操作手老师对尼泊尔力工进行实操培训，悉心指导，5名外籍力工考取了沙特重型设备驾照，取得了初步的成果。在项目进行过程中，安排设备操作老师对这5名力工进行再次培训和技能提高练习，通过不断努力，5人最终通过了沙特难度最高的SPSP认证考试，拿到阿美项目的操作认证卡。

在项目执行中，还有针对性地挑选了几名英语基础好、电脑操作熟练的巴基斯坦员工，经过培训后从事办票员、施工等管理工作，在工作中由中方管理人员加以指导培训，逐步胜任了管理岗位。工作环境和薪酬待遇的提升，较好地促进了他们的责任心和工作积极性。通

焊接老师在给尼泊尔员工讲解焊接技能

挖机培训老师为员工进行操作指导

外籍反铲挖掘机操作手进行阿美认证考试

过开展各类技能培训，部分力工逐步转为技能操作人员和对项目的认同感、归属感，提升了"一家人、一条心、一个目标"的融合度。

破茧化蝶，在实践中学习与提升

在外籍员工进入项目后，公司还根据个人的不同特点，为其设计职业规划。印度籍力工 Lakshmipathi 初次上线出国，对施工项目工作内容不了解，对项目认识更是一片空白。公司沙特 MIP PKG16 项目部人力资源部门经理董志云通过沟通交流了解到此员工具备一定的英语交流和写作能力，工作踏实好学，安排他进行许可员的培训，通过项目中方员工的培训和指导，以及他自己的努力，他通过了阿美许可员的考试。随后，项目部又出资安排他进行了国际认证 NEBOSH 培训，通过培训和学习，他最终通过了阿美安全员的面试考核，成为沙特 MIP PKG16 项目的一名现场安全员。

Lakshmipathi 从加入沙特 MIP PKG16 项目后，在项目中不断学习、成长和发展，从一名基层力工，最终成长为一名国际项目的合格管理人才，完成了破茧化蝶的蜕变。

外籍员工是海外项目不可缺少的重要组成部分，加强对他们的管理，充分发挥他们的才智，调动他们工作的积极性和主动性，有利于海外项目经济效益的提高和整体发展。因此，在以后的工作中，需要更加重视外籍员工的招聘，综合采取多种策略，加强对他们的管理与培训，使他们在海外项目中发挥更大的作用，提高外籍员工的凝聚力和文化融合度，为海外项目竞争力提高和效益提升作出更大贡献。

（供稿单位：石油工程建设有限公司中原油建公司　撰稿：张鹏、涂杰）

外籍员工 Lakshmipathi 对项目员工进行安全培训

搭建中沙员工友谊的桥梁

沙特培训中心于2008年正式落成和启用，12年间，培养了近千名沙特学员投身于中国石化沙特钻井项目，硕果累累、成绩斐然。"授人以鱼，不如授人以渔"，中国企业"走出去"不仅要有产品服务，更需要建立起符合当地特色的人才培养和技术标准体系。沙特培训中心就是一个很好的典范。

谁能想到，在阿拉伯半岛的鲁卜哈利沙漠边缘的布盖格市，有着中国石化第一个海外培训中心。12年的时间里，培养了近千名沙特学员投身到中国石化在沙特的钻井项目中。在这里，你可以学到钻井行业的专业知识，也能学习到中国茶道和书法；能够阅读到万里长城的介绍，也能聆听茉莉花音乐等中国民乐。这里是"丝路书屋"，这里是友谊桥梁，这里就是中国石化沙特培训中心。

从无到有的培训中心

沙特是伊斯兰教的发源地，位于亚洲西南部阿拉伯半岛，官方语言为阿拉伯语，通用英语，伊斯兰教为国教。这里有世界上最丰富的油气资源，也是中国石化石油工程业务最全、规模最大、效益最好的海外市场。

沙特阿美石油公司是世界最大的石油生产和出口商，也是世界第六大石油炼制商，对钻井承包商的沙特化比例要求高，必须达到40%以上并逐年提高。2000年，中国石化的第一个钻井队进入沙特市场，随着业务的不断发展壮大，根据国际石油工程有限公司沙特分公司的情况反映，为实现跨国能源发展的人才战略，在沙特开展中外籍员工培训，提高沙特籍员工的职业素养和安全技术水平，满足海外项目对高素质国际化人才的需求，解决沙特年轻人就业问题，中国石化决定利用内外部培训资源，在沙特成立中国石化海外第一所培训机构——中国石化沙特培训中心。

从沙特东部省库巴市出发，沿着615号公路一路向西南，在距离库巴85公里的地方有个小镇，名叫布盖格，附近沙漠之中，有一片郁郁葱葱的防护林，中国石化沙特培训中心就坐落于此。培训中心于2007年年底开工，2008年6月投入使用，占地面积8800平方米，有综

烈日炎炎，公司员工在沙特培训中心植树

苏丹籍教师 Fathelrahman 指导学员防坠落实操训练

合办公室1栋、40人教室3栋、20人教室1栋、宿舍12栋。中国驻沙特大使和沙特阿美公司高级副总裁等领导共同出席了落成揭牌仪式，从这一天开始，它不仅仅是一所培训学校，更是中沙员工友谊的桥梁，承担更多的企业社会责任。

　　创立之初，培训中心确立了满足沙特施工队伍培训需要，提高当地沙特籍员工的技能，与国际培训要求接轨，为中国石化开拓国际市场提供强有力服务支持的工作方针。沙特培训中心从零做起，经过12年的发展，研究开发了硫化氢、受限空间、急救、消防、井控等具有自身特色的中英阿文培训教学材料，申请并取得了美国钻井承包商协会（IADC）WellSharp、RIGPASS、硫化氢等7项国际培训资质，购置了井控模拟器、消防模拟设备、防坠落训练设施、急救模拟人等一批教学训练设施，并根据自身特点研发了培训教学管理软件，举办各类沙特籍员工的安全技术培训。

　　在对沙特籍员工培训的过程中，中心发现多数沙特籍员工的文化

沙特籍员工井控模拟器训练

程度普遍不高,从事的都是场地工、钻工等初级工种,更有些沙特籍员工来自偏远地区的游牧民族,根本就没有受过教育。培训中心的教师们从基础工作做起,沙特籍学员不认识钻井专业词汇,就坚持每天1小时练习拼写与阅读,一个单词一个单词地重复拼写,一名学员一名学员地循环重复阅读学习材料;沙特籍学员不清楚钻井技术的知识点与习题,就坚持一遍又一遍地进行解释,通过长期的理论学习,以及现场的实践锻炼,很多沙特籍员工从曾经的初级工种新手,变成了现在的沙特籍技术骨干。

学员们的美好回忆

Mohammed Salman Al Shaib 是沙特胜利钻井项目 SP-165 队一名沙特籍员工,2014年5月加入中国石化钻井队,任实习副司钻。2014年至2020年期间,他多次参加培训中心举办的各类沙特籍员工钻井技术培训。第一次参加培训时他只认识很少的钻井专业英语词汇,甚至不能阅读培训材料，更难理解井控知识。但是，一方面，培训中心老师不断督促沙特籍学员坚持重复训练；另一方面，Mohammad 非常努力，上课认真听讲，不懂就问，积极与老师学员讨论，晚自习认真复习，周末带资料回家学习，经过老师的帮助和个人不懈努力，他进步很快。有一次，晚自习练习井控模拟器结束时，已经晚上 10 点多，带班老师王建业到学员宿舍例行检查，看到他正趴在床上看资料，就问他："Mohammad, 这么晚了，怎么还不睡觉？"他说："今天上课时，讲的 Fracture Pressure（井控知识）没想明白，我再看看。"看到沙特籍雇员能有这种学习拼劲，老师很感动，坐下来用半个多小时的时间详细解释，直到他弄明白为止。这就是 Mohammad, 一名普普通通的沙特籍雇员，他不是最聪明的那一个，但他一定是最努力的那一个，他的勤奋好学感染了身边的人，树立了榜样，在培训中心形成了良好的学习氛围。经过近 3 个月的努力学习，他顺利通过 IADC 井控考试。培训结束时，他非常热情地握着老师的手，感谢老师在培训期间不厌其烦地进行认真解答，自己收获很大，在生活上也得到了很好照顾，能吃到可口的

"宣传大使"马猛刚在给新招沙特籍雇员讲授中国文化

西餐，并有干净的祈祷间用于礼拜，希望永远是朋友。

2016年他被评为胜利钻井项目优秀员工到中国学习交流；2018年9月，他成功通过申请，成为胜利钻井沙特项目的第一个沙特籍司钻。Mohammed对中国石化企业文化非常认可，他说："中国人对沙特籍雇员非常友好，井队领导非常重视教育与培养，在现场安排中方员工进行指导，经常安排我们参加HSE会议、安全技术培训等，提供了比较好的晋升机会，有很多朋友都从原来的基础工作岗位上升到高岗位，收入提高了不少。SINOPEC就像一个大家庭，钻井现场工作虽然很辛苦，但每天都很快乐。我爱中国石化！"像Mohammed这样的沙特籍员工还有很多，通过自身努力逐步担任副司钻或司钻岗位，成为沙特籍钻井技术骨干，满足了钻井项目施工需求。

中沙友谊的桥梁

沙特培训中心是海外项目培训支持的基地，更是企业在沙特对外宣传的窗口。为了做好中国文化、中国石化企业文化宣传工作，培训中心安排中国文化宣传课，中阿语教师马猛刚担任中国文化的"宣传大使"。他毕业于麦地那大学阿拉伯语专业，是个沙特通，可以用阿拉伯语流利地跟沙特人交流，给开展沙特籍员工教学工作提供了极大便利。学员报到时，当一个中国面孔用阿拉伯语跟他们流利地交流，一下就拉近了彼此间的距离。他待人热情、工作认真，除部门工作外，公司里有沙特籍员工相关事宜，找到他就找到答案，都会得到满意答复。他主要负责沙特籍员工培训工作，并积极研究教学业务，不断学习英语、石油工程和HSE安全知识，不断提升和完善自己，实现了从一名阿拉伯语教师到石油工程安全培训师的转变。为加强对沙特籍员工的管理，针对沙特籍员工的特点，他制定了学员课堂管理制度、学员守则、学员停车管理制度等，并将这些制度翻译成阿拉伯语。在抓好学员管理的同时，他经常与沙特籍员工谈心、交朋友，关心他们的学习与生活，及时解决他们在培训过程中遇到的问题。培训结束后，沙特籍雇员还经常与他保持联系，到欧洲村办公室办事时经常来看他。他是一名虔诚的穆斯林，对古兰经和阿拉伯文化有浓厚的兴趣，从大学开始就深入研究中阿文化，做中沙交流的使者。他开发的"伊斯兰文化"课件在中国石化集团公司国际化人才培训班上授课宣传，受到了大家的一致称赞。在新招聘沙特籍员工培训期间，马猛刚指导沙特籍学员练习毛笔字、说中国话、听中国音乐、看中国文化宣传片等，让学员了解中国文化、了解中国石化企业文化，在现场工作时也能更快更好地融入新的工作环境，融入中国石化企业的大家庭中，中沙双方员工的相互了解，推动了双方的理解、信任与融合，推动了各项工作开展。

新招沙特籍学员练习毛笔字

沙特籍学员在"丝路书屋"合影

此外，为了促进文化交流与融合，培训中心专门设立了"丝路书屋"图书室，放置了大量中、英、阿语版中国文化和中国石化企业文化书籍，供学员们在课余时间阅读，沙特籍员工可以在业余时间到图书室读书，了解中国文化，丰富学员的业余生活。

沙特作为"一带一路"中东链条的重要一环和重要合作伙伴，中国石化集团国际石油工程有限公司沙特分公司（以下简称"分公司"）在沙特积极开拓海外市场的同时，始终坚持中国文化传播先行、企业品牌建设先行，提升沙特化比例的要求，积极履行社会责任，回馈当地社会，赢得了当地政府的充分肯定。中国石化沙特培训中心体现了中国石化的社会责任，通过强化沙特籍员工培训，努力拓展培训空间，逐步满足以沙特为主的中东地区中国石化工程项目的培训需求。为更好地服务集团公司人才发展战略，服务沙特地区施工队伍的培训需求，培训中心将积极打造与国际工程项目密切相关的培训专业（钻井、地面、物探），努力实现培训标准国际化、教师队伍专业化、培训教材系统化、训练条件现代化，建设具有中国石化特色的国际化培训中心。按照国际标准，重点做好岗位安全取证培训、沙特籍员工井控技术培训和集团公司国际化人才培训项目，不断满足海外市场对国际化人才的培训需求。

同时，培训中心将人力开展培训需求调研，充分发挥海外培训优势，引进国际培训资源，加快开展沙特籍员工钻井技能提升培训项目，重点培养一批与国际标准接轨的沙特籍专业技能人才和管理人才，培养一批具有国际资质证书的操作服务人才，培养一批适应国际市场需要的实用型后备人才，努力把培训中心建成具有品牌优势、与国际标准接轨的中国石化海外培训基地，搭建增进中沙员工的桥梁，为公司国际市场的发展提供更好的培训服务与支持。

展望沙特培训中心的发展，我们充满信心，培训中心团队将风雨同舟、携手共进、打造品牌、赢得信誉，为中国石化集团公司实施国际化经营战略作出应有的贡献。

（供稿单位：国际石油工程有限公司沙特分公司　撰稿：倪芬明、杨光威、高凤）

构筑新机制平台 打造和谐油区

安第斯石油公司在企业文化建设中,探索新的合作机制,坚持向当地人学习、尊重当地人、依靠当地人、扶持当地人,努力培育和谐企业文化,推动企业的本土化,并在疫情中与当地团结合作,共同抗疫。共同参与、共同合作、共同受益,充分体现了中国企业的责任和担当。

2005年,安第斯石油公司在厄瓜多尔成立。面对国际石油市场剧烈震荡,资源国经营环境复杂多变,劳工、社区、工会关系错综复杂的挑战,安第斯石油公司以"开门开放办企业"的态度,以打造海外和谐油区为核心的社会责任管理,创新采用"圆桌会议",构建联管会、联谊会、联席会"三联机制",加强与主要利益相关方的常态化沟通协调,不仅为公司生产经营提供了坚实保障,而且给当地社区人民带来福祉,成为"政府赞赏、社区认可、员工满意"的和谐油区。

加强风险分析,实现科学研判

安第斯石油公司油田现场处于亚马逊热带雨林深处,作业区散居着最原始的印第安人土著部落,是厄瓜多尔最贫穷的地区,医疗、教育等设施十分落后。由于

和谐油区促进企业不断健康发展

部落林立、诉求不一,良好的社区关系成为项目持续运营的重要保障。

安第斯石油公司以此为抓手,首先,科学分析问题根源,找出应对办法,解决瓶颈问题。公司用专家诊断法识别主要风险源,采用头脑风暴方式的专家意见模型,结合项目公司历史经验,识别出资源国存在50余种风险,按照风险等于风险发生可能性和严重程度的乘积,将这些风险因素排序。

其次,根据各利益相关方的功能特点、影响力和行为可控性,识别出股东、中央和地方政府、社区、劳工、环保组织、承包商等11大类利益相关方,在对利益相关方和风险因素进行独立识别与排序后,运用多变量矩阵主因子分析,建立各利益相关方影响权重模型,确定利益相关方与风险之间的关系,对每一风险因素与利益相关方通过强相关、弱相关、不相关赋值进行矩阵式量化,获得排序。

与当地土著部落友好相处

打造"三联机制",促进良性互动

安第斯石油公司通过科学调研分析,认为政府、社区和劳工是对公司影响最大的 3 个主要利益相关方。因此,安第斯石油公司创新采用"圆桌会议",构建"三联机制"(公司与政府联管会、公司与社区联谊会、公司与员工联席会),架设起三大利益相关方沟通诉求、协调行为的桥梁。

安第斯石油公司与厄瓜多尔政府成立联管会,由能源矿产部国家油气总署的 3 名代表和公司的 3 名代表组成。通过联管会这个常设机制,公司管理层与厄瓜多尔政府建立利益共同点,密切沟通联系,及时了解对方的利益诉求和关切,讨论解决项目执行中出现的新问题,特别是有关社区堵路、工会闹事、环保方案审批、输油管线故障等影响和干扰生产经营的重大问题,经过联管会讨论,由政府代表出面斡旋和协调,问题解决更为有效顺畅。

社区是厄瓜多尔行政区划分的最小单位,社区负责人相当于土著

为社区居民送上节日礼物

部落的酋长,有很大的号召力和影响力,公司的行为和利益与社区息息相关。以前,一些西方跨国石油公司在厄瓜多尔经营多年,最后大多被迫撤离,放弃南美市场,究其根源就是信奉资本主义利润至上原则,把追求超额利润作为唯一目标,没有承担与资源国及当地社区兴衰与共的责任、没有融入当地社会的企业文化,缺乏长远发展的思想。自然,厄瓜多尔土著居民将他们看作异己势力,防备、排斥甚至敌视他们,由此引发了一系列冲突。

安第斯石油公司由此认识到,解决社区冲突的根本出路,在于坚持平等合作,加强沟通协调,推进互利双赢,实现共同发展。经过与南北油区多个社区的沟通协调,公司成立了7个预防与解决社区问题的"圆桌会议",包括就业、招投标、环境保护、旅游、教育、医疗和发展。各"圆桌会议"由公司EHS部社区工作者、政府派出的社会工作者和社区代表组成半常设机构,共同协商解决社区事务。

为帮助解决社区居民就业问题,联谊会协商决定,安第斯石油公司协助政府建设"就业数据库",建立社区居民就业档案,坚持"授人以鱼不如授人以渔"的原则,帮助开展对社区居民的技能培训,结合油田生产经营实际需要,将公司及相关承包商的人员招聘纳入劳务"圆桌会议"统筹管理,优先满足社区居民的就业需求。

近年来,安第斯石油公司油区当地社区用工比例稳定上升,高峰时期南北油区(含承包商)当地用工人数达到1010人。由于社区位置偏远且资金不足,导致社区居民缺乏最低限度的基本卫生服务,社区居民就医难,公司把提升社区医疗水平作为援助重点,开展了一系列"送郎中"活动,不仅在南北两个油区建设设备较齐全的社区医院,聘请了具备资质的医疗人员,提供24小时免费诊疗服务和基本药品供应,并购置了两辆覆盖经营区域的救护车,派遣医生到边远地区定期巡诊,进行儿童疫苗接种、传染病防治、牙齿健康护理等项目,服务影响范围包括80多个社区和人口聚居地。

据统计,截至2020年年底,安第斯石油公司累计为社区提供门诊服务、医疗救治、医疗转运、医疗评估、疫苗注射等超过9万人次,收到社区感谢信553份。在新项目社区补偿中,引导资金向具有长期收益的农业项目、基础设施项目、群体基本需求改善项目投入。

安第斯石油公司在企业文化建设中,努力培育和谐企业文化,推动企业的本土化,在相互交流和合作中,营造"相互欣赏、快乐工作"的氛围。坚持向当地人学习,与土著居民和本地雇员交朋友,学习当地语言,了解当地风俗习惯;尊重当地人,恪守资源国法律法规,尊重当地宗教和民族传统,主动融入所在社区;依靠当地人,通过搭建联谊会、联席会两个平台,密切与当地社区和群体的联系,协商解决出现的问题;扶持当地人,以人为本,以公司为家,同舟共济,共同发展。

联管会、联席会、联谊会3种机制的创立,使安第斯石油公司更好地协商解决"社区、劳工、工会"问题,树立了负责任的油公司形象,通过"圆桌会议"的运转,将公司与社区每位居民紧紧联系在一起,推动双方关系向良性互动发展。通过系列工作,安第斯石油公司与资源国各利益相关方实现了高度融合，与南北两大社区分别签署《安第斯石油公司与社区支持和发展协议》，使双方关系上升为睦邻友好的"好邻居"，基本上结束了社区冲突和纠纷的历史。

签署协议时，中国驻厄瓜多尔大使与厄瓜多尔矿产石油部长、内政部长、总统办公室主任、当地省长、市长等政要应邀出席了仪式，公司管理层与北部油区的 70 个社区约 500 名居民代表会面，受到与会政要和居民一致好评，称赞中国公司是厄瓜多尔石油工业史上"第一个亲临社区传播真诚友谊的企业"。

团结合作"战疫"，展现责任担当

自厄瓜多尔暴发新冠肺炎疫情以来，安第斯石油公司坚持"和谐社区"理念，主动履行社会责任，积极搭建立体疫情联防联控体系，与油区地方政府、社区等相互守望、共同"战疫"。在安第斯油田 T 区块所在地 C 市发现首例确诊病例后，安第斯石油公司立即启动预案，升级疫情防控级别，落实联防联控管理，及时援助地方政府 1600 个医用口罩和消毒物资，总价值约 2 万美元，帮助当地政府共同有效应对疫情。

援助当地社区居民防疫物资

随着疫情形势的恶化，当地经济受到冲击，防护用品和生活物资严重短缺。安第斯石油公司多方筹集，援助 C 市政府近千份粮油食品包等基本生活物资，提供 3 辆皮卡车用于地方疫情应急应对，再捐赠 5000 个医用口罩，总价值约 3 万美元，支援地方政府和居民渡过疫情难关，并决定继续开放油田社区医院，2020 年为当地居民提供医疗诊治服务累计 8475 次，为社区疫情防控作出了巨大贡献。安第斯石油公司收到了 C 市长的亲笔感谢信，对安第斯石油公司给予的各种援助和支持表示衷心的感谢。

安第斯石油公司建设"和谐油区"的做法赢得国际组织、当地政府和社区民众的广泛赞誉，被厄瓜多尔矿产石油部授为"HSE& 社区事务工作最佳外国公司"，并获得"世界石油 HSE 与可持续发展最佳公司"、社区事务"楷模金奖"等荣誉。

（供稿单位：国际石油勘探开发公司　撰稿：姚远、殷焕召）

2020中国石化国际形象建设案例集

跨文化融合篇

中泰一家亲 情谊两心知

在与当地油企合作中，华东石油工程公司江苏钻井公司充分考虑泰国政府、合作伙伴、当地社区的合理关切，做好融合发展，努力建设双赢、多赢的命运共同体，在促进就业、改善民生、文化交流等方面积极履行社会责任，促进民心相通和当地经济社会发展，营造了和谐友好的可持续发展氛围。

"暹罗古国自由泰，三色旗帜飘扬在"，说的正是东南亚的"黄袍佛国"——泰国，它以金碧辉煌、妖娆多姿著称。然而，景色优美的泰国，原油年产量200万吨的泰国陆上石油钻井，有多家国内、国际大公司游弋其间，群雄逐鹿，市场开拓十分不易。2013年，习近平总书记提出了"一带一路"倡议，泰国项目秉承集团公司与周边邻国深化国际油气合作的战略，进入泰国市场。代表中石化华东工程第一次踏上黄袍佛国土地的泰国项目，责任重大。

油路通丝路 真心赢民心

自踏入万佛之国，泰国项目一直将双方文化融合作为第一要素，在与当地油企合作中，充分考虑泰国政府、合作伙伴、当地社区的合理关切，做好融合发展，努力建设双赢、多赢的命运共同体，在促进

泰国项目部成员在钻井前合影

就业、改善民生、文化交流等方面积极履行社会责任，促进民心相通和当地经济社会发展，营造了和谐友好的可持续发展氛围。

　　为更好融入泰国文化，拉近与泰国民众之间的友谊，在泰国重大节日宋干节（又称泼水节，4月12日）、新年（元旦）、国庆节（12月15日），项目部负责人总会带领相关人员登门拜访当地政府、警察局、学校和医院，送上真诚的祝福。按照泰国的风俗，项目部人员在工作驻地投资兴建供奉佛祖的香台。2019年8月18日，泰国项目在现场为泰籍员工操办了一场中式婚礼，新郎为库区保安班猜先生，新娘为库区服务员玛妮女士，9001钻井队（库区内）全体中泰员工和新人亲属，参与了这场新婚盛典。项目部经理孙宝林作为主婚人向这对新人送上了新婚祝福。整场婚礼，虽然没有"凤冠霞帔，十里红妆"，但燃放鞭炮、携手长廊入席、喝交杯酒、撒喜糖、发红包，一样都不少。简朴而隆重，

为泰籍员工操办中式婚礼

充满中国元素和仪式感。从泰国人真诚幸福的眼神里，我们读到尊重、情谊和信赖。这场中式婚礼，就像长了翅膀，飞遍了泰国油区和城乡，传为一时佳话，双方的友谊更在此期间不断升华。如果说过硬技术是硬实力，那么泰国项目以真心赢民心，积极促进文化融合则是能在泰国取得成绩，并赢得当地居民认可和欣赏的软实力。

互通有无　共建共享

在泰国打井，对环境保护要求极为严格，泰国项目严格按照泰国政府的要求，在每口井施工前，都要对周边环境做出相应评估测试，针对施工中带来的废水、废气、噪声等污染，提前制定解决方案，并由专家组评估解决方案是否可行。施工前、施工后对周边河流、土壤、生物等进行采样并化验，把环保责任落实到最小工作单元，确保万无一失。在这些环节中，最难的是必须要征得周边每一户村民的同意才能布置井场，否则无法施工，其间最长一次拖了18个月之久，严重影响生产效益。

泰国项目成立宣讲团，挨家挨户走访当地村民，向他们讲述石油资源不仅会促进当地人口就业，更会拉动所在地经济，告诉他们彭世洛和维坚武里（当地石油城市）正是有了石油才会如此繁华。项目部

为当地贫困家庭赠送大米、油料

人员还主动为当地贫困家庭赠送大米、油料、礼品和学习用品，走入他们的内心。村民砂楚感动地说："中国人是我们的朋友！"大量而具体的工作，赢得了当地居民和政府的理解和认可，践行了中国石化打造世界洁净能源化工公司的新愿景。

2020年年初，我国国内疫情暴发，项目部虽然远在千里之外，但也时刻心系祖国，当得知国内已经出现了"一罩难求"的局面，项目部决策层当即决定，与"疫"赛跑，抢购口罩，驰援国内。

泰国项目严格落实环保要求

大家迅速拟定计划，成立采购小分队，协调物资采购、邮寄等综合事宜。广撒网才能多敛鱼。为确保在最短时间内采购到足够数量的物资，项目部人员全部出动，分头行动，可是东奔西走了一整天，大家只买到了零星的几盒口罩。其实，自1月9日泰国出现第一例新冠肺炎疑似病例后，当地口罩也很紧俏，想要买到大批口罩需要相应的资质才行。正当大家因购买不到口罩而烦恼时，一位泰国友人得知后，帮助项目部联系到了8家当地的口罩供应商，于1月31日采购口罩10万只，通过分批多次的方法将10万只口罩全部运送到我国，助力公司抗击疫情和复工复产。

随着病毒的蔓延，泰国疫情也越发严重，所有服务行业全部关停，大部分居民闭门不出，抗疫物资十分紧缺。"投我以桃，报之以李。"项目部迅速筹集口罩、洗手液等防疫物品送往当地政府，再由政府分发到个人，而这些物资大部分都是从项目部及施工队伍里挤出来的。当地人收到口罩后一个劲地感谢，但泰国项目认为，病毒是大家共同的敌人，在疫情面前，我们是一家人。泰国项目也因此获评中国石化抗击新冠肺炎疫情先进集体，项目部经理孙宝林荣获"江苏省优秀共产

助力当地疫情防控

安全文化——制止作业

党员""江苏省抗击新冠肺炎疫情先进个人"等称号。

在疫情防控中,我们共克时艰;在安全生产中,我们同享共进。

"停……停……我不干!"泰籍员工颂帕善在井场不停地叫喊着。在泰国项目刚进入泰国国家石油公司的时候,中方员工经常被泰籍员工莫名其妙喊停,中方员工一度认为是泰籍员工想偷懒,不服从作业指令。久而久之,沟通交流和安全理念的差异,造成了班组内部的矛盾冲突和不团结。小事件折射出大问题,安全作为生产的红线,不能有半点疏忽。只有做到双方安全理念一致,才能保证类似的事情不再发生,安全的隐患才能真正消除。泰国项目抓住与泰国石油勘探和生产公司(PTTEP)合作的契机,积极与甲方和当地政府部门举行大型应急演练,中方现场管理人员与甲方现场监督及时沟通汇报,制定各种事故急救预案。演练中,双方员工都穿戴好装备,备齐演练器材。

通过反复的现场实战联合演习,增强了现场中泰员工的安全意识,提高了灭火、防喷防硫化氢、撤离和自救能力。大家从常态化的演练中互通有无、同享共进,得到了锻炼和教育,防患于未然,实现在真

主任技师郭俊平正在指导泰籍员工

大型应急演练

正事故发生时能够最大限度地减少损失。现在，中泰员工对救援程序个个熟烂于心，警报一响，各就各位。设备、井下和人身安全，正是个人、家庭和公司发展的共同愿景。

授人以鱼　更授人以渔

多年来，泰国项目不仅成为甲方最值得信赖的合作伙伴，同时也为泰国培养了一大批石油钻井操作人才。泰国项目当地业务用工高达75%，越来越多的泰国人在项目学到了本领，凭借扎实的技能改变了个人命运。

"我正年轻，希望能学到更多东西。谢谢SINOPEC为我提供了平台，我把井队当成我的第二个家。" 155钻井队实习带班队长阿林用中文说。

师带徒

小伙儿2020年28岁,刚来时只是实习副司钻,对钻井知识一窍不通,但他勤奋好学,进步很快。平台经理张伟挖掘了他的潜力,为他制定了目标——争取成为一名优秀的带班队长,并予其"双师带一徒"的特殊待遇(即司钻和带班队长轮番带他)。阿林果然不负众望,已从实习副司钻升到了实习带班队长。

为激励更多的泰籍员工尽快成长,项目上设立了"优秀老师奖"和"优秀徒弟奖",阿林即为第一代优秀徒弟。现场老师们本着泰籍员工"缺什么,补什么""干什么,学什么"的基本原则,采取"岗位培训法""角色换位法""目标培训法",轮番施教,科学授徒,带出了一批又一批能独当一面的操作员工,既为项目的蒸蒸日上打下了坚实的基础,更极大提高了泰国石油人才队伍可持续发展的能力。他们都是双方融合发展,亲如一家的见证者、参与者、奋斗者。

早在2012年,习近平总书记在人民大会堂同在华的外国专家代表座谈时就指出,国际社会日益成为一个"你中有我、我中有你"的命运共同体。泰国项目8年的破浪前行,正得益于"你中有我、我中有你"的友好情谊,正得益于双方亲如一家的患难与共,即使面对新冠肺炎疫情肆虐、市场低迷的严峻形势,泰国项目却依然像巍峨的钻塔,屹然挺立在万佛之国。2020年,泰国项目逆势而上,与泰国国家石油公司、泰国TPI公司签订了钻修井项目合同,累计签订合同额1.6亿元。项目井队打破中国石化陆上50钻机年总进尺纪录,真正做到了安全、优质、高效的施工作业,受到了泰国当地政府的高度赞誉。

(供稿单位:华东石油工程公司江苏钻井公司 撰稿:马文祥、张伟、童麟)

在"一带一路"竖起"中国书架"

"中国书架"项目让沙特当地读者在享受良好阅读体验的同时,更感悟到了中国历史、文化、艺术之美,了解了当代中国的文明与进步,促进了中沙文化交流和文明互鉴。一流的企业是文化管人,二流的企业是机制管人,三流的企业是人管人。"中国书架"讲述"中国故事",既传播了中华文化,又体现了企业价值。

书是中外文明交流的载体,也是沙特人民了解中国的窗口。由中共中央宣传部主办,中国图书进出口(集团)总公司和中国石化承办的中国优秀图书海外推广项目"中国书架"落户沙特达兰技术谷中国石化中东研发中心。这是中东研发中心发展史上具有历史性意义的重大事件,为中国石化企业文化融入沙特当地文化,实现跨文化融合,提供了重要媒介。近期,中东研发中心借助集团公司"公众开放日""中国书架"等活动,充分展现央企的责任和担当。

助力跨文化融合

中东研发中心在接到"中国书架"建设任务后,短短两个月,就在沙特达兰技术谷圆满完成了"中国书架"建设工作。

因疫情原因,中东研发中心很多工作

中东研发中心负责人（左）为沙特籍员工介绍中国红军长征事迹

人员都已回国，沙特员工克服人员少、时间紧、工作繁多的不利因素，全身心投入到"中国书架"建设工作之中。

采购什么书籍是建设"中国书架"需要第一考虑的问题。为推动沙特当地进一步了解中国文化，讲好中国故事，中东研发中心精心选取了涉及中国经济、文学、历史、艺术和科技等各个领域，覆盖中华历史5000年的经典书籍。经过国内采购、报关、空运、沙特清关、书籍分类等工作，终于将1000余本书籍摆放完毕。

为进一步丰富书架，讲好中国石化故事，中东研发中心又从国工沙特分公司另借500余本图书，补充了大量涉及中国石化企业文化、科技创新成果等方面的书籍，进一步加强了中国石化境外企业的文化建设，有效提升了中国石化海外形象。

除60平方米固定场所布置"中国书架"，配置书架、长书桌、椅子、中国文化背景墙外，中东研发中心还配置了台式电脑、平板电脑、电视等电子化设施。读者运用电脑阅读电子书籍，破除了纸质书数量的限制，增加了阅读资源，同时还能运用电子化信息管理平台，进行图书检索，方便工作人员管理图书；读者还可以通过电视观看中国文化和中国石化企业文化宣传片。

为满足当地读者喜欢喝咖啡的需求，中东研发中心在"中国书架"开发了"咖啡角"，为读者提供了良好的阅读环境，阅读场所轻松、简约并富有时代感。

"中国书架"讲述"中国故事"，为中国石化在海外大力宣传中国政治、经济、文学、历史、艺术和科技等各个领域的重要成果和伟大成就，提供了重要的宣传平台，让当地读者在享受良好的阅读体验的同时，感受了中国历史、文化、艺术之美和当代中国的文明与进步，对促进中沙文化交流和文明，互鉴意义重大。

打响"中国书架"品牌

"中国书架"建成后，中东研发中心便紧锣密鼓地投入到"中国书架"启动仪式视频拍摄工作中。

为了解当地人的兴趣点，中东研发中心多次向当地职工及家属征求意见，询问他们对中国的哪些方面感兴趣，想了解中国石化哪些成果。通过一起探讨拍摄脚本，交换意见，反复修改，"中国书架"视频宣传片正式定稿。

中东研发中心邀请了达兰技术谷 CEO Halim 博士参加启动仪式，邀请专业的摄影团队拍摄视频，中国石化沙特员工积极参与到视频拍摄活动中，中沙员工兴致高昂，为启动仪式献计献策，彼此增加了了解，增进了感情。

在拍摄过程中，中东研发中心负责人穿过大厅、实验室，一一介绍研发中心的基本情况。为响应国家"一带一路"倡议，中国石化于 2017 年 5 月投资设立中东研发中心。作为中国石化在中东地区石油工程业务发展的技术研发中心、技术支持中心和对外技术交流与合作的窗口，中东研发中心在日常工作开展中承担着文化交流的职能。

随后，负责人走入"中国书架"场地，介绍了"中国书架"的内部布局，展示了外籍员工的书法作品。拍摄过程中随机采访了一名在场外籍员工 Zahra 女士，她正在阅读中国红军长征的故事，她表示通过阅读这些书籍，深刻认识了中国人民在中国共产党领导下，历经千辛万苦，取得最终胜利的不易，不由得对中国人民产生了由衷的敬佩。

启动仪式上，Halim 表达了达兰技术科技谷对中东研发中心的认可和鼓励，赞扬了"中国书架"活动的意义，也对中沙友好表达了良好的祝愿。

让外籍员工爱上中国文化

"中国书架"建好后，中东研发中心定期组织外籍员工学写汉字。由于汉字没有字母，很多外籍员工开始学习的时候有畏难情绪，中方员工耐心地讲解汉字组成。"汉字由横、竖、撇、捺、钩、点、折7个基本笔画构成，这些笔画能代替字母功能，汉语并不难"，经过"高手们"的指点，介绍文字背后的意义和来源，外籍员工慢慢爱上了写汉字。印度籍员工 Amol 颇为得意地说："在我加入中国石化之前，我从未接触过中文，更不会写汉字，但是通过学习，我现在不仅可以写出自己的中文名字，而且还可以写简单的汉字了。"沙特籍员工 Abdullah 兴高采烈地说："汉字的偏旁部首都有特定意义，通过学习汉字构成及表达意义，让我们体会到中国文化的乐趣，感受到文字背后蕴藏的中国智慧。"

沙特籍员工 Fahad 最近对英文版太极书籍爱不释手，他从小就喜欢功夫巨星李小龙和成龙，"我小时候就喜欢看李小龙和成龙的功夫片，知道中国功夫很厉害，一直还在模仿着打太极拳。之前想学功夫，但一直没有机会，现在我边看英文版太极书籍，边学练24式太极拳，简直太兴奋了！通过练习一些基本动作，我的精神得到了放松。"他一边说，一边比划太极招式，"太极拳不仅可以锻炼身体，还能让我心境更加平和。对于太极拳中蕴含的武术哲学，还得多多学习才能体会。"

除了学写汉字和练习太极拳，中国烹饪、中国茶叶、中国戏曲等也让外籍员工着迷，"中国传统文化博大精深，我们爱中国，爱中国文

化！"外籍员工个个竖起大拇指，对中国五千年灿烂文明称赞不已。中国的古代丝绸之路、郑和下西洋、四大发明、中国瓷器和丝绸等辉煌发展与成就给当地人留下了深刻印象。唐诗、宋词、元曲、戏曲等文化更是备受当地人喜欢。同时，当代中国改革开放以来强大的中国制造和"一带一路"建设等成就让当地读者羡慕不已。

"中国书架"中，内容更丰富、信息检索更方便、可读性更强、成本更低的电子图书，为当地读者提供了更为广阔的阅读范围。中东研发中心定期举行的"公众开放日"活动，为当地读者了解中国文化、中沙双方互相深入了解提供了更为便利的条件。

沙特达兰技术谷中国石化中东研发中心的"中国书架"

"中国书架"最终目的是让更多当地人感知中国,为此,中东研发中心制定了"中国书架"长期发展规划。"中国书架"将定期向员工家属、当地其他公司、当地学校开放阅读。

作为中国文化对外传播的一个新渠道和新品牌,"中国书架"是连接中外文化交流的新纽带,为世界讲述古老而崭新的"中国故事"。中东研发中心将继续推动当地读者从"中国书架"读懂中国,将中国故事讲给世界人民。我们相信,"中国书架"正在搭建起中国文化走出去的友谊桥梁,文化传播之路将会越传越远,小小的书架将承载着博大精深的中华文明,引领着不同国度不同肤色的读者共同走进一个美丽的东方国度,我们要告诉世界:"That is China."

(供稿单位:石油工程技术研究院 撰稿:冯江鹏、杜涛、王治法)

聚焦文化融合
共建境外员工之家

中国石化化工销售香港有限公司因地制宜、结合实际,注重创新、方式灵活,以共建境外员工之家、搭建交流共享平台等方式,把公司内部以及与公司所在地的跨文化融合工作做得有声有色,同时也切实把员工思想统一到集团公司部署和公司发展上来。

香港,作为中西方文化汇聚之都,汲取中国传统与西方文化精髓,造就了独一无二的国际大都市面貌。中国石化化工销售香港有限公司(以下简称"化销香港")于2007年植根香港,并从2009年开始向越南、新加坡、中东、北美、韩国、俄罗斯以及中国台湾等地扩张,开设海外办事处,现香港本部员工74名,7家海外办事处员工28名,人员来自五湖四海,文化差异巨大。

随着公司业务发展日渐壮大,如何充分发挥化销香港作为化工销售进出口业务操作平台、化工销售国际贸易平台、化工业务海外投资平台、海外化工业务市场信息收集平台、化工业务国际贸易人才培养平台"五大平台"的作用,把中国石化企业文化融入当地文化,将企业文化软实力转化为推动化销香港高质量发展的硬支撑，成为化销香港各项工作的重中之重。

2020年，化销香港面对境内疫情上半场和境外疫情下半场严峻考验，原油价格大幅动荡、化工市场需求低迷、经营形势尤为恶劣。但越是在艰难困苦时期，越是要统一思想、稳定队伍，通过强化形势任务教育、制度体系建设、文体活动开展、新闻宣传引导，推进企业文化共融，培育"家"文化，增加员工忠诚度和归属感。

理念引领，形成共同价值取向

思想是行动的先导。化销香港贴近国家、中国石化集团总体部署，结合实际、因地制宜，开展系列形势任务教育，切实把员工思想统一到集团公司部署和公司发展上来。

2020年七一前夕，在《港区维护国家安全法》即将颁布、香港回归23周年之际，化销香港开展"庆香港回归，贺国安立法"形势任务教育，公司领导班子成员、部门（办事处）负责人和骨干员工30多人参加，大家把民族的复兴、国家的强盛、香港的繁荣、公司的发展与个人价值的实现紧密结合起来，深化"爱国，爱港，爱中国石化"的价值观认同，员工及其家属

召开全体员工大会

自觉站在了拥护《港区维护国家安全法》的庞大队伍里。

2020年9月11日，总经理檀大水召开全体员工大会，结合经营实际，针对个别员工存在粗枝大叶、粗心大意的工作作风，深入浅出，由点到面做了《关于化销香港高质量发展之路》形势任务教育，全面提出"风控第一，效益第二，规模第三"的经营方针，以及"精准研判、精细操作、精益管理、精一队伍"的经营策略，从业务、执行两个方面详细阐述精细业务操作的方式方法，为提高业务操作水平给出了系统指引，向

全体员工倡导中国石化"严、细、实、恒"的优良工作作风,从思想根本上,铸就玉卓董事长提出的"销售野战部队"之魂。

制度引领,形成共同行为规范

2020年是极不平常、极为困难的一年。化销香港深知越是困难越是要苦练内功。因此,化销香港将2020年作为"强基固本年"。一年来,化销香港苦练内功、强化管理、夯实基础,全面梳理了公司制度体系,制定了健全制度体系年度计划,完成20项制度修订,并坚持在月度经济活动分析会上进行制度宣贯和部门内部的二次宣贯,开展制度执行情况检查通报,强化员工的制度意识和合规意识,以制度来规范员工的日常行为,以合规来筑牢化销香港高质量发展之基。

由于各海外办事处所处地域和法律环境不同,为加强办事处对制度的理解,同时克服语言和文化上的差异,2020年8月,化销香港财务部为海外办事处组织了两期《差旅费管理制度》专题培训,通过宣贯制度主要内容、讲解报销流程和要求、更改英文报销模板以及现场沟通和解答等环节,让各办事处对制度有了更清晰、全面的认识,为制度有效落地实施提供了保障。

与此相对应,2020年10月,化销香港越南办事处就《无单放货操作暂行规定》、Deal recap 标准模板进行宣贯,考虑到语言因素,早在举行会议前,已把《无单放货操作暂行规定》重点内容翻译成越南语并发给每位员工。类似的情形在香港本部和海外7家办事处每月都有上演。通过制度宣贯使得公司全体员工对制度入脑入心,切实落地到工作当中。

平时注重加强教育和学习

防范疫情

情感引领，搭建交流共享平台

化销香港推崇"家"文化，员工在工作中是平等的同事关系，在工作之外是亲密的兄弟姐妹关系。化销香港以感情为纽带、以活动为载体，通过工作生活之余的嘘寒问暖，开展喜闻乐见的文体活动，实现公司文化落地生根，相互融合，达到提升员工干事创业激情，增强员工归属感和忠诚度的目的。

面对境内疫情上半场和境外疫情下半场的严峻考验，化销香港将员工的身体健康和生命安全放在第一位，为做好全面防疫工作，确保全员零感染，化销香港使出浑身解数、积极作为，其中不乏佼佼者。在越南办事处就有这样一位"防疫卫士"，细微之处见真章：随着越南第二波输入型病例扩散发展到社区，疫情发展迎来高峰，因当地海关限制，由香港寄去的口罩无法通关，她花费大量精力与快递公司及海关协调，成功保证了口罩等防疫物资的充足；在疫情最紧张时期，她每天在办事处微信群里通报疫情情况，特别是通报发生感染的社区及街道，让员工及时了解身边情况，提醒大家做好防御措施；为给员工一个安全稳定的工作环境，她每天给员工测量两次体温并记录，同时定期给办公室消毒，让全员安心工作；对外来人员严格测量体温并按疫情防控预案执行；轮岗期间根据业务情况合理安排轮岗，随时与其他员工保持联系，发现问题及时汇报；在疫情最紧张时期，办事处有一名年轻员工因为咽炎有些咳嗽，她便抓紧给其介绍熟悉的医生，同时做思想工作、平抚情绪，帮助其渡过困难时期。正是这样把员工当成家人看待的公司，一点一滴做好关怀，才会让员工有归属感和倍感温暖。

2020年7月23日，受香港第三波疫情反弹恶化影响，在化销香港领导的大力推动下，灵活转变思路，采取Zoom会议软件直播的形式成功举办2020年以来的首次主题分享活动。

此次活动是自2019年举办该系列活动以来的第6期。让员工当起了"主播"，这种新颖的方式深受好评。这一次的分享者林渊隆于2019年入职，不过一年有余，由从前在台下听同事分享到自己作为分享者与同事们共享经验，心中颇为感慨。正是他这种"有了想法就要开始行动，即使遇到各种困难，但也许最后就会成功"的坚持，才会有后来自主编写的嫁接小程序出台，成功实现了自动制单、自动匹配检查数据、自动输出执行报表的目的，显著提高了国际贸易业务执行效率，大大降低了手工录入工作量。直播期间林渊隆还分享了工作小妙诀：利用计算机、软件及搜索引擎的便利，总结前人的经验，更新自己的知识储备，从而提高效率。虽然只有短短一年多的工龄，但他所获得的成绩让大家有目共睹，甚至他已经华丽转身成为导师，为徒弟传道授业解惑。

这样的分享活动其实每月都在上演，平台的开设也为一直默默耕耘工作的员工提供了展现自己才能的舞台，形成相互促进、共同进步的浓厚氛围。疫情持续至今，"我优秀，我成长"主题分享活动已举办5期（从2019年至今，一共开展10期），动员了14位优秀员工分享工作、生活中的经验和感悟，为全体员工提供工作、生活的向导、指引，而公司领导在对分享者的点评中融入了中国传统文化、中国石化企业文化，达到了"润

南丫岛清洁活动

"物细无声"的效果,形成企业文化共生互促的良好局面。

　　为营造佳节气氛、丰富文娱活动、缓解思乡之情,根据疫情形势变化,在疫情缓和之时,动员开展五四青年节南丫岛净滩活动。这次活动在化销香港总经理檀大水的带领下,29位公司青年才俊踊跃报名参与,当日室外温度高达30.5℃,员工们汗流浃背、不辞劳苦,为了美丽的香港,我们拼了!我们从南丫岛索罟湾港口出发,到达南丫岛索罟湾后,便开展地毯式的净滩行动。石缝中的、沙粒里的,大的塑料瓶、小的泡沫片,角落位置的不可降解垃圾,都被扫荡一空;沿途经过的行山径、村落,垃圾也被捡拾干净;更有员工戏言"捡垃圾,我们是专业的"。沿途村民见到此番情形,询问得知是中国石化的义工后,对我们的工作纷纷表示感谢。

　　其后化销香港还组织了多次团建活动,大帽山"绿野仙踪"行山洁径、"庆国庆,迎中秋"行山环保、重阳节"赏秋登高"龙脊登山洁径活动,以及开展羽毛球、足球、篮球等体育活动,员工及家属积极参与,充分展现公司上下一心、积极向上、团结协作的精神面貌。活动在增进员工间沟通交流的同时,还广泛宣传并竭力践行了中国石化"绿色洁净"发展战略,增强员工环保意识和社会责任担当,有效提升了中国石化海外形象。

宣传引领，营造良好舆论氛围

化销香港还着力营造团结、稳定、鼓劲的舆论氛围。建立宣传工作机构、明确宣传工作流程、出台宣传工作考核政策，注重创新、灵活利用公司微信公众号、化销信息等线上媒介、结合线下电视、宣传展板，形成多方位、多元化立体宣传模式，系统梳理集团公司、化工销售和公司企业文化精髓，制作企业文化展板并上墙，在香港本部和7家海外办事处全面推行，让全体员工对中国石化、化工销售和化销香港的企业文化入眼入脑入心；结合"百日攻坚创效""持续攻坚创效"活动，我们将年度目标按月进行分解，并通过电视和展板每周公布亮点工作和完成进度；坚持每周五晚上9点准时发布"攻坚创效"专题报道，全年共发布38期181篇，发出正面声音、强化榜样引领、提振创效激情，充分营造"比学赶帮超"的浓厚氛围，以宣传工作助推攻坚创效，以宣传工作助推高质量发展。

（供稿单位：化工销售香港有限公司 撰稿：李刚、杨骏辉、余惠敏）

英雄情结与戈壁企业文化

提到蒙古，人们首先想到的是草原和戈壁滩。蒙古族逐水草而居的生活方式赋予了他们独特的草原文化，那就是"敬畏自然、崇尚自由、仰慕英雄"，而英雄主义也是中华民族传统文化和精神的重要组成部分。

求同存异，是文化融合的基础；交流沟通，是文化融合的核心；沉淀积累，是文化融合的必经之路。中国石化胜利油田东胜公司蒙古项目（以下简称"东胜蒙古项目"）2001年进入蒙古国石油市场，20年来正是秉承这样的理念，走过这样的道路，才得以实现如今的发展。

贯穿其中，英雄情结就是共同的"魂"

2020年新冠肺炎疫情肆虐全球，蒙古国自2020年2月14日开始全面关闭中蒙间的客运通道，迄今东胜蒙

东胜蒙古项目通过发掘英雄情结为中蒙双边文化之"魂"，并以此建立了以"平凡的英雄主义"为基础，以"家和共赢、艰苦奋斗"为内涵的"戈壁企业文化"。央企海外项目在进行跨文化管理和企业文化建设的过程中更要坚持文化自信，抓住不同文化共同的"魂"，融入当地、切合实际，不断探索，不断创新，才能真正发挥"文化融合"的作用。

古项目有 30 多名中方员工已经超过一年没有回国了。3 月和 11 月是蒙古国疫情防控最为紧张的 2 个月，140 多名蒙古员工居家休息，中方员工不得不"以一当三"承担起了所有工作。党支部书记高云与 4 名采油工每天巡井 100 多口；注水班班长王万成带领 2 名员工负责 30 多口水井的巡检和 7 台注水泵的运行维修保养工作；倒油班 4 个司机一天总共要拉 30 多车油，从油区储油罐至联合站的单日往返里程合计超过 1500 公里……

当蒙古员工重新返回工作岗位时，项目管理层发现他们工作得更加认真和卖力了。副经理林文杰问几名蒙古员工为什么会有这样的变化，他们给出的答案出奇地一致："你们是英雄！"

跨文化融合首先要的是了解当地的文化习俗和生活习惯，与当地人沟通思想、情感和行为方式，寻求建立共同的利益诉求点，融合文化互补，形成共同的企业文化价值观。这就要求必须找到贯穿其中的魂，方能达到事半功倍的成效。中蒙两国文化各有特色，有互异性也有相同点，英雄情结就是两者共同的"魂"。

林文杰在蒙古国工作已经 15 年了，经历了项目的发展，也见证了项目中"戈壁企业文化"形成的过程；体会到了文化差异带来的矛盾和冲突，也感受到了文化融合带来的变化和好处。

2006 年，林文杰来到项目所在地宗巴音镇工作，环境的恶劣和城镇的萧条完全出乎他的意料，蒙古员工给他的最初印象是易冲动、酗酒和随性。一名蒙古员工因屡次违反项目纪律，被按照程序开除，便拿着刀在边境口岸等了他 3 天；一名喝醉酒的小客车司机被他从驾驶位上给拽下来；他还清楚地记得那几名发了工资第二天就不见踪影的员工的名字……

林文杰曾在俄罗斯留学和进修 5 年，俄罗斯有句俗语"无故发笑，必是傻帽"，对俄罗斯人来说，为了赢得谈话对方的好感而面带微笑是不恰当的，往往会令人感到不舒服，甚至反感。受此"文化"影响加之一贯坚持原则，他给人"冷面"的感觉，而蒙古国人民的性格是豪放、闲适和热情浪漫的。这种文化认识和行为方式上的差异性，导致了他在蒙古国刚开始工作的时候与蒙古员工的沟通不畅，甚至出现了误会。

当时的中方管理层也普遍存在按国内经验办事、缺乏文化差异包容性和融合思想等短板。项目有严格的规章制度，按照处罚条款的规定，开除蒙古员工成为常态，这种现象也带来了诸多负面影响：一是不利于项目的稳定发展和属地化管理；二是不利于中国石化在当地口碑和形象的树立；三是蒙古员工多由牧民培养而成，培养成本较高；四是逐渐造成用工难的局面。

"一流的企业靠文化管人，二流的企业靠制度管人，三流的企业靠人管人"。文化对人的影响是潜移默化、润物细无声的，在还没有感觉到的时候，就已深入人心，成为自觉行为。管理层一致认为，项目亟待建设企业文化，使之引领价值观，凝聚人心，规范行为，助力管理。

东胜蒙古项目在企业文化建设中是怎么做到求同存异，找到英雄情结这个魂的呢？首先是项目具有中国石化、胜利油田、东胜公司一脉相承的企业文化；其次是注意学习和了解蒙古族文化的基本特征和其在民族性格上的体现。项目成立企业文化建设领导小组，一方面分析蒙古员工的工作习惯和行为方式的特点及成因，一方面向员工解读"英雄"的内涵：英雄不一定是有过丰功伟业的人，只要是通过自己的努力给国家、企业、家庭作出贡献的人，哪怕是默默付出过的人都是英雄，便如同蒙古国男子普遍的名字"巴特尔"一样。

项目通过"讲历史、明道理、严管理、树典型、办活动"等各种方式全面加强引导，最终形成以"平凡的英雄主义"为基础，以"家和共赢、艰苦奋斗"为内涵的"戈壁企业文化"，并使之成为中蒙员工共同的行为准则。

新世纪初蒙古国石油行业基础薄弱，缺乏资金，没有成熟的油田勘探开发的技术标准、管理标准和工作标准，缺乏有实战经验的专业人员，西方石油公司的相继退出，使得蒙古国的石油行业陷入停滞状态。

2001年，东胜蒙古项目成立。胜利油田东胜公司是中国第一家进入蒙古国石油行业的公司，公司的进入推动了蒙古国石油行业的发展，原油分成收入被蒙古国纳入其国家预算的重要组成部分。蒙古国石油局向东胜公司管理的宗巴音油田派出了大量的现场代表，一则监督，二则学习，东胜蒙古项目也持开放态度，向他们详细讲解所有标准化制度、管理及施工。

尤为重要的是，蒙古国在探讨与完善石油勘探开发领域的各项行业标准的过程中，有许多方面都借鉴了东胜公司的经验。东胜蒙古项目不仅为当地提供了大量工作岗位，带动了当地经济发展，还积极履行企业社会责任，支持、援助当地教育、医疗等基础设施建设，近几年又陆续援建了宗巴音石油公园、幼儿园，援修了宗巴音室外游泳池，并且经常应当地政府请求，参与抢险救灾、紧急救援、帮助拆除危房、整修道路、清理沙尘暴积沙、清理垃圾等工作。东胜蒙古项目负责人经常向每一名蒙古员工讲述这些历史和故事，增强他们对企业的认同感，使得他们理解中国企业在蒙投资不是如某些反华人士所说的那样"掠夺资源，挣钱就走"，而是一项对中蒙两国尤其是对当地都有切切实实好处的长久事业。蒙古员工和当地居民理解和认可东胜蒙古项目对蒙古国石油行业的发展一直有着重要贡献，在蒙古国石油行业的历史上具有举足轻重的地位；理解和认可东胜蒙古项目是一家英雄的企业，东胜蒙古项目的发展是一段英雄的历史。

英雄一定是甘于奉献和敢于担当的。2020年注定是不平凡的一年，新冠肺炎疫情全世界蔓延成灾，国际油价暴跌至历史最低，国际上许多石油公司减员降薪，勒紧裤腰带过日子。面对疫情和油价这"两只黑天鹅"，东胜蒙古项目没有被困难吓倒，反而做到了项目低成本运行，2020年含人工的桶油变动成本同比5年来最低。按照蒙古国法律规定，灾情期间职工居家工作的可以发放50%的工资，东胜蒙古项目却全额及时向全体员工发放工资及各项福利、奖金。蒙古国疫情暴发时，东胜蒙古项目向东戈壁省政府捐赠800万图格里克（约合1.76万元人民币）；向东戈壁省紧急情况局捐赠1500万图格里克（约合3.3万元人民币）用于扎门乌德至乌兰巴托沿途防疫消毒工作；向中华总商会发起的支援蒙古国抗疫爱心募捐活动捐赠300万图格里克（约合0.66万元人民币）；向东戈壁省困难牧民捐赠价值2200万图格里克（约合4.84万元人民

蒙古国政府矿业重工业部授予东胜蒙古项目"2020年社会责任执行者优秀企业"奖杯

币）的 10 个蒙古包；向宗巴音镇困难牧民捐助米面油；向宗巴音医院捐赠口罩等防疫物资；为省政府设立防疫检查站提供物质和技术支持；多次号召中蒙员工进行个人捐款。为表彰公司在疫情期间所做的贡献，2020 年 12 月 25 日蒙古国政府矿业重工业部授予东胜蒙古项目"2020 年社会责任执行者优秀企业"奖。在蒙古国因为疫情影响导致经济和社会困难的这段时期，东胜蒙古项目的行为体现了英雄的奉献和担当，而中蒙员工的辛勤工作和付出是支撑项目在如此困难之年取得良好成绩的基础，是英雄的行为，也是项目戈壁企业文化之"艰苦奋斗"的体现。

任何事物的发展或成功，都不是一蹴而就的，都有一个循序渐进的过程，东胜蒙古项目戈壁企业文化的形成并深入人心，也离不开时间的沉淀和项目跨文化的融合引导。

蒙古国人民崇尚自由，很多蒙古员工身上都有"粗犷、随性、随遇而安"的印记，这对企业用工管理是一种挑战。东胜蒙古项目负责人告诉员工：从来没有绝对的自由，个人的自由首先要建立在不破坏或消极影响社会、不损害他人和公司利益、不影响个人声誉的基础上。"我欲"和"自律"从来都是相辅相成、相互制约的，按照国家的法律法规和企业的规章制度办事，保持一份长久的工作，有一份稳定的收入，给家庭一份财务的保障，才能实现一定意义上的自由，奉献和收获才是英雄追求的自由。

项目总厨师长巴图青格勒说:"我和丈夫在东胜公司工作20年了,跟中国人一起工作,让我学会了攒钱过日子,重视孩子教育,懂得了生活。我们两人自己盖了新房子,买了小汽车,供三个孩子到首都乌兰巴托上了大学,他们大学毕业后都留在了乌兰巴托,我们还给三个孩子在乌兰巴托买了房子,孩子也结婚有了孩子。在东胜公司我遇到了这辈子最好的日子。"

宗巴音镇镇长戛纳说:"20年前镇上大多数家庭都在蒙古包里住,家里除了床基本上什么也没有。现在只有十几户放牧的牧民还在蒙古包住,其他家庭都住进了砖瓦房或楼房,家里有了沙发、电视、洗衣机,有很多家庭买了汽车。现在镇上几乎每家都有人在东胜公司上班,这些生活的改变都是东胜公司带来的。要感谢东胜公司给予了宗巴音镇很多帮助,让牧民有工作,让孩子们有学上,让困难家庭有饭吃。镇政府非常感谢东胜公司对当地的贡献,中国企业是我们的好伙伴,中国人是我们的好朋友。"

榜样的力量是无穷的,新招聘的蒙古员工经过入职培训引导,很快就能接受企业的正规管理,行为得以规范,并逐渐融入项目戈壁企业文化,酒后驾驶、无故旷工等现象已经基本消失。

蒙古族是马背上的民族,蒙古员工非常注重荣誉,这与中国文化是相通的。为引导员工形成积极向上、勇于争先的精神,东胜蒙古项目设立了月度优秀班组流动红旗、年度优秀员工等奖励,对于优秀蒙古员工精心培养,大胆使用。1986年出生的图门纳斯特毕业于中国青岛科技大学财务管理专业,在项目财务部工作已经11年了,2018年项目派遣他至北京参加"一带一路"国家企业转型与创新管理研修班,期望他能更加开阔眼界、开拓思路。1989年出生的尼玛苏荣毕业于蒙古国科技大学石油工程专业,在宗巴音生产基地已经工作8年了,在项目的培养下掌握了油井维护管理、注水管理和注水泵维修、上机上罐连流程等技能,同时也具备了安全生产知识和一定的管理经验,现任项目采油队副队长。他说:"现在我的活更多了,身上的担子也更重了,

尼玛苏荣在紧盘根

蒙古员工在平整井场

但我一定认真向中国师傅学习，做好工作，对得起自己的身份和荣誉。"

　　文化融合的核心是沟通，只有通过沟通才能形成共识，教条的管理不仅不能形成共识，反而会背道而驰。东胜蒙古项目将中蒙之间的沟通从日常做起，从点滴小事做起，不断促进文化融合。项目管理层经常深入一线，中蒙员工平常同吃同住同劳动。为积极消除文化差异，使中蒙员工的沟通更为顺畅，项目组织中国员工学习蒙古语；组织优秀蒙古员工到胜利油田参观；重要节日送祝福，员工生日送蛋糕，直

系亲属去世送慰问金等。蒙古国人民敬畏自然，项目也非常注重环境保护及恢复工作，每年春季都组织中蒙员工植树，他们甚至都记得自己亲手植下的树并精心呵护着。项目定期组织各项文体活动，激发员工的热情和斗志，那达慕节日期间组织员工进行野外考察，让员工们在苍凉的石林山中呼喊高歌，体验蒙古国人与自然的和谐文化，激荡英雄胸怀。

2016年习近平总书记提出"四个自信"，并且强调"文化自信，是更基础、更广泛、更深厚的自信"。所以，央企海外项目在进行跨文化管理和企业文化建设的过程中更要坚持文化自信，发挥中国文化的作用，更好地处理好中外文化的冲突，找到文化融合之路，在经济合作

中实现文化传播,在文化交融中实现经济共赢。同时要秉承"融入当地、切合实际"的理念,抓住不同文化共同的"魂",在企业文化建设上"守正",在活动形式上"出新",在影响力度上"默化",不断探索,不断创新,才能真正发挥"文化融合"的作用,将跨文化管理转化为企业管理的助力,进而形成参与国际竞争的发展优势。

石油魂牵胜利路,能源情系报国心。东胜蒙古项目将继续践行好祖国"一带一路"倡议,传承石油石化优良传统,做好跨文化融合,进一步提升价值创造力,完成各项生产经营任务,为树立中国企业海外良好形象作出新的贡献。

(供稿单位:胜利油田分公司　撰稿:林文杰)

中蒙员工列队前行

十五载突破与蜕变
共携手创新与发展

沙特分公司经过 10 多年努力奋斗和拼搏，靠着良好的信誉和攻坚克难的勇气，从无到有、从小到大、从弱变强，在海外占领了一片市场，树立了一个品牌，打造了一支队伍。重视跨文化交流，积极推动当地员工成长也是公司不断发展壮大过程中的一个重要经验。

时光荏苒，岁月如梭。八千里扬帆破浪，十五载风雨兼程；回首望苍山如海，披星月砥砺再行。15 年只是历史长河的一瞬间，却又是那样波澜壮阔；15 年取得了优异成绩，却又肩负了更大责任；15 年见证了昨日的不忘初心，践行着今日的牢记使命，更是守望着明日的灿烂辉煌。

2019 年 8 月 6 日，中国石化国际石油工程有限公司沙特分公司（以下简称"沙特分公司"）隆重举办成立 15 周年纪念活动。庆典仪式上，沙特分公司副总经理唐安全在致辞中讲道，分公司成立以来按照集团公司"走出去"的发展战略，克服重重困难，积极应对海外市场的新形势、新机遇和新挑战，精细管理夯基础，锐意进取拓市场，各项业务都取得了可喜成绩。他回顾了沙特分公司从无到有、从小到大、从弱变强过程中一次次蜕变和在突破中不

2019年，沙特分公司隆重举办成立15周年纪念活动

断成长的美好瞬间、难忘时刻。成绩的取得浸透了广大员工的辛勤汗水和忠诚团结，更印满了创业者艰难曲折和无畏竞业的脚步，也饱含了上级领导踌躇满志、高瞻远瞩和屡创佳绩的聪明才智。他的讲话让与会人员在感动中备受鼓舞。

重视跨文化交流，积极推动本地员工成长

15年来，沙特分公司在不断推动业务发展中，做好相互之间的跨文化交流，并按照"人才国家化、员工本地化"原则，遵循沙特本地化及IKTVA战略，积极推进本地员工成长和就业。

"中国人对沙特籍雇员非常友好，井队领导非常重视对我们的教育与培养，在现场安排中方员工指导沙特籍雇员工作，经常安排我们参加一系列HSE会议、钻井技术和井控培训等，提供了比较好的提升机会，我很多朋友都从原来的基础工作岗位上升到高岗位，收入提高了不少。SINOPEC就像一个大家庭，钻井现场工作虽然很辛苦，但每天都很快乐。

我爱中国石化！"SP-165队沙特籍员工Shaib深有感触。由于工作努力，Shaib先后3次到沙特培训中心进行培训，并作为优秀员工代表，到中国参观学习交流，2018年9月被提升为司钻。

与此同时，沙特分公司与阿美公司合作举办沙特钻井技术学院（SADA），每年投入资金培养钻井岗位人才；委托沙特石油技术学校（SPSP）定向培养井队专业技术人员。积极通过建立晋升机制和员工激励体系，设置10年服务奖励、突出业绩奖励、岗位晋升、到总部参观等方式，培养员工归属感与忠诚度。

在SP-120队的施工现场，沙特阿美公司监理Sam Bullok热情洋溢地说："来到中国井队，我学会了打乒乓球，这几年进步不小，在这待久了，还喜欢上了中餐，特别喜欢宫保鸡丁，而且中方员工很勤劳，工作很努力，相互配合很好。""I like Chinese rig."老美监理故意提高了嗓门，他脸上带着满意的微笑，让人深深感受到了融洽和谐。

不仅如此，沙特分公司倡导"尊重差异、开放融合"理念，举办如外籍员工过生日送蛋糕和祝福、帮扶困难家庭、节日与外籍员工联谊、举办中国石化家庭日、讲授中国文化和中国石化企业文化等活动，

2020年4月8日，石油工程公司SP-257队井架顺利起升。新钻机在"百日攻坚创效"行动中成绩斐然。这也是同批进入沙特阿美气井市场6部钻机中第一部起升井架的钻机

不断提升队伍素养和凝聚力。另处，在沙特斋月期间，还开展了为当地群众发放斋饭、植树造林美化环境、捐助女子交警检查站、捐资助学等多样化的公益活动，并积极参加阿美公司组织的本地化论坛展会和沙特石油石化天然气展会等活动，承担社会责任。沙特分公司连续7次获得沙特中资企业优秀企业称号和沙特慈善总会颁发的证书。

在不断突破中蜕变，在创新发展中壮大

沙特分公司成立以来，从一部钻机到现在的61部钻机；从一人摸索到现在6000余人；从物探的二维项目到现在的大道数三维项目；从油建项目的不被认可到现在35个项目得到当地老百姓的称赞……每一次成绩的取得，每一项业务的拓展，都见证了沙特分公司在一次次突破中蜕变，在一次次创新发展中不断壮大。

在纪念会上，沙特阿美公司钻修井作业部总经理、代理副总裁Omar Husaini先生热情洋溢地讲道："中国石化从一部钻井发展到目前成为阿美公司最大的陆地钻机承包商，是靠中国石化队伍认真扎实的管理而取得的，沙特与中国合作越来越紧密，中国石化为'一带一路'倡议与沙特'2030愿景'的对接，做出了优秀的示范。阿美公司未来市场广阔，工作量不会减少还会增加，希望中国石化接下来在阿美井筒服务、钻井大包及非常规方面能积极参与到阿美的项目中，互利共赢，取得更大成就。"

与此同时，沙特分公司积极履行社会责任，大力培养本地员工，不断提高当地影响力。分公司对沙特籍员工实行统一管理，每月对项目沙化指标实行考核与通报，自觉遵守政策规定和业主要求，严格执行沙化指标。自劳工部对沙化比例要求进行分类以来，分公司一直被列入完成程度最好的绿色区域企业，得到了沙特劳工部表彰。

沙特分公司还主动参与当地公益事业，向当地政府提供培训基金赞助，向当地慈善机构、"暑期学生助学计划"捐款，组织员工植树绿化等，受到当地政府和民众赞赏。

同时，沙特分公司努力实施项目，打造精品工程，多个路桥项目受

到当地政府和民众赞誉。大胆使用当地和第三国籍员工，通过自主招聘、内部推荐、特岗特薪等手段聘用国际管理和技术人才，实现了管理团队的当地化、国际化。沙特分公司借鉴跨国公司人力资源管理先进经验，从员工招聘、劳动合同、岗位描述、薪酬福利、绩效考核、培训及用工黑名单制等方面，建立系统的实施细则和管理规程，并不断完善薪酬福利设计及职业发展规划。

有心帮助，让外籍员工提升自我价值

凯末尔（Kamal），来自孟加拉国，今年39岁，在中国石化已经工作15年了。2006年4月刚加入沙特分公司时，他的工作是司机，天天拉着公司的同事在库巴市的大街小巷跑来跑去，而且经常跑野外，去井队现场。井队都在大沙漠里，路面颠簸不平，夏天地面温度甚至能达到60℃。在这样的恶劣环境下，汽车很容易爆胎，或者陷入沙子。2009年，公司给他安排了新任务，他由司机变成了一名在办公室里工作的行政助理。主要工作包括日常用品采购、付款、库房管理等。原来天天操作的是汽车方向盘，现在改为操作电脑键盘了。因为经常和各种公司联系，他的英语交流水平也提高了很多。在公司时间长了，他开始喜欢中国文化，工作闲暇他还学了一些简单的中国话。每年他都要学一首中文歌曲，并在华人春节晚会上演唱。他唱的《老鼠爱大米》《小苹果》《沙漠骆驼》等歌曲，还在阿美华人晚会上拿到了优胜奖。

2009年，凯末尔被作为优秀员工选派到中国石化总部参观，看到SINOPEC总部办公楼，看到了北京、长城、鸟巢，目睹了中国的强大和繁荣。在北京的公司总部，他和其他国家选出的员工一起，受到了热情接待。在SINOPEC工作了这些年，Kamal最大的感触就是中国人从不歧视别人，在这样的氛围工作是开心快乐的。2013年的时候，他不慎伤到了腿，做了手术。很多同事还为他捐了款，帮他渡过了难关。当他的家人到沙特来看他时，公司在签证、住宿等方面给予了很多帮助，让他们在沙特的这几个月非常愉快。Kamal发自肺腑地说："感谢中国石化，你帮助我成长！我为你感到很自豪！"

1 施工现场全力以赴保障安全生产
2 现场吊装设备，准备进行长途搬迁
3 现场对设备进行安装

2007年，Faizal从印度的一个美丽海滨小城Kasaragod来到沙特。在这里，他找到了人生的第一份工作，成为沙特分公司所属井队SP-101队的现场司机。虽然他的工作主要是长途跋涉在井队和项目部之间，但他十分珍惜这个工作机会，尽心尽力地做好自己的本职工作。他的努力得到了井队和分公司的一致认可。2010年，随着分公司业务的发展，所属井队由4支增长到10支。由于Faizal的良好工作表现，他被调入分公司机关任职车辆管理助理，负责协助中方车辆管理员做好司机的调度以及车辆的日常管理、保险和行驶证更新等工作。这是他职业生涯里的第一次提升，他对公司给予的锻炼和认可充满感激，并以加倍努力地工作来回报公司。

2012年，沙特分公司业务规模进一步发展壮大，中方车辆管理员被安排到其他工作岗位，Faizal被提升为车辆管理员并单独顶岗。刚任职这个岗位时，突然增加的工作量让 Faizal 压力倍增，自觉难以胜任。主要是因为有时候工作效率不高，他很苦恼，不知如何改变现状。部门经理杨光威发现这一问题后，主动找他沟通，分析他工作效率不高的主要原因，提出解决的办法和建议，并经常抽出时间有针对性地指导他。如在工作中常用到的办公软件，他以前只会基础的 Excel 操作，在杨光威的帮助下，他学会了如何使用公式、函数等一些高级的 Excel 功能。同时，杨光威还教会了他如何使用中国的通信软件 QQ。学会这些之后，他的办公效率一下就提升了很多，自信心也随之提升。Faizal 深有感触地说："在 SINOPEC 工作的 13 年间，我不仅收获了人生阅历、工作经验、自信和荣誉，更享受这份收获的喜悦。由衷感谢 SINOPEC 给我提供的工作平台，让我成长、积累，让我可以尽情施展自己的能力。同时感谢那些帮助过我的同事们，让我不断获得提升。"

"那一刻起，我的人生注定将与众不同……" Malik 回忆起 14 年前的场景还是显得异常兴奋。2007 年 3 月 10 日晚上 9 点，电话铃声打破了夜的宁静，那一刻注定与众不同，因为它改变了 Malik 平淡的生活，那一幕让 Malik 始终难以忘记，它像水滴溅落在平静湖面掀起的阵阵涟漪。电话那头是沙特分公司人事经理，Malik 被通知聘为公司 GRO（政府关系专员），于是他毫不犹豫地同意了。两天后签了劳动合同，从此，Malik 正式成为沙特分公司的外籍雇员。在 2006 年《财富》杂志评选的世界 500 强企业中，中国石化排名第 23 位，因此，成为中国石化的员工是包括 Malik 在内很多沙特人的梦想。"在这里，和聪慧、充满激情、有较高专业水平的同事一起工作，不仅提升了我的业务水平，积累了工作经验，还开阔了视野，极大地促进了我的成长，让我在工作上不断取得收获。"

2009 年，沙特分公司的 3 名优秀外籍员工参加了为期一周的中国行，Malik 有幸入选，这是对他 2 年来辛劳付出的认可和鼓励。在踏上中国土地的那一刻，他激动的心情已无法用语言形容。他们参观和拜访了中国石化总部、胜利油田等机构，还领略了中国首都北京的文化底蕴和现代气息。2010 年，Malik 被沙特分公司授予年度"先进工作者"

称号，他感到无上光荣和自豪。他想这正验证了中国的一句成语：一分耕耘、一分收获。在沙特分公司的近 14 年，像梦一样令人艳羡，又像旅行一样真真切切。对 Malik 而言，沙特分公司不单纯是一个工作场所，它更像一个家，让他这个外籍员工能深切感受到亲情、友谊、温暖，感受到沙中不同文化下的借鉴与融合，感受到不同民族不同血统之间的凝聚与交融。"在过去的 14 年里，我一直以成为中国石化的员工而自豪和高兴，自己一步步走来，经历各种历练和挑战，深刻体会到获得的提升和成长。由衷地祝福中国石化未来更加美好。十年一个轮回，我期待着下一个十年的精彩。"

活动上，中外员工作了表态发言，表示将在中国石化这个大家庭中，以踏实严谨的工作作风、认真负责的工作态度，高标准、高质量地完成各项工作，把对分公司的感激化作更大的动力，立足岗位、竭尽所能，在分公司的发展过程中展现更加精彩的人生，为沙特分公司更加美好的明天努力奋斗。

随后，庆典的演出精彩纷呈，中外员工们自发编排的独唱、歌舞点燃了现场气氛，台上表演者倾情演出，台下掌声哨声不断，把活动推向高潮。

"雄关漫道真如铁，而今迈步从头越。"沙特分公司经过多年努力奋斗和拼搏，靠着良好的信誉和攻坚克难的勇气，在海外占领了一片市场，树立了一个品牌，打造了一支队伍。面对更加严峻的市场形势的挑战，他们将以"逢山开路、遇水架桥"的闯劲、"勤学善思、磨炼提升"的韧劲、"严以律己、清白干事"的操守，借助"一带一路"发展机遇，不忘初心、牢记使命，以强烈的政治责任感和历史使命感，坚定不移地学习贯彻习近平新时代中国特色社会主义思想，坚定不移地落实上级的方针政策，积极开拓、勇于奋起，砥砺前行，为打造海外"半壁江山"而努力奋斗，一如既往踏上新的征程、续写新的荣耀！

（供稿单位：国际石油工程有限公司　撰稿：王文海、杨光威、魏绍波）

中沙智库开创性合作结硕果

开展国际合作和交流是提升智库影响力的重要途径;开展联合研究、搭建合作平台、深入交流合作,是提高自身国际影响力、加快建设新型智库的题中之义。中国石化经济技术研究院与沙特智库的合作,既为中国石化增进国际合作、实施国际化发展战略树立了典范,也为智库间的跨文化交流进行了意义重大的探索尝试。

为响应国资委"加强央企与国外智库合作开展研究,加强海外传播,与当地媒体以及利益相关方的沟通"要求,中国石化经济技术研究院有限公司(以下简称"经济技术研究院")于 2019 年 8 月,与沙特智库"沙特阿拉伯科研与知识交流中心"就合作研究、学术交流、人才培养、相互宣传等方面达成一致意见,签署了为期两年的战略合作框架协议,发挥各自优势,建立了合作研究的协作机制,其中《中沙能源化工领域合作机会与风险研究》课题就是该框架协议下的主要内容。

此次合作是中国石化和经济技术研究院首次与国外智库开展课题合作研究。签约仪式获得社会广泛关注,吸引了国内外 400 余家媒体的跟进报道。

8月25日，中国石化与沙特阿拉伯科研与知识交流中心在北京正式签署战略合作协议

智库交往，蓬勃活力

在课题合作过程中，经济技术研究院不仅在合作规程、习俗文化、价值观念等国际商务合作方面积累了丰富经验，而且在双边合作机会的选择、风险分析等方面集合两国研究力量建立了研究体系，为今后分析与其他国别合作打下坚实基础和建立方法体系。更重要的是，通过与沙特智库的往来沟通、文化交流、思想碰撞，将合作研究成果惠及双方，展现了"智库交往"的蓬勃活力、巨大张力和无穷潜力。

为高质量、高水平完成课题，经济技术研究院动员了院高级专家、国际发展研究所、产业发展研究所、金融证券研究所、政策研究所、市场营销研究所等研究部门的骨干力量，发挥各领域专家的专业特长，推动课题研究不断深入。然而，当课题紧锣密鼓展开之时，恰逢新冠肺炎疫情肆虐全球，中国与沙特双方的日常研究工作都受到了一定程度的影响。为保证课题顺利推进，中沙双方的研究人员通过线上交流、邮件往来、视频会议等途径，克服了疫情大流行期间的诸多困难，终使得课题如期顺利完成。

打造中沙能源合作命运共同体

课题组紧跟国际政治经济局势变化，把握世界能源化工产业发展趋势，结合两国经济与产业发展实际，研究提出，中沙双方应在尊重包容、互利共赢、依法合规、绿色低碳、和谐发展的合作原则指导下，以积极推进中国"一带一路"倡议与沙特"2030 愿景"对接为指引，以共同打造开放包容、普惠共享的中沙能源合作命运共同体为中心，在全产业链开展全方位、多层次、高水平务实合作，形成能源合作共同体，协同保障能源安全，共同推进可持续发展。

课题组经过深入研究分析中沙能源化工领域合作成果、合作经验、合作风险及挑战，指出中沙两国在贸易及销售、炼化产能、工程服务、上游勘探开发、新能源、科技创新等众多领域有着广阔的合作空间。课题组还提出构建多层次沟通协调机制、建立国际合作服务平台、加大双方文化交流、建立人才培养机制等措施建议，为推进中沙两国扩大合作领域、创新合作模式、深挖合作潜力、提升合作质量奠定了坚实基础。

课题研究发现，中沙两国拥有广阔的能源合作空间和战略发展前景。作为世界第一大原油进口国的中国与世界第一大原油出口国的沙特开展能源化工合作，不仅是中国"一带一路"倡议与沙特"2030 愿景"的战略有机对接，而且是两国能源安全保障、产业高水平发展、低碳转型的必然选择，还对维护全球共同安全、实现人类社会可持续发展具有重要意义。

课题研究更是深刻揭示了，在 2020 年受新冠肺炎疫情冲击，原油期货价格一度跌为负值的能源化工市场剧烈波动的大背景下，原油进口大国与原油出口大国进行务实合作，稳定能源供需格局、维护全球市场稳定，不仅对中沙两国有着举足轻重的战略价值，而且对全球市场有着不容忽视的关键意义。

首次与国外智库开展合作研究项目

《中沙能源化工领域合作机会与风险研究》课题是经济技术研究院首次与国外智库开展的合作研究项目，在集团公司乃至国内行业范围

《中沙能源化工领域合作机会与风险研究》

内也属先驱案例,既为中国石化增进国际合作、实施国际化发展战略、提高国际知名度树立了模范典型,又为经济技术研究院与国外智库进行合作研究、探索双边合作模式、加快新型智库建设积累了宝贵经验,还为两国能源化工产业发展的美好未来提供了有力的智力支撑,有助于中沙双方在产业层面促进跨文化交流、深化互信、凝聚共识,推动两国产业合作向更高水平迈进。

经济技术研究院作为中国石化唯一一家从事软科学研究的机构,定位为集团公司的参谋部和智囊团,顺应发展趋势、回答时代之问、响应国家号召,提出了建设世界一流智库的宏伟目标,随着公司市场化改革的不断推进,经济技术研究院向世界一流智库建设迈出了实质性步伐,提升智库影响力就是其中关键一环。

然而,提升影响力绝非一日之功,经济技术研究院与沙特智库合作完成的《中沙能源化工领域合作机会与风险研究》课题作为研究试点,为国际智库合作、双边联合研究、开放合作提供了一个先行的有益尝试和成功的典型案例。今后,经济技术研究院将以此为起点,扩大国际合作,推进开放式研究,着力增强国内外影响力,不断提升决策支撑力、政策评估力、舆论引导力、价值增长力、思想穿透力,将一流智库建设引向深入,为中国石化打造世界领先洁净能源化工公司贡献智慧与力量。

(供稿单位:经济技术研究院有限公司　撰稿:毛若冰)

让歌声与微笑长驻亚马逊雨林

在哥伦比亚，中国石化以一颗"国际心"坚定执着地走出去、扎下根、融进去，在文化深度融合中实践"一个团队、一个目标"，凝聚起中外员工的信任和支持。作为一个跨越中国、印度、哥伦比亚三方的公司，如何在多种文化的碰撞中实现文化融合，打造一个多元文化企业的共同价值，这是一个典型的案例。

"请把我的歌带回你的家，请把你的微笑留下……"这首欢畅的旋律曾在国勘哥伦比亚圣湖能源公司的油田作业现场风靡一时。中外员工非常喜欢《歌声与微笑》，让大家心情愉快地传唱这首歌的原因，源自在优秀企业工作的骄傲与自豪，也源自哥中人民互帮互助的信任与依靠。

从巍峨的安第斯山脉到原始的亚马逊热带雨林，随着越来越多的拉美国家加入"一带一路"倡议，缩短了两个大陆板块的距离，为中国和拉美国家架起合作共赢的桥梁。中国石化国勘哥伦比亚公司在"一带一路"拉美延伸带上，以"共建共享共赢"的合作理念积极履行企业社会责任，促进多元文化融合，赢得了良好的经济效益、市场信誉和品牌声誉。

文化再造引领价值升级

国勘哥伦比亚公司包括圣湖能源公司和新格拉纳达能源公司。其中圣湖能源

圣湖能源公司在文化深度融合中实践"一个团队、一个目标",让未来发展更长久、更给力

(MECL)是中印合资公司,股东双方成立联合作业平台,各委派两位股东代表担任合资公司高层管理人员,其余员工都为当地雇员。由于中国、印度、哥伦比亚三方有着典型的文化差异,融合之路并非一路畅通。中方员工责任意识强,工作效率高;印度员工则将经济效益放在第一位,民族自尊心和宗教信仰很强;哥伦比亚员工尊重个性,有热情和活力。多元文化的碰撞与冲突,给生产经营带来巨大挑战。

中方管理层意识到,要从根本上建立一个高效运作的公司,必须从战略高度去认识和解决这一问题。在逐步认识和解决文化冲突的过程中,公司高层管理人员找到跨文化管理的切入点,即建立以战略管理为抓手的价值导向性文化。一切经营行为均以创造价值为目的,管理体系、行为规范、政策策略均围绕价值创造设立。

圣湖能源公司将企业战略目标作为员工个人价值实现的最好载体,

实施平衡记分卡策略，将公司短期经济效益和长期可持续发展结合，在创造利润的同时做好 HSSE，在降低运行成本的同时注重对员工的培养、对社区的回馈，找到经营的最佳平衡点。公司采取多种"润物细无声"的手段，例如张贴企业文化标识，发放企业文化及发展战略宣传册，开展 Climbing Higher、论坛、典型宣传等活动，开设高管专用网络对话区域，对违背企业文化精神的行为和实例进行个案解剖，开展 HSSE 最佳团队、最具执行力团队、年度最佳等劳动竞赛活动，发放领导力、执行力类书籍，开展 Great Place to Work 调查与整改活动等，逐步将战略目标转化为员工的思维习惯与自觉行为，让战略落地生根。

在文化再造的过程中，圣湖能源公司摸索出了一条开放式的管理之路，有效提升了中外团队的执行力。

"五行"关怀暖人心

在圣湖能源公司的 511 名员工中，哥伦比亚籍员工有 507 人，占员工总数的 99.2%。由于工作家庭难以平衡，导致员工流动性很强，对

国勘哥伦比亚圣湖能源公司建立独特的人文管理体系，采取"润物细无声"的手段促进文化融合

人力资源管理提出挑战。圣湖能源公司结合中国"五行"及印度、当地文化元素，以"金、木、水、火、气"5种抽象元素代表人文管理五大理念，启动"VITAL员工家庭关怀工程"，多维度出发改善员工工作和生活质量。

"金"即公平参与培训。定期在公司内部或邀请有资质的教育机构为员工开展石油基础、项目管理、安全操作等专业培训，丰富知识储备，提升专业技能，使员工成为多面手。还对部分业绩突出的员工进行资助，提供公平的教育机会。

"木"即员工储蓄计划。公司向员工自愿退休金账户汇入部分补贴，扩大未来退休金领取基础，增强了员工的积极性、稳定性。补贴不作为直接薪酬的构成部分，根据哥伦比亚法律可以免除部分劳资用人税，进一步降低人力成本，实现员工与企业的双赢。

"水"即弹性工作方式。由于受居住地点、交通方式、文化生活习惯等因素影响，员工到达公司的时间差别很大，前后最多能差一个小时。圣湖能源公司调查员工每日生活作息时间，制定了3种不同时间的弹性工作制，有助于员工结合部门安排与生活节奏进行选择，大幅提升了员工的幸福感。

"火"即关爱员工生活。圣湖能源公司为员工提供了包含7天额外假期的"时间支票"以及餐饮、旅行、购物商业优惠等诸多福利。据调查统计，每月可为员工节约生活成本100～150美元。此外，他们还定期召开听证会，广泛听取员工的意见建议，不断优化和完善生活质量管理体系。

"气"即实施民主管理。通过抽样问卷调查、重点问卷调查、员工座谈会等方式倾听员工心声，深入细致地了解员工诉求，明确重点工作计划，力求通过多样化、个性化的措施，多维度改善员工生活质量，营造充满正能量的工作环境。

通过人文管理措施，圣湖能源公司员工流失率明显降低，也因此获得SGS机构授予的EFR（建设员工友好型企业）国际认证证书，成为哥伦比亚首家荣获此证书的能源类企业。

同心·筑梦

互利共赢才能长久发展

"我是幸福的放牛娃！"家住哥伦比亚博雅卡港市滨松港镇的巴伯罗兴奋地说，而几年前的他却一度愁眉不展。

滨松港镇紧邻秦查斯山脉自然保护区，居民受教育水平低，曾一度依靠种植古柯作物生活。随着当地政府打击毒品犯罪力度加大，绝大多数居民因无法种植古柯而失去了经济来源，原本薄弱的传统农业在古柯种植期间遭到较大破坏，重新发展困难重重，巴伯罗与邻居们陷入生活困境。

滨松港镇位于圣湖能源公司作业现场的主要区域，其发展与稳定直接关系到公司的平稳作业与公共安全。圣湖能源公司主动将支持当地畜牧业发展纳入其社会责任框架内，通过与哥伦比亚国家学术服务机构合作，向当地家庭推广现代畜牧业养殖技术，同时改善当地生态环境。

圣湖能源公司选择面向当地畜牧从业家庭进行现代畜牧技术与市场营销理念推广，牧草混合种植、林草复合放牧、轮牧等方式很快被当地居民接受。他们还为居民提供日处理能力 5000 升的牛奶冷却罐，降低在牛奶加工与储运过程中的损耗，加工后的奶制品与哥国市场标准接轨。为帮助更多居民学习现代畜牧技术，圣湖能源公司结合现代畜牧技术实际操作、奶制品加工储运卫生规范、可持续发展与生态保护、市场营销等 4 个板块对生产者进行培训，同时通过现场实践活动，帮助居民在生产实际中掌握新技术。

圣湖能源公司的支持不仅提升了当地居民的生活质量，还改善了周边生态环境。滨松港镇目前成功配置 4 公顷混合牧草饲料种植地，有效提高了土地利用率。利用林草复合放牧技术，在放牧同时成功恢复了 20 公顷范围内的树木种植，对 25 个小型畜牧生产者的牧场园区进行了自然环境保护区域圈定。在现代畜牧技术推广的驱动下，当地居民纷纷扩大畜牧规模，产生了良好的经济效益和社会效益。现在巴伯罗家的奶牛每天产奶量平均提高 1 升，冷加工后牛奶质量明显提高，又减少了中间商环节，牛奶单升售价提高了 200 比索（约合 0.35 元人民币）。

"在我们公司的帮助下，根据哥伦比亚农业生产标准，该镇从事畜

圣湖能源公司通过支持当地畜牧业发展，不仅提升了资源国居民的生活质量，还改善了周边生态环境

牧业的家庭中已有三成成为中等规模生产者，一些养殖大户拥有的牲畜多达 80 头！"哥伦比亚公司总经理赵煊说，"帮助他们就是帮助自己，互利共赢才能长久发展。"

在哥伦比亚，中国石化以一颗"国际心"坚定执着地走出去、扎下根、融进去，在文化深度融合中实践"一个团队、一个目标"，凝聚起中外员工的信任和支持，大企业履行大责任，让未来发展更长久、更给力。公司储量产量逐年攀升，投资效益明显增强，股东信任程度明显提高，HSE 绩效大幅提升，与资源国以及当地社区的关系也显著改善。在圣湖能源公司成立 10 周年庆典时，哥伦比亚前总统桑托斯曾专门致信，对中印双方股东以及圣湖能源公司作出的杰出贡献表示感谢。

（供稿单位：国际石油勘探开发公司　撰稿：赵煊、周芳）

用文化融合
滋养企业可持续发展之花

中国石化国勘加拿大公司在注重高质量发展的同时，也十分关注企业的软实力建设。通过加强公司内部多元文化融合建设，主动、创新、有效地将中国优秀文化融入当地社会责任活动，促进员工之间的文化交流、倡导资源节约和环境保护，并与当地社区形成利益交汇、文化交融、共同发展的新局面，为提升企业在当地的品牌形象树立了一个典范。

位于加拿大艾尔伯塔省南部、落基山脚下的卡尔加里，被中国人亲切地称为"卡城"，是加拿大的能源中心。许多世界著名石油公司都在此设有分部，中国石化也是其中的一员。卡城正如其名字蕴含的意义"清澈流动的水"，人们可以在这里观看清澈湖面上年度龙舟赛的精彩对决，可以在鸟语花香的动物园中观赏憨态可掬的中国熊猫……正是在这种多元文化包容和相互尊重的氛围里，不同的文化和民族兼收并蓄、共同发展、互补互融，用文化融合浇灌滋养了可持续发展的花朵。

中国石化国勘加拿大公司（以下简称"国勘加拿大公司"），是中国石化在加拿大从事油气上游投资和经营的公司。自2005年收购"北极之光"油砂项目进入加拿大油气市场后，中国石化又先后收购了北方门户管道项目、Syncrude油砂项目、日光能源（Daylight）公司和PNW LNG一体化项目。其中日光能源公司为完全股权收购项目，拥有世界领先的非常规和致密油气勘探开发技术及多元文化背景的专业人才队伍，能够独立自主开展非常规和致密油气勘探开发作业。

以日光能源公司为基础，中国石化确定了在加拿大的发展愿景："致力于建设一流石油公司，运作好现有的世界级油气资产，实现中国石化在北美的可持续盈利和增长。"公司严格遵守对社会、安全和环境的承诺和责任，努力实现股东利益最大化，并使之成为员工和股东的共同选择。

在关注发展质量和效益的同时，中国石化也十分关注企业的软实力建设，通过加强内部多元文化包容和融合建设，主动将中国优秀文化融入当地社会责任活动，倡导资源节约和环境保护，与当地社区形成利益交汇、文化交融、共同发展的新局面，不断提升企业在当地的形象。

2016年在多伦多举行的加中贸易理事会年会上，国勘加拿大公司被授予"最佳投资企业金奖"。这不仅是对中国石化在加拿大投资与经营的肯定，也是对中国石化在当地促进文化融合、履行企业社会责任方面卓越表现的表彰。

国勘加拿大公司通过内部文化融合和积极履行社会责任，保持生产经营稳定运行

搭建 YOUnity 平台，汇聚多元文化团队智慧力量

走进办公大楼，迎面就能看见一片枫叶红和中国红交映生辉，各式中加文化标识、书籍随处可见、随手可得，会议室里时常能够见到中加员工自发地热烈讨论公司发展、技术攻关，活动室里不时传出中加员工的欢声笑语……这里，就是国勘加拿大公司。

在全资收购当地日光能源公司后，国勘加拿大公司首先从管理体制和运行机制方面进行了"一体化"整合，在充分尊重和保持日光能源原有文化的连续性和稳定性基础上，逐步融入中国文化元素，并通过 YOUnity 多元文化融合项目这一平台具体实现。

YOUnity 代表"你"和"团结"，其内涵为公司期望所有员工能积极参与公司的发展建设，团结和融合不同文化，树立共同目标，增强公司的发展动力。

依托 YOUnity 平台，国勘加拿大公司 2018 年对所辖项目的标识进行了规范应用，统一更换为中国石化海外标识。与此同时，通过到北

国勘加拿大公司以 YOUnity 为平台，中外员工开展冰壶运动比赛

京总部参加培训的当地员工讲述对中国文化和中国石化发展史、组织结构、战略目标、品牌理念等的学习感受和体会等方式，增进当地员工对中国石化母公司品牌内涵的认同和理解。

2019年，国勘加拿大公司又围绕价值创造和效率提升，开展了资源结构优化，建立了社会责任、多元文化融合和企业文化建设"三位一体"的企业文化体系，逐步打通了以文化促融合、以目标聚共识、以责任树形象、以行动促提升的健康发展通道。在国勘加拿大公司举办的"庆中秋、迎国庆"聚会暨"一个团队、一个目标"建设启动活动上，CEO陈光俊说："中国的中秋节是收获的季节，也是团圆的节日，加拿大农民也会在秋季开展各种庆祝活动，两者表达了同样的意愿，都是收获、团圆和感恩。"通过对中加传统文化的类比，增进了中加员工的文化认同，增强了团队团结一致、凝心聚力，共同开创公司美好未来的决心。

结合当地员工喜爱体育运动的特点，YOUnity平台还按月度推出乒乓球、冰壶、地掷球、登山、羽毛球、篮球等中加传统体育比赛，以及中国新年、端午节、中秋节、牛仔节、万圣节等中加传统节日庆祝活动，在多样的文化活动中增进文化认同和交流互动。

面对2020年低油价和疫情蔓延的双重挑战，国勘加拿大公司还积极探索团队建设新模式。通过MS Team建立网上虚拟活动社区，组建了健身、美食和工作日常等兴趣分享小组，缓解隔离政策下员工的心理压力，增强了员工对企业的归属感。公司CEO每日早餐时间与业务团队相聚云端，传递管理层对员工的人文关怀，共享生产经营和优化管理策略，交流疫情防控的有效措施。还探索举办了"卡尔加里—北京"全员线上"战疫"健步走活动，在特殊条件下增进当地员工对中国文化的了解和与北京总部的感情连接。

履行企业社会责任，让"中国石化阳光照耀社区"

"中国石化阳光照耀社区（SINOPEC Shines Community Investment Program）"是国勘加拿大公司员工和当地慈善机构非常熟悉的公益项目之一。国勘加拿大公司通过这一项目，一方面鼓励员工参加社区志愿活动（Two Hands Program），并规定员工每投入一小时志愿工作，公司将捐赠 5 加元（约合 26 元人民币）予以匹配，以放大员工的志愿工作成果；另一方面也积极融入当地慈善文化环境，鼓励员工进行慈善捐赠（Two Times Program），并承诺公司将匹配与员工捐赠相同数额的慈善捐赠，从而汇集起更大的慈善力量，吸引鼓励更多员工加入支持社区弱势群体的队伍中。

最终将员工志愿服务匹配捐赠、员工个人捐赠的匹配捐款汇集起来，根据公司社会投资委员会的年度调查结果进行项目选择，投入当地关爱患病儿童、扶贫济困、公益赞助等公益机构，主要包括"食物银行""圆梦计划""点亮夜空""伍德之家"等项目。其中，"圆梦计划（Make a Wish）"，是为有生命危险、患有严重疾病的儿童提供一个满足其最大心愿的慈善活动，希望通过这一活动为患儿带去希望、力量和欢乐。

通过"中国石化阳光照耀社区"项目，支持员工参与志愿者服务

每年10月,加拿大白血病与淋巴瘤协会在加拿大11个城市举行组织家庭、朋友和同事们聚在一起高举灯笼"点亮夜空(Light the Night)"的健步活动,为白血病及淋巴癌患者筹集资金,以"点亮世界,驱走黑暗,为白血病患者带来希望"。伍德之家(Wood's Homes),是一所致力于治疗儿童心理和精神疾病的管理中心,其使命是促进和帮助社区内的儿童、青少年和家庭的发展及福祉,价值观是承诺、尊重、归属感、责任、领导力和可信赖性。据不完全统计,2011年以来国勘加拿大公司员工累计贡献志愿服务4000多小时,员工及公司累计赠款约40万加元(约合212万元人民币),被视为社区的重要支持者。

冠名赞助龙舟节,助力中国传统文化走向海外

每年8月举办的"龙舟节暨龙舟联赛",是卡尔加里最重要的夏季活动之一,这是一项将中国传统文化与加拿大体育竞技文化完美结合并融入社区活动的典范。中国石化就是这一活动连续多年的冠名赞助商。活动期间也是中国石化品牌在卡尔加里的高光时刻,活动现场到处充盈着SINOPEC的名字和品牌标识,每当看到身穿SINOPEC Dragon比赛服的公司参赛队员,热情的当地人会主动上前问候,询问了解公司情况,称赞中国石化是了不起的企业!

中国驻卡尔加里副总领事高振廷也对中国石化冠名赞助卡尔加里龙舟大赛给予了肯定和赞赏,称龙舟赛是中华文明和中国传统文化的代表性活动,既弘扬团队精神、体现一致节奏,又讴歌健康与力量,同时也是对中华文明与中国文化在海外的传播和推广。

国勘加拿大公司参赛员工Maria Gutierrez在赛后说:"这是一次难忘的经历!我们的队员有的来自卡尔加里总部,有的来自油田现场,还有员工家属,大家齐心协力取得骄人的成绩,特别感谢国勘加拿大公司能够提供这样的机会,让我和爱人、儿子一起参加这一活动,这对一个家庭来说非常的宝贵!同时,比赛让我感受到团队的力量是战无不胜的!能够成为'龙之队'的一员,我感到非常荣幸和骄傲!"

同心・筑梦

冠名赞助龙舟赛活动,将中国文化与当地文化有机融合

当好竹林赞助者,助力全球科学支持动物保护

每当走进卡尔加里动物园,竹林环抱的熊猫馆总是最让人流连忘返的地方,小朋友在这里可以近距离观察熊猫的活泼可爱,来自世界各地的游人可以和来自中国的国宝开心地合影留念,中国石化捐助支持的当地困难家庭还可以免费入园参观体验。这一切都得益于中国石化对"竹林使者"项目的赞助支持。

2012年，国家林业局、中国动物协会、成都大熊猫繁育研究基地和重庆动物园4家机构代表与卡尔加里动物园签署协议，自2018年到2023年将4只大熊猫租借给卡尔加里动物园进行展览。2018年开始，中国石化国勘加拿大公司每年都作为"竹林赞助者（Bamboo Sponsor）"向卡尔加里动物园提供10万加元（约合53万元人民币）的赞助。保护好大熊猫就代表了中国对动物和环境的保护、对濒危动物的保护。卡尔加里动物园还开设了大熊猫展为中加文化交流和展示中国文化提供了很好的平台。

对于中国石化赞助租借大熊猫项目的意义，卡尔加里动物园国际业务发展部高级主管宋倩在《加中贸易论坛》发表《从三文鱼到大熊猫：中国和加拿大的环境保护治理之路》一文，认为全球大熊猫保护租借项目的意义远不止外交影响，这一项目对成功育种计划也至关重要，是"全球范围内共同努力实现以科学知识支持的动物保护项目"。这种租借既有利于环境保护，也有利于大熊猫的繁衍，更是中国元素在当地的传播。中国石化赞助和支持大熊猫项目既是对中国文化传播的支持，也表明中国石化重视环境保护、注重企业社会责任。

宋倩还指出："中国石化国勘加拿大公司与卡尔加里动物园合作进行的企业社会责任投资便是一个优秀的案例，中国石化的企业社会责任投资使多家与其环境管理和社区团结理念相符的非政府组织受益。"

由于建立了有效的内部文化融合机制，秉承了利益相关者共同受益的企业发展理念，国勘加拿大公司实现了用文化融合滋养企业可持续发展之花，正在建设世界一流石油公司的大道上越走越远、越走越顺畅！

（供稿单位：国际石油勘探开发公司　撰稿：姜春辉、霍振宝）